Günther Wahls

Der Geist und die Geschichte des Schach-Spiels

bei den Indern, Pesern, Arabern, Türken, Sinesen und übrigen Morgenländern,

Deutschen und andern Europäern

Günther Wahls

Der Geist und die Geschichte des Schach-Spiels
bei den Indern, Pesern, Arabern, Türken, Sinesen und übrigen Morgenländern, Deutschen und andern Europäern

ISBN/EAN: 9783743685437

Hergestellt in Europa, USA, Kanada, Australien, Japan

Cover: Foto ©ninafisch / pixelio.de

Weitere Bücher finden Sie auf **www.hansebooks.com**

Der
—— Urſprung und die Geſchichte
des
Schach-Spiels
bei den
Indern, Perſern, Arabern,
Türken, Sineſen
und übrigen Morgenländern,
Deutſchen
und andern Europäern.

Von
S. F. Günther Wahl.

———

Mit einem Kupfer.

———

Halle,
in der Curtſchen Buchhandlung
1798.

Vorrede.

Das geneigte gelehrte Publikum hätte zwar endlich einmal die zweite Lieferung meiner Geschichte Persiens und Asiens erhalten sollen. Der Druck derselben ist wirklich bereits 1796 angefangen worden, aber er wurde unterbrochen und ich kann nicht versprechen, dass er in diesem gegenwärtigen Jahre beendiget werden wird.

Die Schwierigkeiten, welche sich mir bei Bearbeitung jenes Werks, je weiter ich damit fortfahre, desto stärker und gröser entgegenstellen, und die schuldige Achtung, welche ich als Verfasser desselben gleichwol dem gelehrten Publikum zu beweisen verpflichtet bin, auch die Erhaltung meines guten Namens in der Schriftstellerwelt find die erften und vornehmften Umftände, welche die Fortfetzung und Beendigung des Unternehmens fo fehr verzögern.

Nächftdem fchäme ich mich nicht zu bekennen, dafs auch meine ganze bisherige Lage allen meinen guten Vorfätzen geradeswegs entgegen gekämpfet hat. Ich hoffe, auch in diefer Rückficht werde ich Anfprüche auf billige Entfchuldigung machen dürfen. Wird der grofse anbetungswürdige Wohlthäter und Richter der Welt, der Pabft und Kardinäle zu ftürzen und den Laien zu erheben vermag, gewiffen Ausfichten gemäfs mich aus dem Kerker befreien, fo werde ich nach dem zehnten Jahre, als hoffentlich dem letzten meiner Prüfung, mich freuen, dafs es mir vergönnt fein wird, der Erfüllung meiner Pflichten fowol gegen Gott, mich felbft, den Staat und meinen Mitbruder, als auch insbefondre gegen das gelehrte Publikum die andre Hälfte meines Lebens ganz und ungehindert zu widmen.

Vorrede:

Einſtweilen erhält das geneigte Publikum durch gegenwärtiges Werkchen abermals eine Frucht meiner Bemühung, ſo gut ſie unter dieſem Himmel, unter dem die Nahrungsſorge mein erſtes Bedürfniſs iſt, gedeihen und reifen konnte.

Es iſt eine Geſchichte und zugleich eine Theorie des Schachſpiels. Die Quellen und Kenntniſſe welche dabei benutzt ſind, ſind von der Beſchaffenheit, daſs ſelbige nicht in eines jeden Gebrauch und Gewalt ſtehen. Es ſind daher auch alle Bücher über die Theorie dieſes Spiels, ſo viel wir deren in neuern Zeiten erhalten haben, ſo bald ſie die Geſchichte der Erfindung deſſelben und ſeiner Fortſchritte unter den verſchiednen Völkern des Erdbodens berühren, mit einem Wirwar falſcher Vorſtellungen und Irthümer angefüllet, die ſich bei den Liebhabern um deſto leichter fortpflanzen, je ſeltner es deren Beruf mit ſich bringet, jenen Quellen und Kenntniſſen obzuliegen, aus welchen alles dieſes geſchöpfet werden muſs. Gleichwol wird es jedem Liebhaber und

und Kenner des Schachfpiels, befonders auch dem Ungelehrten angenehm feyn, wenn er von der Gefchichte diefes feines lehrreichen Zeitvertreibs etwas Zuverläfsiges erfahren kann.

In diefer Rückficht hoffe ich wenigftens durch diefes Werkchen keine Iliade nach dem Homer geliefert zu haben. Da die orientalifche Litteratur in mein Fach gehöret, und ich mich mit diefen Wiffenfchaften bereits fehr lange befchäftige, fo kann man fich hierin auf meine Angaben treulich verlaffen. Zudem habe ich für die Gelehrten meiftentheils meine Gewährsmänner angegeben.

Für die Gelehrten ift auch eigentlich uur derjenige Theil des Difcurfes welcher auf die fremde Litteratur, als folche, hinweifet. Inzwifchen war es mein Plan, das Buch mehr für die allgemeine Lefewelt auszugeben. Und für diefe habe ich es mir abfonderlich angelegen feyn laffen, die fremden Namen fo zu fchreiben, wie fie ein jeder richtig ausfprechen mufs,

Vorrede.

ohne felbſt Kenner der Sprachen zu feyn, aus denen ſie abſtammen.

Ich muſs über dieſen letztern Punkt, zur Verhütung alles Mifsverſtändniſſes, und um meinen Zweck um deſto ſicherer zu erreichen einige nähere Erklärung beifügen.

Die Beſitzer meiner Geſchichte Aſiens und Perſiens werden finden, daſs die Rechtſchreibung in morgenländiſchen Namen und Wörtern, welche ich dort aufgeſtellt habe und beobachte, von der, die ich mir in dieſem Werkchen vorgezeichnet habe, in einigen Punkten wiederum ſehr abweichet.

Ich habe dieſe Abweichung mit Grund erwählet, weil ich mich beſonders auch wegen des Drucks mit lateiniſchen Lettern genöthiget ſahe, hier einen andern Weg einzuſchlagen der für die gemeine Leſewelt anpaſſender ſeyn dürfte. Dort durft ich blos den Gelehrten ſchreiben, hier muſs ich mehr auf diejenigen meiner Leſer

Rückſicht nehmen, denen die Gelehrſamkeit und Sprachkenntniſs wenig oder gar nicht Beruf iſt.

Ich könnte demnach mich meiner ganzen Pflicht entledigen, wenn ich nun blos die Abweichungen bemerkte, worin ſich die gegenwärtig angenommene Orthographie der fremden Namen und Wörter von derjenigen unterſcheidet, welche ich in der Geſchichte Aſiens eingeführt habe, und die dem weſentlichen nach ſchon in meinen ältern Schriften zu treffen iſt. Allein ich werde meinen gegenwärtigen Leſern verſtändlicher werden, wenn ich ihnen hier die ganze Rechtſchreibung darlege, wie ſie in dieſem Buche beſchaffen iſt.

a, e, i, o, u } Dieſe Hülfslauter werden ausgeſprochen, wie mans im Deutſchen und Lateiniſchen gewohnt iſt.

ä, ö, ü } Dieſe ebenfalls wie man in deutſchen und lateiniſchen pfleget.

y bedeutet einen i der lang ist und mit Nachdruck ausgesprochen werden soll, doch wird dafür mehrentheils î gefunden werden. In dem Namen Hyde, wird er auf englische Weise, nämlich wie ei ausgesprochen, und so in andern ähnlichen Namen der Engländer.

â⎫
ê⎪
î⎬ sind die gewöhnlichen Hülfslauter, nur lang und etwas gedehnt auszusprechen. Und hierüber bedarf es wohl keine nähere Erklärung.
ô⎪
û⎭

a-a. e-e. i-i. o-o. u-u. sind die gewöhnlichen Hülfslaute, getheilt auszusprechen.

ai. ei. au. eu. oi. ui. sind gewöhnliche Doppellaute, die jeder richtig auszusprechen gewohnt ist, als in den Wörtern Mai, mein, aus, Freude.

Vorrede.

‘a ⎤
‘e ⎜
‘i ⎬ sind also bezeichnet, weil sie im Orientalischen einen Buchstab vor sich haben, welcher ‘Ain genannt wird. Man spricht ihn in Mittel- und Hinterasien gemeinhin gar nicht aus. Er ist ein ‘arabischer Buchstab und von seiner wahren Aussprache bei den ‘Arabern kann man mein Elementarwerk für die ‘arabische Sprache nachsehen p. 57.
‘o ⎜
‘u ⎦

a‘ ⎤
e‘ ⎜
i‘ ⎬ Wenn eben dieser ‘Ain die Silbe schliesset.
o‘ ⎜
u‘ ⎦

‘ bezeichnet den Buchstab ا in den orientalischen Sprachen, welcher dem Spir. len. der Griechen entspricht und die Aussprache der Vokalen nicht verändert.

ç ist als ein s auszusprechen, als im Französischen z. B. in dem Worte garçon.

ch soll als unser deutsches ch ausgesprochen werden, ausgenommen in englischen Namen, da es tsch, und französischen Wörtern, da es sch gehört wird. Sonst habe ich auch oft bei solchen Ausnahmen die Aussprache gleich daneben in die Klammer geschlossen.

d' in indischen Wörtern, gilt ohngefähr als dh.

dh ist *d* mit einem gewissen Stofs oder Hauch aus der Kehle verbunden. Ich habe dieses Zeichen für die Buchstaben ض, ط wenn solche auf arabische Art gehört werden, gewählet.

dsch ist auszusprechen als es ein jeder gebohrner Deutsche wenn er also geschrieben findet, lesen wird. Es ist derselbe Laut, welchen die Engländer in Wörtern wie genius, rage, advantage etc, durch g ausdrücken.

g ist unser g.

g‘ ſoll als ng oder gh ausgeſprochen werden, in Wörtern der ſineſiſchen oder japaniſchen Mundarten.

gh iſt ein aus der Kehle ausgeſprochenes hartes g.

gk auch ein hartes g aber im Gaumen auszuſprechen, als z. B. das G der meiſten deutſchen Mundarten in Gabe, Gold etc. wie dieſe Worte von meinen Landsleuten den Thüringern zum Beiſpiel ausgeſprochen werden.

hh ein ſtarkes h aus der Kehle.

kh (zuweilen habe ich dafür auch c gebraucht) gilt für ein weiches k das man im Gaumen ausſpricht, ohngefähr wie in dem Worte Kerl. In türkiſchen Wörtern lautet dieſer Buchſtab als mit einem ſehr gelinden und ſchnellen j verbunden gleichſam kj.

Vorrede.

ng soll wie in Deutschen, z. B. in den Worten besungen, ringen etc. oder im Französischen, als in mon, long etc. lauten.

p' ist *p* mit einem starken Hauch.

s ist allezeit ein **gelindes s** als in den deutschen Wörtern **sagen, Seele, singen** etc. oder z im Französischen.

Ss. ſs ist dagegen das starke s, als z. B. in was, laſs etc. In Zusammensetzungen mit p. t. ist mehrentheils das simple s beibehalten worden, st. sp. statt fst. fsp. Das ist geschehen, weil das gelinde s bei den Orientalern in diesen Zusammensetzungen wenig oder gar nicht vorkömmt. Und wo es ist, wird s-t. s-p geschrieben.

sch ist unser deutsches sch oder das französische ch und englische sh.

sh soll für den Buchstab ſ gelten und soll ohngefähr wie das g der Franzosen vor e. i. gehört werden.

tsch spricht man aus, wie wenn man es also in einem deutschen Namen fände, z. B. als in Matſch, Quetſchen etc. Es ist dem ch der Engländer gleich.

t' und t'h in indischen Wörtern, ist t mit einem gewissen rauhen Stoſs aus der Lunge.

Z ist unser deutsches Z.

Die übrigen Buchstaben, nämlich b. c. d. f. h. j. k. l. m. n. p. q. r. ſſ. ſt. sp. t. th. v. w. x. tz. sind nicht anders zu nehmen als im Deutschen und in andern Sprachen mehr. Das v aber wird, auſser in deutschen Wörtern, mehr zwischen den Lippen und dem deutschen w ähnlich hervorgebracht.

Da nach dieser Art Rechtschreibung in fremden Namen und Wörtern viele zuſammengeſetzte Buchſtaben zur Bezeichnung einfacher Originale haben angewendet werden müſſen, und ſolche Buchſtaben zuweilen **verdoppelt** vorkommen, ſo muſs ich noch bemerken, daſs in dieſem Fall ſolche zuſammengeſetzte Zeichen (als da ſind **ch. dh. dſch. gh. gk. hh. kh. ſs. sch. sh. tſch.**) entweder **vollſtändig** oder um des Auges willen auch nur **theilweiſe** doppelt neben einander ſtehen, z. B. s ch sch. hh hh. tt ſch. dd ſch etc.

Das doppelte **einfache h** konnte füglich nicht anders als durch die Theilung bezeichnet werden, h-h.

Einfache heterogene Buchſtaben, welche ſich durch die Theilung von zuſammengeſetzten unterſcheiden müſſen, ſind durch daſſelbe bekannte Theilungszeichen unterſchieden, z. B. **t-sch. t-h. s-ch. ſs-ch** etc.

Den Sprachton oder Accent der Silben habe ich gröſstentheils durch die bekannte Accentuation bemerklich zu machen

Und nun hätte ich in diesem Vorberichte nichts weiter zu sagen, als daſs die geneigten Leser erſucht werden, die wenigen Druckfehler, die ſich etwa eingeſchlichen haben möchten, gütigſt zu entſchuldigen und ſelbſt zu verbeſſern.

Ich kann verſichern, daſs ſolche ſelten und ſehr geringfügig ſind, auch blos das Deutſche betreffen, welches ein jeder ſelbſt berichtigen kann. In Zahlen oder fremden Namen und Wörtern iſt nichts fehlerhaftes ſtehen geblieben, auſſer was ich hier bemerken will. Nämlich

p. 16. Zeile 25. ſoll das 'arabiſche Wort نرب heiſsen.

p. 21. Zeile 14. lies El'enzab.

p. 92. Zeile 29. — es.

p. 93. Zeile 7. — Wiſchnuſsarman.

Erster Abschnitt.
Begriff, Werth und Ansehen des Schachspiels.

Spiel, wenn es ohne Betrug, Gewinnsucht und heftige Leidenschaft vollbracht wird, ist in sich selbst eine wohl erlaubte Beschäftigung; doch die blofse Unschuld wäre die geringste Empfehlung, wenn es nicht unter gewissen Umständen und in Gesellschaften sogar ein unentbehrliches Mittel, die Zeit zu vertreiben und zugleich unter gehöriger Wahl und Mäsigung eine Handlung wäre, wobei die geistigen und körperlichen Kräfte der menschlichen Natur die angenehmste Erholung und Stärkung geniefsen, in so fern sich die Spielenden in einem lehrreichen, oder wenigstens auf andere Weise nüzlichen Wetteifer befinden, welcher auf gewisse in dem Wesen des Spiels selbst gegründete Vorzüge abzielet. Unter allen vernünftigen Spielen, deren sich die alte und neue Welt von Anbeginn menschlicher Kultur bis jezt bedient hat, fcheint das Schachfpiel in der That das zweckmäfsigfte zu feyn, und in allem Betrachte vor jedem andern einen wohlverdienten Vorrang zu behaupten, folglich auch der Aufmerkfamkeit des Filofofifchen Gefchicht- und Menfchenforfchers auf einer ganz vorzüglichen Stuffe werth zu feyn, weil nicht leicht ein anderes Spiel gefunden wird, was diefe Aufmerkfamkeit mehr auf fich zöge, und vollkommner befriedigte. — Daher hat diefes Spiel feit feiner Erfindung bei allen verfeinerten Menfchenklaſſen Eingang gefunden, und ift befonders in ganz Afien und Europa zu einem allgemein beliebten Volksfpiele erhoben worden. Es würde die menfchliche Gefellfchaft fchänden, wenn daſſelbe je durch die fo fehr überhandnehmenden Kartenfpiele aus ihr verdrungen werden follte. —

Der Abficht und Veranlaſſung feiner erften Erfindung gemäfs, und vermöge feiner Natur und Einrichtung ift das Schachfpiel ein Kriegsfpiel. Als ein folches wird es von allen Schriftftellern, welche feiner Erwähnung thun, oder in eignen Abhandlungen und Werken darüber gefchrieben haben, betrachtet; fo wird es von allen Völkern, die es fpielen, benutzet; fo hat man es hin und wieder fogar im Grofsen angewendet; fo gewinnt es noch jezt einen unverkennbaren Werth für die Glieder des Kriegsftandes insbefondere. Man erlaube mir dieses alles etwas weiter auseinander zu setzen und das Gesagte durch Belege zu begründen,

Bei einem so alten und ehrwürdigen Gegenstande ist es der Mühe werth, die vorhandenen Schätze der Litteratur, der Geschichte und des Alterthums, so weit es sich immer mit einer wohlverstandenen Zwekmäſsigkeit der Erzählung entschuldigen läſſet, oder die Theilnehmung der Leser es vergönnet, so tief zu eröffnen, als es thunlich ist. Zur Bestätigung also, daſs dieses Spiel von seinen Schriftstellern allezeit als ein Kriegsspiel betrachtet worden ist, dienen sogleich mehrere berühmte Namen der ältern Litteratur, worunter wir nur einige der vornehmsten, unter den weniger bekannten ausheben wollen.

Der Verfaſſer des Buches Khosri a), deſſen hieher gehörige Worte vom Schachspiel im

A 2

---

a) Das Buch Khosri ist von dem Rabbi Iudas Levita, einem Iuden des zwölften Iahrhunderts verfaſſet worden, und enthält ein Religionsgespräch, welches zwischen einem jdischen Lehrer und einem persischen König im achten Iahrhundert vorgefallen sey. Das Original dieses Buchs war ursprnglich arabisch. Man kennt inzwischen blos die rabbinische Ueberſetzung, welche von einem gewiſſen Iuden R. Iuda Ben Tybbon stammet, demselben, der auch die Schriften des Euklides und des Maimonides aus dem

Folgenden vollſtändig beigezogen werden, ſollen, ſetzet den Unterſchied zwiſchen dieſem Spiel, und einem wirklichen Kriege, indem er dies Spiel ſelbſt als einen Kampfplatz zweier Streitenden betrachtet, davon der eine den andern beſieget, blos in der Art und Weiſe des Sieges, da derſelbe hier durch einem Vorſprung der Vernunft und Klugheit, dort hingegen oft durch Zufall des Glücks erworben werde. —

In jenem Räthſel des A h h m e d B aſch a *b*), eines türkiſchen Epigrammatiſten,

---

Arabiſchen ins Rabbiniſche übertragen hat. Von dieſem in vielen gelehrten Rückſichten merkwürdigen und ſchäzbaren Buche haben wir unter andern eine Ausgabe zu Venedig 1591. 4. und die Buxtorfiſche zu Baſel 1660 mit lateiniſcher Ueberſetzung und Anmerkungen. Der ſpaniſche Iude Aben Dana hat es ins Spaniſche überſezt.

b) Der Mann war eigentlich der Sohn des Herzogs von Ober-Boſnien Steffen, welchen Ssulthan Bajaset ſeines Herzogthums beraubte, und er nennte ſich daher auch gemeiniglich Herſekh Oghli (Sohn des Herzogs von Boſnien). Nachdem er Renegat geworden war, wurde er als General der türkiſchen Armee beſtellet, aber endlich 1397 von den Mamlukhen geſchlagen und gefangen genommen. Er war ein guter und allezeit fertiger Dichter. D'Herbelot (Bibliotheque Orientale T. I. 124 der Haager Ausgabe) fuhrt folgende Anekdote an. In einem öffentlichen Badehauſe hatte nämlich ein junger Menſch, da

welchen Hyde aus einer oxfordifchen Handfchrift anführet, wird das Schachbret einem Kaftell oder veftem Schloſſe verglichen, weil es von bewafneter Mannfchaft vertheidiget wird. Diefes Schloſs fey in Friedenszeiten (wenn nemlich nicht gefpielet wird) leer, unbewohnt und öde, weil es dann feine Felder nicht mit den Steinen befetzet hat; im Kriege hingegen (d. h. wenn die Spieler zufammentreten) fey es auf einmal volkreich, fo, daſs alfo hier der Krieg, der doch fonft alles um und um verheere, ein Weg der Bevölkerung und des Wohlftandes, der Frieden hingegen der Zerftörung und Verödung werde. —

Ludimus effigiem belli fimulataque veris
Proelia, buxo acies ficras, et ludicra regna:

er den Dichter als einen bejahrten und dabei eben nicht anfehnlichen Mann von einer Menge wohlgebildeter junger Sklaven bedient fahe, die Keckheit, ihm folgenden Vers entgegen zu werfen:

Wie ift auf einmal doch der Himmel fo befchimpft!
Dem Teufel mufs das Heer der Engel dienen —

Die Rache des Dichters äuſerte fich kaltblütig blos in dem Gegenvers:

Blind war der Himmel, nun ift er auch taub geworden: Denn keine Stumme find mehr auf Erden feit fich ein jeder erdreuftet Verfe zu machen. —

beginnt Hieronymus Vida c) seine Scachias

> Ut gemini inter se Reges, albusque nigerque
> Pro laude oppositi certent bicoloribus armis
> Dicite fährt er fort.
> Dicite Seriades Nymphae certamina tanta
> Carminibus prorsus vatum illibata priorum.
> u. s. w.

---

c) Marci Hieronymi Vidae Cremonensis Albae episcopi Opera. Antw. 1588. 12. p. 518. Hieronymus Vida aus Cremona in Italien, Bischoff von Alba im Herzogthum Montserat war einer der gelehrtesten Männer und vortreflichsten Dichter seines Zeitalters † 1566 im 96 Iahr seines Alters. Seine epischen Dichtungen haben viel Verdienst. Sein Lehrgedicht vom Seidenwurm ist über diesen Gegenstand von klassischen Werthe. Durch seine Christiade ward er der Vorgänger des grosen Dichters des Messias. Aber am merkwürdigsten, besonders für unsern gegenwärtigen Zweck ist sein Gedicht vom Schachspiel, das er Scachias oder Scachiae ludus betittelt hat. Es hat folgende schöne Fiktion. Die Götter kommen auf die Hochzeit des Okeanus mit der Tellus. Nach Tische bringt jene das Schach in Vorschlag. Merkur und Apollo versuchen es. Nach langen Kampfe sieget Merkur. Das Ganze ist im Geschmack der alten Dichtung meisterhaft ausgeführt und in den Beschreibungen sind die Schilderungen der alten Dichter von den Schlachten sehr gut nachgeahmt. Die neueste italienische Uebersetzung dieser Scachias erschien Verona 1753. 8. Die Franzosen haben zwei, beide aber schon aus dem sechzehnten Iahrhundert. Unter

Das Schachfpiel ift eine Anweifung zum Kriege drückt fich ferner Ssokeiker von Damaskus *d*), einer der berühmteften Schriftfteller unter den Arabern, die vom Schachfpiel gefchrieben haben, aus, denn diefes ganze Spiel ift ein Krieg. Alfo das Schachfpiel ift ein Kriegsfpiel. Und dafs es als ein folches von allen Völkern, die es fpielen, benutzet wird, lehrt die Erfahrung, und bringt die Sache felbft mit fich, da es keinem Spieler möglich ift, diefen feinen Geift von ihm zu fcheiden. Man fagt, dafs der grofse Sieger und Eroberer Mahhmoud der Sohn des Ssubekhtegkin durch diefes Spiel, worinnen er durch eine beftändige Uebung ein grofser Meifter war, fich zu einem fo furchtbaren Feldherrn ganz vornehmlich gebildet habe —

Wenn ich in der Folge zeigen werde, wie man das Schachfpiel fogar mit lebendigen Perfonen zu fpielen verfucht hat, fo wird man mit Vergnügen fehen, dafs diefes Spiel,

---

uns Deutfchen hat 1755 Herr Ramler fich diefes Verdienft erworben; aber nur erften Gefang, und nur für Freunde. —

d) Diefer Schriftfteller, deffen Buch der Lefer in folgenden zweiten Abfchnitt verzeichnet finden wird, ift in Europa blos aus dem Auszügen bekannt, die der gelehrte Thomas Hyde, in feinem Werke de ludis Orientalibus gegeben hat.

wie oben erinnert worden ist, selbst im Grofsen als ein Kriegsspiel behandelt werden kann, und hin und wieder wirklich so behandelt worden ist. Ueber diesen Punkt können wir also in weiterer Erläuterung des obengesagten gegenwärtig hinweggehen; aufser dafs ich doch auch hierbei noch eine besondere Merkwürdigkeit nicht gänzlich übersehen darf. Dafs ich von den Wieburgern jezt nichts sage, welche das offne Feld gleichsam zu einem Schachbret machen, oder von den Spaniern und andern Nationen, wenn zuweilen grofse Zimmer in Schachfelder bei ihnen abgetheilet worden sind: so ist dasjenige, was ich meinen Lesern noch hinzuzufügen habe, die Gewohnheit, welche die Spanier wenigstens ehedem gehabt haben sollen, zu Pferde und überhaupt auf Reisen, ohne Bret und Stein, allein aus dem Gedächtnifs Schach zu spielen. —

Bei der Betrachtung, dafs wir unser Schachspiel, seiner Absicht und Erfindung gemäfs, als ein Kriegsspiel zu schätzen haben, ist nur Ein Punkt zu erläutern übrig; dafs nemlich diesem Spiele noch jezt ein unverkennbarer Werth für die Glieder des Kriegsstandes insbesondere beizumessen sey.

Der militärische Werth, welchen das Schachspiel auch noch heutzutage behauptet, mufs einem jeden Kenner desselben in die Augen leuchten, wenn er beide Theorien, die des

Spiels und die der mechanischen Kriegskunst gegen einander vergleichet. Beide Theorien gründen sich unleugbar auf einerlei Vorstellungen, und einerlei Art zu handeln. Das System der mechanischen Kriegskunst enthält die Regeln, nach denen eine Armee so zu führen, so zu stellen und zu ordnen, und so zu regieren ist, dass der Feldherr der vortheilhaften Absicht seines Unternehmens nicht verfehle. Eben so hat auch der Spieler im Schach sein Kriegsheer, seine Truppen vor sich, und er hat in der That dieselben Regeln, dieselben Kunstgriffe und Manieren zu beobachten, um durch diese seine Armee seine Absichten zu erreichen. Sein Spielen ist ein beständiges Führen, Stellen, Ordnen, Regieren und Lenken der Figuren, die ihm statt der Truppen dienen. Er entwirft Plane, wie sie der Feldherr macht, er führt sie aus. Plane werden ihm entgegengesetzt, die Seinigen werden dadurch vereitelt; er ändert die Entwürfe, und versucht neue Dispositionen. Alles dieses wie im Felde, nur im Kleinen, aber eben daher desto genauer zu übersehen, desto geschickter zur Uebung aufs Grosse. —

Der Gang des Schachspiels ist Maschienerie, eben wie auch der Gang der heutigen Kriegskunst fast nur maschienenmäfsig ist, indem der Wille und Befehl des Feldherrn die ganze Masse in Bewegung setzet und aus dieser bewegenden Grundkraft sich alle einzelne Bewegungen der Theile des Ganzen herleiten. Der Spieler betrachtet sich als den Feldherrn, und wird auf diese Art die allbewegende Kraft seines kleinen Heeres. Die Figuren auf seinem Schachfelde müssen ihm verhältnismäsig eben das seyn und werden, was die lebendigen Schaaren im Kriege dem Feldherrn sind. —

Seit die Kunst Krieg zu führen schon einestheils vor Zeiten durch die vollkommnere Anwendung des sogenannten griechischen Feuers, mehr aber neuerer Zeiten durch die Erfindung des Pulvers und Anwendung andrer damit verwandten chemischen Entdeckungen, die **körperliche Stärke**, worauf vor Alters fast alles zu rechnen war, immer mehr auser Wirksamkeit gesetzet hat, und auf diesem Wege so ungemein zu ihrem Vortheil blos nach den Gesetzen der Mechanik vervollkommnet ist: so darf der Feldherr nur eine vollständige Kenntnis der Thatkraft des Ganzen, eine richtige Einsicht in die Wirksamkeit aller seiner Theile, und Talent besitzen, nach diesen Einsichten die Bewegung zu bestimmen, und die Thätigkeit der Maschine zu leiten — so mus er weiter nur Gegenwart des Geistes haben, fleisig eingezogne Nachrichten von dem Zustande, der Beschaffenheit und Lage des Feindes mit Nachdruck und gehöriger Zweckmäsigkeit zu benutzen; er mus den Schauplatz feinen Unternehmungen, das Land worin er krieget, das Feld, worauf er fich mit feinen Truppen befindet, kennen; es mufs ihm ein Vorrath kluger und verfchlagener Anfchläge zu Gebote ftehen — Bei diefen Umftänden wird mans leicht gewahr, dafs das Schachfpiel fo ganz ein Kriegsfpiel nach den Grundfätzen der neuern Taktik und Art Kriege zu führen fey; dagegen mit der alten Kriegskunft wenig oder gar nicht übereinkomme — Laffen fie nns die Anwendung auf das Schachfpiel machen.

Körperliche Stärke, perfönliche Tapferkeit — Dinge, welche in der neuern Kriegskunft im Allgemeinen nichts mehr entfcheiden können, find auf dem Schachbret nicht durch die mindefte Anfpielung beabfichtet, wenigftens nicht als Hauptfache dargeftellt. Alles kömmt hier auf den Spieler an, als den Feldherrn, welcher das Ganze allein durch fein Geiftes-Talent, wie eine jede andre Mafchine in Bewegung fetzet. — Wie der Feldherr mufs auch der Spieler auf der einen Seite die Kraft kennen, die in feinem Ganzen, in der Anzahl und Stellung feiner Figuren zufammengenommen lieget, auf der andern aber vorzüglich die befondre Wirkfamkeit der einzelnen Theile feines Ganzen, d. i. die befondern Gänge und Fähigkeiten oder Verhältniffe jeder einzelnen Figur des Spiels — Mit diefer, ihm allezeit gegenwärtigen Kenntniſs ausgerüſtet beſtimmt er die Bewegungen, woraus die möglichſt beſten Vortheile für ihn entſpringen — Alles hängt hierbei, wie bei den Handlungen des Befehlshabers einer Armee, von dem Verſtand des Spielers ab, die Thätigkeit der Maſchine zu leiten — Der Feldherr ziehet fleiſsig Nachrichten von dem Zuſtand, der Beſchaffenheit und Lage des Feindes ein, und benutzet ſie hernach ſo gut er kann, zu ſeinem Zwecke: der Spieler im Schach darf ebenfalls keinen Augenblick die Poſition ſeines Gegners aus dem Geſicht verlieren; ja er beobachtet ſogar Augen und Mienen ſeines Gegners im Stillen, um deſſen geheime Abſichten in voraus zu erforſchen, und ſolche, wo möglich, in ihrem erſten Entſtehen zu vereiteln und zu unterdrücken. — Der Spieler, gleich dem Befehlshaber der Heerſchaaren, kennt genau ſein Feld, weiſs pünktlich, was ſich auf demſelben den Regeln dieſes Spiels zu Folge unternehmen läſſet, und es dienet ihm ein gleicher Vorrath liſtiger und kluger Anſchläge zur ſteten Unterſtützung. —

Es iſt nicht abzuleugnen, daſs die einzelnen Truppen eines Kriegsheeres auf eine vielfältigere und zuſammengeſetztere Weiſe wirken, auch in allen ihren Benennungen, Beſtimmungen und Uebungen von den Schachfiguren noch ſehr verſchieden ſind; und dieſes nothwendig ſo ſeyn muſs, weil dieſes

Kriegsfpiel nicht in unfern Tagen erft erfunden ift: allein die Sache worauf es ankömmt, ift auch eigentlich nur eine Aehnlichkeit der Art zu handeln im Wefentlichen.

In diefer Hinficht wird man nie in Abrede feyn können, dafs der Gebrauch der Schachfiguren mit dem Dienft im Felde übereinftimmt. Haben nicht auch die Figuren im Schachfelde ihre verfchiedene Richtungen, Gänge und Züge? nicht auch ihre verfchiedene aus der Kriegskunft entlehnte Namen? nicht auch ihre kriegerifchen Beftimmungen? Doch die Folge wird es deutlich darftellen, dafs wirklich mehr Uebereinftimmung in allen diefen Punkten, mit dem Gebrauch der Truppen in der neuern Kriegskunft ftatt finde, als man vielleicht erwarten follte — Wenn alfo auch, ohngeachtet die Schachfiguren wirklich nicht etwa einzelne Soldaten, fondern ganze Truppen, Regimenter etc. vorftellen, nicht alle und jede jetzt gewöhnliche Truppenarten mit ihren fo verfchiedentlichen Entwickelungen auf den Schachbrete in Kopie verwirklichet werden können, fo ift es fchon zureichend, dafs bei beiden dem Schachfpiele und dem wirklichen Kriege die Theorie des Verfahrens im Wefentlichen diefelbe ift. — Was man im Grofsen zur Ausführung braucht, ift nicht allezeit im Kleinen anwendbar, noch nöthig.

Scheinbarer dürfte ein andrer Einwurf gegen die bisher vorgetragene Vorstellung seyn, der nemlich, dafs der Spieler auf seinem Brete eine bestimmte Anzahl von Figuren, und zwar auf beiden Seiten eine gleiche Anzahl unter gleichen Bestimmungen vor sich habe; da doch im Kriege dies nicht allemal so angetroffen werde, vielmehr fast allezeit eine Ungleichheit statt finde, und oftmals selbst die Bestimmungen der einzelnen Bestandtheile des Ganzen nicht so ganz dieselben seyen. — Allein auch dieser Einwurf verschwindet, so bald man nur etwas in den Geist und Gang des Spiels eingeweihet ist. Es sind ja nicht leicht von beiden Seiten gleich viel Figuren in Thätigkeit, viel weniger gerade dieselben auf beiden Enden, am wenigsten aber in ein und eben derselben Lage und Richtung — Und gewinnt der Spieler seine Parthie durch die Menge der Figuren, oder durch die angenommene Lage und Richtung derselben, die sich durch die Güte des Plans bestimmt? — Oder ist es nicht eben so im Felde? da kommen ja nicht alle Truppen zur Handlung. Mehrentheils entscheidet sich vielmehr der Sieg des einen Theils über den andern, durch einen meisterhaften Gebrauch weniger Truppen.

Es liefsen sich, wenn es nöthig wäre, die bisher angestellten Betrachtungen, die dahin abzwecken sollten, um zu zeigen, oder doch wenigſtens durch einige Winke anzudeuten, wie das Schachſpiel, als eine Schule des künftigen Feldherrn und jedes Anführers im Kriege, zur Entwickelung kriegeriſcher Ideen und kriegeriſchen Scharfſinns die beſte Gelegenheit und Uebung an die Hand gebe, viel weiter auseinander zu führen. Vielleicht wird alle weitere Ausführung dieſes Gegenſtandes durch die Bemerkung überflüſſig, daſs der groſse Friedrich ihn ſelbſt entſchieden hat. Seiner ausdrücklichen Bemerkung nach werden die evolutions militaires dem Verſtande durch nichts ſo anſchauend dargeſtellet, als durch das Schachſpiel. Die Puppen, ſagt er, werden Soldaten, welche ſich nach unſern Willen in thätige Bewegung ſetzen, und die nach taktiſchen Regeln entworfene Stellung derſelben bei ihren Operationen, gleichen den Schlachtordnungen unſerer Armeen.

Daſs der Spieler des Schachſpiels ſich vermöge der Aehnlichkeit des Verfahrens auf eine ganz kriegeriſche Art beſchäftiget findet, und dieſes ſchöne Kriegsſpiel alſo dem jungen Krieger als die beſte Uebung zu empfehlen iſt, das wäre bei allem dem ein viel zu beſchränkter Geſichtspunkt, aus welchen man daſſelbe in Rückſicht ſeines Werthes und Nutzens darzuſtellen hat. Es ſind im Allgemeinen noch viel ausgebreitetere Anſichten, welche dieſes Spiel zugleich allen denen empfehlbar machen, die von dem Stande der Krieger noch so weit entfernt sind — Uebung der Verstandeskräfte, insonderheit des Scharfsinns und der Gegenwart des Geistes, Erweckung einer edlen Entschlossenheit, Dreistigkeit und Beherztheit, Stärkung des Gemüths zu kaltblütiger und bedächtlicher Fassung in Gefahren und beim Wechsel der Umstände des Lebens, Erheiterung der Seele nach ernstern Beschäftigungen und selbst Erholung der durch die Arbeit geminderten körperlichen Kräfte, um hernach zur Wiederholung der Geschäfte desto munterer und geschickter zu seyn — vor allen Dingen aber endlich die vortreffliche Eigenschaft dieses Spiels, dass es so ganz und gar dem Glücksfall nicht unterworfen ist. — Ssokeiker fasset alles dieses in einer Stelle seines Buchs in wenig Worten zusammen. „Ich begreife nicht, sagt er, wie jemand ein schöneres Spiel wählen könnte als das Schachspiel, da dasselbe in Betrachtung seines Nutzens einen so mächtigen Vorsprung vor den Nerdspiel e) hat. Man gewinnt da-

---

e) Nerdspiel ist das Bretspiel. Thomas Hyde hat von diesem und den übrigen bei den Morgenländern vorzüglich im Gebrauch seyenden Spielen eine eigne gelehrte Abhandlung geschrieben, welche sich in seinem Werke de Ludibus Orientalium befindet.

dadurch, bei einem angenehmen Streit der Verstandeskräfte, Scharffinn und Uebung im Nachdenken; der furchtfame und beherzte Menfch wird geftärkt, ermuntert und ftandhaft; es leitet zur richtigen Erkenntnifs des Kriegswefens; es zeiget den Weg, wie einer mittelft mannichfaltiger Anfchläge und vefter Grundfätze denen im Leben vorfallenden Gefchäften vorzuftehen habe. Es ift zugleich ein Spiel, das alle Glaubige fpielen dürfen, ein Spiel, worauf von jeher und mit Recht alle grofse Fürften und Könige ihre ganze Sorgfalt gerichtet haben.„ —

Παιδια του πονου ηδυσμα, fagt Plutarch, „Spiel ift die Würze (der Honig das Salz) der Arbeit.„ Kein Spiel trifft der Ausfpruch des Weifen wol mehr, als eben unfer Schachfpiel, und wenn er es gekannt hätte, würde er es ganz zuverläffig zur Beftätigung feines Satzes namentlich angepriefen haben. Denn alle übrige Spiele, die wir kennen, find gemeiniglich nur Glücksfpiele, bei denen man die vornehmfte Abficht im Gewinn zu erreichen fuchet. Ganz anders ift es mit unfern Schachfpiel. Es ift dem Glücksfall in mindeften nicht unterworfen, da alles vom Verftande des Spielers und feiner eignen Willkühr abhänget, und er feine Parthie nicht anders als durch Nachläffigkeit, mindere Aufmerkfamkeit oder die Ueberlegenheit feines Gegners an Talenten und guter Ausführung der gefaſsten Plane zu verlieren im Stande iſt. — Hier ſei es mir erlaubt die oben angedeutete Stelle des alten Buches Khosri zu geben.

„Es iſt der Fall nicht möglich, daſs im Schachſpiele, welches die Araber ſchathrandſch zu nennen pflegen, der Schwächere den Stärkern überwinde, weil bei dieſem Spiele Wechſel des Glücks und Unglücks ſchlechterdings nicht Statt findet, wie es etwa im Kriege zweier Könige gegeneinander wohl der Fall ſeyn kann. Denn die Triebadern des Schachſpielkrieges liegen offen am Tage, und man weiſs einmal, daſs hier blos der verſtändige Mann durch ſeine mit Klugheit vollbrachten Züge ſieget, und im geringſten keine Urſache von auſſen zu fürchten hat.„ —

Bei ſo groſſen Vorzügen ſeines Werthes fordert das Schachſpiel eine nicht geringe Aufmerkſamkeit aller derer, die es gut ſpielen wollen. Dieſes Streben dürfte aber von Rechtswegen nie in heftige Leidenſchaft des Unwillens oder des Zorns ausbrechen, wie es bei einigen Spielern zu geſchehen pfleget. Daher auch die Spanier im Sprichwort zu ſagen pflegen, dieſes Spiel ſey para de flegmar un hombre (einem das Flegma zu nehmen) — Aber unermüdete Uebung in dieſem Spiel erreichet zuletzt unfehlbar den obberührten Zweck, das Gemüth zu kaltblütiger und bedächtlicher Faſſung zu gewöhnen, und ſo den wirklichen groſsen Spieler zu bilden, deſſen dieſer ſchöne Zeitvertreib werth iſt.

Weil das Schachſpiel ſich ſo vortheilhaft vor allen übrigen Spielen hervorzeichnet und des mancherlei Nachtheils auf keine Art fähig iſt, den andre Spiele ſehr oft nach ſich ziehen: ſo hat es von jeher bis auf den heutigen Tag ſich in einem Anſehn und in einer allgemeinen Würdigung und Schätzung erhalten, welche man gewiſs von keinem andern Theile rühmen kann.

Wenn nach den Zeugniſſen des du Cange in ſeine Gloſſario unſer Spiel den Mönchen des Mittelalters verſchiedentlich hart unterſagt war, ſo geſchahe dieſes aus keinem deutlich erkannten Grunde, aus bloſser Vermiſchung dieſes Spiels mit andern, mit einem Worte, weil die Obern das ſchöne Spiel nicht kannten, als dem Namen nach. Wenn Iohann Huſs, jener berühmte Zeuge der chriſtlichen Wahrheit, den Zeitverluſt über dieſem Spiel, und die dabei ihm unvermeidlich gewordene Gefahr in aufbrauſende Hitze zu gerathen, im Gefängniſs beweinet, ſo entſchuldige man dieſes mit der hypochondriſchen Schwehrmuth des Unglücklichen. — Wenn

B 2

Iakob I. König von England, seinen Sohn Karl den I. ernstlich vom Schachspiel abzuhalten suchte, es aber gleichwohl selbst mit Leidenschaft zu üben pflegte, so war dies unbedingte Vatergrille. Dafs es Louis IX. König von Frankreich gar durch ein eigenes Edikt untersagte, das war mifsverstandne Politik. —

Was sind diese wenigen Beispiele einer scheinbaren Verachtung des Schachspiels, gegen die Menge derer, welche wir für sein unbeschreibliches Ansehen bei allen Völkern der Erde, die es kennen lernten, aufzustellen im Stande sind? Die Morgenländischen (Muhhamedanischen) Rechtsgelehrten haben das Schachspiel allezeit als dasjenige betrachtet, was nach ihrem Gesetze ohne Einschränkung erlaubt sey; dahingegen alle übrige Spiele (so sehr man auch hierinne im gemeinen Leben wieder das Gesetz zu sündigen kein sonderliches Bedenken trägt), meist unbedingt verboten sind. Die einzige Erinnerung, welche von der strengen Parthie gemacht worden ist, betrifft die Figuren oder Steine, dafs ein Rechtgläubiger sich keiner Bilder oder eigentlicher Figuren, sondern blofser kleiner Blöcke und ungeformter Stücke bedienen solle. — *f*)

---

f) *O gewifs, ihr Gläubigen* heifst es in dem Kapitel des Kur'ans von Muhhammed, welches *der Tisch* betitelt ist, *der Wein, das Glücksspiel, die Bilder und die Pfeilverkündigungen* (die Pfeile, durch deren Gebrauch zukünftige Dinge entdecket wer-

Wie fehr das Schachfpiel bei allen orientalifchen Völkern, befonders aber den Perfern, Arabern, Türken, Mungalen, Tatarn, Indern, Sinefern — zu allen Zeiten, feit feiner erften

den follen) *find Grenel, Werke des Ssathans. Verabfchenet fie und es wird euch wohl gehen.* Das ift die Stelle auf welche fich das Verbot der Spiele im muhammedanifchen Gefetze gründet. Muhammed, wie ihn auch feine Ausleger gar wohl verftanden haben, verbietet blos die *Glücksfpiele (Elmeifsir* الميسر *)* worunter zugleich alle Spiele gehören, wobei es auf ein Verfprechen, eine Verpfändung, ein Gelübde etc. ankömmt, und die *Bilder (El'enzál)* das ift alle bildliche leicht zu abergläubifchen oder abgöttifchen Ideen verführende Figuren. Ob man die Figuren des Schachfpiels und ähnliche fo ganz füglich hieher gerechnet hat? darüber fcheinen felbft die vornehmften Ausleger des muhammedanifchen Rechts nicht vollkommen einftimmig zu denken, indem mehrere derfelben unter jenen *Bildern* nicht dergleichen Spielfiguren, fondern aufgeftellte Bildfäulen, und gemahlte Menfchen oder Thiergeftalten, befonders, wenn fie der Verehrung wegen da find, verftehen wollen — Dafs die Glaubigen Unrecht thun, wenn fie in Eifer über diefes Spiel das Gebet und den Gottesdienft vergeffen, ift eine Erinnerung der Ausleger, die den Gebrauch des Spiels felbft nicht einfchränkt, da auf folche Art jede gute Sache gemifsbraucht werden mag. Darüber erklärt fich auch *Srokeiker* umftändlicher, welchen *Hyde* anführt. Die *Perfer* und überhaupt alle Muhammedaner von

Erfindung bis anjezt, gebräuchlich und beliebt
gewesen ist, das bezeugen eine Menge älterer
und neuerer Schriftsteller, und fast alle Reisebeschreibungen in jene Länder. Einzelne
Vorführungen der Zeugnisse dürften zweck-
widrig seyn, da solches an sich durch die Folge
zur Gnüge erhellen wird. —

Aus dem Orient, und zwar zunächst, wie
es scheint, aus der Türkei, ist das Schachspiel
nach Europa gekommen, und ist von allen
europäischen Nationen jederzeit eben so eifrig
betrieben worden, als im Morgenlande selbst.
Die Gothen und die Schweden sollen von
alters im Gebrauch gehabt haben, diejenigen
welche um ihre Töchter angehalten, vorher in
Belang ihrer Geschicklichkeit im Schachspiel
auf die Probe zu stellen, um hieraus ihren
Verstand und ihren Gemüthscharakter zu erfor-
schen. Die Russen haben es immer mit grosser Fertigkeit gespielet. In Dännemark,
Schweden, Norwegen, Deutschland,
Spanien, Frankreich, England und
allen übrigen Ländern Europens war und ist

---

der Sekte der Schiiten sind in Rücksicht der Spiele
nicht so gewissenhaft als die Türken und Araber,
wiewohl auch die leztern, nach Herrn Niebuhrs
Meinung, sich zum Schachspiel nicht sowohl des
Verbots wegen keiner bildlichen Steine bedienen
als vielmehr weil es ihnen an geschickten Künst-
lern fehlet, die solche arbeiten. S. Reise nac[h]
Arab. I. p. 171.

es ein allgemeines Spiel, dem es nie an Verehrern und Bewunderern gefehlet hat. Die Italiener haben sogar die Fortsetzung eines angefangenen wichtigen Schachs zuweilen bei ihrem Tode testamentlich an die Hinterlassenen übergeben, als z. B. der Vater dem Sohne, der sterbende Sohn dem noch lebenden Vater. Die Engländer sind noch jezt die interessantesten Schachspieler, da sie das Spiel zugleich durch angenehme Bemerkungen und Gespräche über den oder jenen Zug unterhaltender zu machen pflegen. Doch behauptet Hyde, daß die ältern Engländer diesem Spiele noch weit ergebner gewesen seyn, als seine Landsleute, zu seiner Zeit. Ietzt würde er dieses vielleicht nur mit mehrerer Einschränkung sagen können. — Der Eifer der Engländer für dieses Spiel muß inzwischen vor alters ganz vorzüglich gewesen seyn, welches sich daraus schliessen lässet, daß der königliche Fiskus vom Schachspiel benannt ist, und daß viele alte englische Familien ihre Wapen und Insignien von eben diesem Spiele entlehnet haben. Die englischen Seeoffiziere finden bei ihren langen Seereisen die unterhaltendste Beschäftigung darinne, Schach zu spielen, und in den grosen Städten des Reichs wird kein Kaffeehaus angetroffen, wo der Wirth nicht wenigstens Ein, mehrentheils schön ausgearbeitetes Schachspiel, für seine Gäste bereit hält.

Auch hat man bemerkt, dafs es faft in keinem Lande mehrere und geübtere Schachspielerinnen gebe, als in England. Nicht weniger erklärte Freunde des Schachspiels find feit den älteften Zeiten her die Schotten und Irrländer, fo dafs befonders bei den leztern zuweilen ganze Erbfchaften von der glücklichen Ausführung eines Schachfpiels abhängen. Bei diefen Irrländern war das Schach, wen wir ihren Chroniken Glauben geben, zur Zeit ihres Königs Cahir-more (gegen Iahr nach Chriftus 177) bereits in Uebung, und der genannte König foll feinem Nachfolger eine gröfse Anzahl Schachfpiele hinterlaffen, die Nation felbft auch einen General-Auffeher über die Spiele, als eine eigne Staatsperfon unterhalten haben — In Frankreich ift diefes Spiel bei der neuen Staatsumänderung als ein vornehmlicher Gegenftand nöthiger Berichtigungen in Betrachtung gekommen, wie wir zu feiner Zeit mit mehrern erörtern wollen. In Deutschland ift das Schachspiel ohngefähr erft um die Mitte des fechzehnten Iahrhunderts in gröfsere Aufnahme gekommen. Vorher herrfchte noch zu fehr der allgemeine Hang der Nation zu raufchenden Vergnügungen, worunter befonders Tanz, Mufik, Fechten, und Kartenfpiele hervorftachen. Daher auch die Gefchichte des Ritterwefens die Beifpiele vom Gebrauch des Schachfpiels aus der

Mitte des französischen, englischen und übrigen Ritterkostumes hernehmen muſs. — Nun ist seit Anfang des achtzehnten Iahrhunderts dieses schöne Spiel desto allgemeiner und besonders in den Handelsstädten eingeführt. Die Europäer haben endlich das Schachspiel auch in Amerika und auf den amerikanischen Inseln vorgefunden. Ob also vielleicht die dortigen Einwohner daſſelbe unmittelbar aus einem Verkehr mit dem Orient erhalten haben?

Merkwürdig ist das Ansehn des Schachspiels bei einzelnen Familien. Der englischen alten Häuser, die ihre Wapeninsignien vom Schachspiel führen, ist weiter oben schon Erwähnung geschehen. In Irrland, wie Hyde bezeuget, sind hohe Häuser anzutreffen, welche ganze Landgüter und Gebiete allein unter der Sanktion besitzen, daſs jährlich eins das andre dieser Häuser auf dem Schachbrete besiege, wobei das Siegende jedesmal sich im Besitz behaupten solle. Die Sache wird mit solchem Ernſt betrieben, daſs zur Bewährung, Entscheidung und Handhabung des Rechts jedesmal ein öffentlicher Notarius beordert wird, der das Protokoll dabei zu führen hat. Die Erben der Besitzer haben es aber wieslich so eingeleitet, daſs dieses Spiel unter des Notarius Aufsicht alle Iahre einmal vorgenommen wird, und jedesmal nur ein Zug geschiehet, mit Versparung des Gegenzugs aufs andre

Iahr, da dann natürlich ein und dasselbe Spiel wohl 100 Iahre zu dauren fähig ist. —

Fast noch merkwürdiger ist es, daſs einzelne ganze Ortschaften ihre ewige Stärke im Schachspiel suchen, und solches daselbst gleichsam erblich geworden ist. Es giebt auch in Deutschland nicht nur ganze Familien, welche das Schachbret, oder einzelne Steine desselben auf ihren Wapen und Siegeln führen, sondern auch einige Oerter, wo diese Dinge in den Stadtwapen anzutreffen sind. Dahin gehöret, nach Matthäus Dreſſers Berichte g) die Stadt Rochlitz, welche den Roch im Schilde führt, und ehemals verpflichtet gewesen seyn soll, ihrem Bischoffe bei seiner Investitur ein ganz aus Silber verfertigtes vollständiges Schachspiel zu verehren. Ein andres solcher Art ist Schachstädt, ein Flecken, welches von einem Herzoge von Braunschweig und Lüneburg, seinem Landesherrn, besondre Freiheiten unter dem Geding erhalten, daſs jeder Hausvater daselbst gehalten sey, ein Schachspiel in seinem Hause zu haben, und jeden Fremden zum Spiele aufzufordern. So sind auch die Bauern des Dorfes Ströp-

---

g) Er schrieb eine sächsische Chronik. 1596. Fol. eine *Isagoge Historica* u. a m. Ich habe nichts davon bei der Hand, und kann die Stelle also nicht genauer angeben. Die Sache selbst ist wohl auſser Zweifel.

cke, in Halberſtädiſchen, im Schachſpiel ſehr erfahren. Dieſes ſind die vornehmſten derjenigen Oerter, welche man verſtehen muſs, wenn die Schriftſteller über das Schachſpiel, von gewiſſen im Wendiſchen und unter preuſsiſchbrandenburgiſcher Oberherrſchaft liegenden Dorfſchaften reden, deren Bauern ſo gewandt in dieſem Spiele ſeyen, daſs ſie auch mit den geübteſten Schachſpielern, die bei ihnen durchreiſen, ſich in Parthien einlaſſen, auch wohl merkliche Summen aufs Spiel ſetzen, wobei ſie aber ſich vorbehalten, daſs jederzeit dem ſpielenden Bauer ein andrer ſeiner Nachbaren und Landsleute zur Seite ſtehn, und falls dieſer ihn in einem ſchädlichen Zug begriffen bemerkt, daſs bekannte Nachbar mit Rath zurufe. — Einige Städte in Spanien hatten es wenigſtens vormals auch im Gebrauch, ſich des Schachſpiels mit beſondern Ernſte zu befleiſsigen und einander zu einem Kampfe darinne aufzufordern.

Kaufleute, welche das Schachſpiel um gewiſſe Summen zu ſpielen pflegen, haben es oft von Meſſe zu Meſſe fortgeſezt; und haben ſolche reiſende däniſche, ſchwediſche, deutſche, türkiſche und ruſſiſche Handelsleute zuweilen auf dieſe Art Iahre lang an einer Parthie geſpielt, indem ſie jedesmal nach geendigter Meſſe die Lage des Spiels von einem Notarius urkundlich und unter Inſiegel aufſetzen und verwahren laffen, damit das Spiel auf die nächste Meffe ohne weitern Anftofs fortgefezt und fo nach und nach beendiget werden konnte. Man will auch Bejspiele haben, dafs andre, befonders Venetianer und Kroatier, wegen zu weiter Entfernung von einander, eine angefangne Parthie durch Briefe zu Ende gebracht haben — ein fehr hefchwerlich und langwieriges Spiel! denn fo mancher Zug, fo mancher Brief. — Es verfteht fich von felbft, dafs bei diefer Art, Schach durch Briefe zu fpielen, die Felder des Schachbrets mit Nummern bezeichnet find.

Von den Isländern meldet Purchas in feinen Reifen, dafs fie aus Eifer für diefes Spiel, fogar in der Nacht in dem Bette Schach zu fpielen pflegten, wobei fie fich von ihren Bedienten das Licht halten liefsen.

Endlich haben auch Blinde fogar, oder Sehende entweder mit verbundenen Augen, oder hinter dem Rücken, oder im Verborgenen Schach zu fpielen verftanden, welches unter die feltnen Kunftftücke gehöret und zugleich beweifet, mit welchem Ernft, mit welchem Fleifs und mit welcher Kunftfertigkeit man zu allen Zeiten auf diefes vortreffliche Spiel feine Aufmerkfamkeit gerichtet habe. Der durchlauchtige Schriftfteller vom Schach, Guftavus Selenus, erzählet, dafs ums Iahr Chr. 1400 ein gewiffer Mangiolin aus Florenz gelebet habe, der es in diefem Spiel fo weit gebracht, dafs er aus dem Gedächtnifs, ohne im geringften auf das Spiel felbft zu fehen, gegen jeden Schachfpieler Parthie mit den beften Erfolge unternommen habe. Er habe fich dabei einer Mittelsperfon bedient, welche die von ihm befohlnen Züge und Gegenzüge blos mechanisch haben thun müffen. Derfelbe Schriftfteller, führt auch ein andres ähnliches Beifpiel aus Giovanni de Villa an, wie ein gewiffer Türke, ein grofser Meifter im Schach, zu Einer Zeit auf drei Schachbreten zugleich gefpielet, und zwar mit den gröften Schachfpielern zu Florenz, fo dafs er mit zween davon aus dem Kopfe, wie man zu reden pfleget, mit dem Dritten aber auf ordentliche Weife vorm Tifche gefpielet, jener beiden ihr Spiel gewonnen, diefes leztere aber verlohren habe *b*).

Der oben fchon angeführte Ssokeiker *i*) erzählt auf Ausfage des Elfchâfe'i

---

b) Die Stelle lautet: *In questi tiempi (nel anno di Cristo 1266) venne in Firenze un Saracino, che avea nome* Buzecca, *grandissimo maestro di giuocare a Scacchi, e in fu'l palagio del Popolo, dinanzi al Conte Guido Novello, giuocò ad un' ora tre Scacchieri, co' migliori Maestri di Scacchi di Firenzi, giuocando con due à mente, e coll' terzo à veduta: e i due giuochi vinfe, e'l terzo fece tavola; la qual cofa fu tenuta gran maraviglia.*

i) Er war wie Hyde bemerkt Redner an der Hauptmofchee zu *Hbaleb* (Aleppo in Syrien).

dafs ein gewiffer Ssa'îd bin Dfchobeir Schach gewöhnlich hinter feinem Rücken zu fpielen pflegte, welches um fo gewiffer fei, da auch der glaubwürdige Elbeihakî daffelbe von Elhhâkim, von El'azem, von Elrabî'a beftätige. Anderwärts fügt er hierzu zu fernerer Beftätigung folgendes. „Es gedenket, fagt er, der Scheich Abû Ifshhâk in Elmqhaddab in dem Buche der Zeügniffe (Kitâb elschehâdât) dafs Ssa'îd bin Dfchobeir fein Schach rückwärts gefpielet habe. Auch erzählt Elzalâhh elzafedî in feinem Kommentar über des Thoghrâi Lamifches Gedicht, dafs er in Egypten einen blinden Soldaten Namens Alâ eddîn gekannt, welcher ohngeachtet feiner Blindheit dennoch mit vielen grofsen und reichen Leuten fpielte, fie fchlug und mât machte. Mir hat an diefem Manne befonders gefallen dafs er beftändig, indem er fo vor dem Schachbrete fafs, mit allerhand Gefpräche und Erzählungen unterhielt, bald Verfe deklamirte, bald Anekdoten und kleine fonderbare Gefchichtchen zum Beften gab, auch fich wohl nebenher in unfre Gefchäfte mifchte, zuweilen vom Spiele abgieng, natürliche Bedürfniffe zu befriedigen, denn wieder kam, und bei allen dem in feinem Thun ganz ungeftört und gegenwärtig blieb. fo wunderbar diefes zu feyn fcheinet, so können es zu Kâhira *k*) alle Schachspieler bezeugen." Es dörfte nicht unangenehm feyn, die übrigen von Ssokeiker angeführten Beifpiele und Beftätigungen von folchen Spielern, auch noch mitzunehmen.

„Elzafedî, in obgedachten Buche, meldet noch folgendes: Ein andermal, fpricht er, fehe ich zu Damafck *l*) im Jahr der Flucht 731. (Chr. 1330.) einen gewiffen Nifâm den Perfer *m*) welcher im Beifiz des Doktor Schemseddîn Schach fpielte, ohne darauf zu fehen. Das erftemal hatte ich diefen Mann fpielen gefehen mit den Stadtfyfikus, dem Schaich Amîn eddîn Ssoleimân. Er fpielte rückwärts und gewann richtig fein Spiel. Wir hatten nicht einmal eher bemerkt, dafs er fpielte, als bis er ein Schâhmât mit dem Elefanten ankündigte; ja wir hatten bevor er fich mit dem Ausruf Mât gegen uns zukehrte, ihn felbft nicht einmal gefehen. Er foll, wie man uns erzählet hat, oftmals abwefend über zwei Schachbrete zugleich befohlen haben. Es hat mir diefes auch unfer Elmulla Bedreddîn Hhafsan Bin 'Alî elghafî erzählet, dafs er felbft ihn auf zwei Schachbreten hinterm Rücken und zugleich auf einem dritten

---

k) Cairo in Egypten.
l) Damascus in Syrien.
m) نظام العجمي

vorwärts und mit fehenden Augen fpielen und auf allen dreien das Spiel gewinnen gefehen habe. Die Wahrheit deffen mag der Erzähler verbürgen. Schemseddin rief diefen Spieler vors Bret, dafs er feine und des Gegners Steine fetzen follte, wie fie zuletzt gegen einander geftanden hatten, und er ftellte fie richtig als ob er mit Augen gefehen hätte. — Zu den Zeiten der Regierung Ssoleimans reifete ein gewiffer blinder Mann aus Nedfched gebürtig *) in Gefellfchaft einiger vornehmen Leute nach Conftantinopel. Es war fo feine Art, immer fich zu den Grofsen im Staate und Vornehmen zu gefellen, und mit ihnen Schach zu verfuchen. Einftmals nun fpielte er mit dem höchftfelig verftorbenen Grofsvifir Ibrahim Bafcha. In während fie über den Spiel begriffen waren, trat, ohne dafs ers wufte, der Grofsherr Ssoleiman ins Zimmer, und zwar ganz unerwartet. Der Grofsherr winkte gleich beim Eintritt, dafs man ruhig fizzen bleiben und fich über dem Spiel durch feine Ankunft weiter nicht ftören laffen follte. Der Blinde ward die hohe Gegenwart erft inne, da der Scherz und
das

---

*) Nedfched ift die Landfchaft Arabiens, welche Jemen von Tehâma und das arabifche oder babylonifche Irâk von Syrien fcheidet. S. Altes- und Neues- Vorder- und Mittel-Afien, B. I. (Leipz. 1795.) S. 331. *Büfchings* Erdbefchreibung von Afien, S. 564.

das Gelächter zu fehr überhand nahm; welches denn Gelegenheit zur Verwunderung gab. Hernach nahmen ihm Sr. Majeſtät ſtillſchweigend den Springer weg. Sobald aber der Blinde einen neuen Zug thun wollte, wußte er, daſs ihm der Springer fehle. Hätte mir, ſagte er, irgend ein Unterthan den Springer geraubet, ſo wollte ich ihn ungeſäumt bei den jetzigen Chalifen verklagen, da es aber der Chalif ſelbſt gethan hat, was kann ich machen, als Geduld tragen und mich zufrieden ſtellen, wenn ich denn überwunden bin. — Der Ssultan und die Umſtehenden erſtaunten und meinten, er müſſe dennoch etwas ſehen können. Sr. Majeſtät befahlen dahero, daſs ihm die Augen feſt verbunden würden, ihr Erſtaunen war aber deſto gröſser, als er demohngeachtet ſo gleich wuſste, was man ihm entwendet hätte. Sr. Majeſtät beſtimmten ihm, zum Zeichen ihres Wohlgefallens, täglich 20 Dirhem *o*) von oſsmanniſchem Schlag, welche er aus der Zolleinnahme der Stadt Kâhira ausgezahlt erhielt. *p*) Ich habe dieſen Mann im

---

o) *Dirhem* oder *Drachma* iſt eine arabiſche Silbermünze. Man ſehe Abdallatifs Denkw. von Egypten. (Halle in Verlag des Waiſenh. 1790.) S. 85. Tychſen *Introductio in rem numariam Muhammedanorum*, Roſtock 1794. p. 8.

p) Hier hört dasjenige auf, was *Elzafedi* erzählt, und *Ssokeiker* ſelbſt fährt weiter fort. Aus den folWahls Geſch. d. Schachſp.   C

Jahr 964. oder 965. (Chr. 1556. 1557.) zu Damafchk gefehen, wo er als ein fehr angenehmer luftiger und fcherzhafter Gefellfchafter beliebt war. Er konnte den Kur'an auswendig und wufste gute Gedichte zu deklamiren. Ich meine auch, dafs er noch izt zu 'Kâhira am Leben ift. Gott weifs es am beften. Ein ähnliches Beifpiel habe ich im Jahr 970. (Chr. 1562. in der Gegend von Tripolis in Syrien *q*) gefehen. Dahin kam ein Grieche Namens Juffuf Tfchelebi, glaublich ein Sohn des Proviant-Meifters zu Konftantinopel. Er war weit umher gereift in Indien, Perfien und Jemen, *r*) und hatte viele Reiche gefehen. Das Schachfpiel, welches er bei fich führte, hatte fehr grofse Steine. Wenn er diefe aus dem Beutel, worin fie aufbehalten waren, herausgenommen, und gefliffentlich unter einander gemifcht hatte, liefs er fich die Augen verbinden, dafs er die beiden Schlachtordnungen des Schachbretes blos durchs Betaften unterfcheiden konnte. Hierauf ftellt er die Figuren, jede auf ihr gehöriges Feld und verfehlte dabei

genden Jahrzahlen erhellt, dafs Ssokeiker in der zweiten Hälfte des 16ten Jahrhund. gelebet hat.

q) *Tharablys*. S. *Büfching's* Afien (Erdbefchreib. Th. V. Abth. 1.) S. 323. f. *Wahl's* Vorder- und Mittel-Afien, B. I. S. 312.

r) Das glückfelige 'Arabien. S. *Büfching* l. c. S. 641. ff. Meine Gefchichte Vorder- und Mittel-Afiens, B. I. S. 337. ff.

so wenig etwas als ein Sehender. — Sodann ging er mit den Vornehmsten, die zugegen waren, ein Spiel an; betastete seine und seines Gegners Steine, und ergriff ohne Irthum den Stein, mit welchem er ziehen wollte. Er hub ihn so geschickt aus seiner Stelle in die Höhe, daſs das Schachbret nicht gestört wurde, und und sezte ihn eben so wieder dahin, wo er ihn auch bei sehenden Augen würde hingebracht haben. Diesen Versuch hat der Mann in meiner eigenen Wohnung mehr als einmal wiederholt und ich habe keinen gesehen, welcher ihn überwunden hätte. Eben auf diese Weise sahe ich im Jahr 975. (Chr. 1567.) zu Constantinopel, da ich mit dem Scheich Schibâb eddîn Ahhmed Bin Jussuf. aus Egypten Bekanntschaft machte, daſs er auf meinem Zimmer gegen jeden Spieler Schach mit abgewendetem Gesichte spielte, und so oft er dieses that niemals überwunden ward. — Er zählte uns auch wenn wir es verlangten, die Steine nach ihrer jedesmaligen Lage auf, als ob er sie zuvor gesehen hätte.

Nach Hyde's Bemerkung soll, wie ihm berühmte Augenzeugen erzählet haben, zu Genf an die Kirche des heiligen Petrus, ohngefähr ums Jahr 1668. ein gewisser blinder Mann Namens Seve, berühmt gewesen seyn, welcher, ob er gleich von Geburt an mit Blindheit geschlagen gewesen, doch alle und jede Sehende in dem Spiele aux Merelles *s*) überwunden habe, und zwar schon in seinen vierten Lebensjahre. Man hat ihn nur schlechthin den blinden Genfer genannt.

Doch wir wenden uns wieder zu den Sehenden, für welche unser Spiel eigentlich erfunden ist.

Indem das Schachspiel die vortreflichste Uebung der Verstandeskräfte gewährt, und so mannigfaltige unbestreitliche Vorzüge vor allen übrigen behauptet, auch insonderheit, wie oben erörtert worden ist, seinen grofsen militärischen Werth hat: so ist es auch von jeher bei vielen Fürsten und Grofsen des Morgenlandes sowol als der Abendländer ganz vornehmlich angeschrieben und beliebt gewesen, und ist's gleicherweise noch heut zu Tage.

Die Anna Komnena erzählt *t*) von ihrem Vater den Kaiser Alexis, dafs er, um

---

s) Das Spiel der Kinder *Jeu des Merelles* geschieht mit Steinchen, welche mittelst des Fufses über gewisse auf die Erde abgezeichnete Striche hinausgeschleudert werden. Ein ähnliches Spiel scheint dasjenige unserer Kinder in Deutschland zu seyn, was mit Pfennigen geschiehet und von ihnen: *anschlagen* genannt wird.

t) *Anna Komnena* war ein gelehrtes und geistreiches Weib der Mittelzeit, die älteste Tochter des Byzantinischen (Konstantinopolitanischen) Kaisers *Alexis Komnenus des Alten* und der *Irene*. Sie

die Sorgen zu zerstreuen, welche ihn so oft unruhige Nächte verursachet, mit einigen seiner Vettern, die er um sich hatte, Schach zu spielen gewohnt gewesen sey.

Der in der Geschichte so bekannte Weltstürmer Tamerlan (Timur mit dem Beinamen Lengk, d. i. der Lahme) u) erfand selbst ein erweitertes Schachspiel, wovon ich zu seiner Zeit das nöthige beibringen werde. Er führte auf seinen Zügen ein prächtiges Schachspiel mit sich, worauf er vor jeder Unterneh-

---

schrieb in 15 Büchern die *Geschichte der Regierung ihres Vaters*, (Jahr Chr. 1081 — 1118.) unter der Aufschrift Αλεξιας in einem guten attischen Griechisch. Wir haben mehrere Ausgaben von diesem Buche, z. B. die von *Poussin* mit lateinische Ueberſetzung, Paris 1651. Fol.

u) *Timur* war der Stifter der zweiten mongolischen Monarchie. Er war der erfahrendste und glücklichste Feldherr seiner Zeit. Die Geschichtschreiber pflegen den Anfang seiner Größe und Macht auf das Jahr der Flucht 771. (Chr. 1369.) zu bestimmen. Seiner Geschichte ist ein sehr weitläuftiger Artikel bei D' *Herbelot* gewidmet (*Bibliotheque Orientale*, Tom. III. p. 500 — 521.) die Morgenländer haben vornehmlich zwey gelehrte Biografien dieses Siegers. Die eine ist von '*Arabschah* und die andere von *Scheref eddin 'Ali* aus Jesd. Man kann darüber mehreres finden in meiner Geschichte *des alten und neuen Vorder- und Mittel-Asiens*, B. I. S. 170 und 177 f.

mung mit feinen Generalen zu fpielen pflegte, um die Gründe feines Vorhabens auf anfchauliche Weife mit ihnen überlegen zu können. Seine vornehmfter Spieler waren Ibn 'Okeid, Sîn aus Jesd, und 'Ala eddîn. Der letzte war in diefem Spiele fo erfahren und geübt, dafs er rafch weg, ohne über die Züge nachzudenken, fpielte und dennoch auch die beften Spieler überwand. **Das ift wahr!** fagte einft **Tamerlan zu ihm, du bift der Einzige in Regierung des Schachfpiels, und ich der Einzige in der Staatsverwaltung.** —

Der fechfte Chalif aus dem Haufe der 'Abbâſiden **El Amin** war dem Schachfpiel fo ergeben, dafs er oft die wichtigften Staatsgefchäfte darüber vernachläfsigte. Elmakhin in feiner Ssarakenifchen Gefchichte, *x*) erzählt dafs, als die feindlichen Völker die Refidenzftadt **Baghdâd** *y*) zu belagern im Begriffe waren und die Stadt bereits umringet hatten, diefer Chalif in feinem Schloffe mit einem Lieblingsfklaven Namens **Khûter** ruhig Schach fpielte, und da ihm einer feiner Räthe an die gegenwärtige Gefahr erinnerte, dem zur Antwort gab: Da'nî fekad lâhha lî ála Khûter Shâh mât, d. i. Lafs mich, eben zeigt

---

x) S. *Vorder- und Mittel-Afien*, B. I. S. 161.
y) *Büfching*, Afien. S. 202. ff.

fich mir ein Schachmat gegen Khuter!

Der grofse Herrfcher Ssulthan Mahhmůd Sohn des Ssubekhtegkin z) war beides, ein unüberwindlicher Sieger im Kriege, der viele Könige und Fürften der Erde, jeden durch ein andres Stratagem, befieget hatte, und ein unvergleichlicher Sieger im Schach. Artig ift das Diftichon, was ein perfifcher Gefchichtfchreiber, den Hyde anführet, aus dem perfifchen Dichter 'Anzarî a) aushebt:

Schatrandfch melikh bâcht melikh ba
     hefâr schâh
Her Schâhra binu'a digkûr Schâh mât
     khird.

D. f. Schach fpielte der König, der König mit taufend
    andern Schâchs
Jeglichen unter ihnen macht' er Schâh mât auf
    wieder andre Weife.

---

z) *Ssubekhtegkin* ein tapferer General der Armee des Ssulthan *Nûhh* Gouverneurs der Provinz Ghasna, an die Stelle feines ehemaligen Herrn des *Alptegkin* — nachher Suverän. S. D' *Herbelot* B. O. Tom III. p. 278. f. Sein Sohn *Mahhmůd* wurde der erfte Ssulthan der Dynaftie der Ghasnawiden, im X und XI Jahrhunderte. S. D' *Herbelot* B. O. Tom. II. p. 517. ff.

a) Diefer Dichter war der Liebling des oben genannten *Mahhmůd*. Er hat daher in feinen Gedichten viele Lobeserhebungen diefes Herrn eingeftreuet, und feinem Lobe mehrere eigne Epigrammen gewidmet. Er ftarb im Jahr 431. (Chr. 1039.)

Ein nicht so glücklicher Schachspieler, aber ein eben so grosser Liebhaber dieses Spiels war der Chalif El Mâmûn. *b*) Er wunderte sich oft scherzhaft, dass er den Staat zu regieren verstehe und gleichwol die todten Schachsoldaten seinem Winke nicht gehorchen wollten.

Ich habe einige Beispiele aufgestellt, wie beliebt das Schach bei den Fürsten und Grossen des Orients gewesen, ist — einige nur, denn es würde fast ins unendliche gehen, wenn man alle die Könige, Herrn der Erde und Grossen aufzählen wollte, die Kenner und Freunde des Schachspiels waren. Jezt will ich aus dem Abendlande nur die zwei grossen Namen Frie-

---

b) *El Mâmûn* der Sohn des Hârûn erraschid, siebenter Chalif aus dem Hause des 'Abbâss regierte vom Jahr Christus 813 bis 833. S. von ihm *Herbelot* B. O. Tom. II. p. 543 ff. *Richardson* Biblioth. (von mir herausgegeben, Lemgo, 1790. B. II. S. 190. f. Er war ein grosser Kenner und zugleich ein grosser Freund der Wissenschaften und schäzte die Gelehrten, denen er als Lehrern höchsten Range begegnete um alle seine Unterthanen zur Hochachtung für sie zu ermuntern.

O *tempora, o mores!* Was würde dieser Mäcen sagen, wenn er heut wieder auferstände und sähe wie äusserst selten gelehrte Männer zu den erträglichsten Würden im Staate gelangen — wie für ihr ganzes Genie, für alle ihre Aufopferung, wenn ihnen das Glück nicht eignes Vermögen verliehen hat, sich mehrentheils auf Lebenszeit mit einem Zeisigsfutter begnügen müssen.

drich und Josef nennen. Josef II. suchte besonders bei seinen Officiern und Staatsbedienten zur Verdrängung der verderblichen Glücksspiele, das Schach durch sein eignes Beispiel zu empfehlen. Er spielte es oft und gern und munterte bei jeder Gelegenheit zur Nachahmung auf. Der grofse Kauniz, Lascy, Laudon u. a. sollen fast zu leidenschaftlich Liebhaber des Schachspiels gewesen seyn, und waren ihres grofsen Vorgängers hierin würdig. Der grofse Friedrich, dessen hohe Begünstigung des vortrefflichen Spiels weiter oben schon berührt ist, suchte die Thätigkeit seiner Krieger mit Eifer auf das Schachspiel hinzuleiten, ob er es selbst gleich als König nur selten zu spielen pflegte, weil er mit den Geschäften seiner Regierung zu überhäuft war. Er ist inzwischen bekannt, dafs er es als grofser Meister spielte und dafs er es als Kronprinz in Rheinsberg sehr oft und mit derselben Leidenschaft zu spielen pflegte, mit der sein vertrautester Freund, der General Fouquet für dasselbe beseelt war.

Schliefslich kann ich zur Empfehlung unsers Spiels wohl nichts wichtigers hiezu setzen, als die Würdigung und Vervollkommnung, die dasselbe durch den Eifer der scharfsinnigsten Gelehrten erlanget hat.

Ich will hier nicht die verschiedenen guten Schriften der orientalischen und europäischen

Gelehrten über dieses Spiel vorführen und beurtheilen, worunter das schöne Werk des Engländers Thom. Hyde, der Geschichte des Spiels wegen, einen vorzüglichen Rang behauptet. Ich werde auf diese Materie vielmehr in den folgenden zweiten Abschnitt kommen. Ich muſs ohne jedoch die Namen zu wiederholen, die in vorhergehenden schon aufgestellt worden sind, blos ein oder des andere Beispiel anführen, welches zu einem Zeugniſs dienen kann, wie eifrig das Schachspiel und mit welchen glücklichem Erfolge daſſelbe von den scharfsinnigsten Köpfen betrieben und hervorgezogen iſt.

Der Araber Elzûli c) war im Schach so geübt und fertig, hatte sich so sehr in dieses Spiel hineinſtudirt, daſs er gemeinhin nur der Schachſpieler d) genannt wird. Du ſpielſt ein Schach, pflegen die Morgenländer im Sprüchwort zu ſagen, wie Elzûli. Man hat bei den Arabern mehrere besondere Anekdoten, die diesen Spieler betreffen. Z. B. ein gewiſſer grofser Herr hatte sich einen schönen Garten angelegt. Da er die bewunderns-

---

c) Sein ganzer Name war *Abubekher Muhhammed Bin Jahhja Bin 'Abdallâh Bin Elabbâſs Bin Muhhammed Zûl Tekhîn.* Er begleitete das Amt eines Schreibers (oder Sekretärs,) und ſtarb 336. (Chr. 947.)

d) *Elſchathrandſchi.* Daſſelbe charakteriſtiſche Beiwort führte übrigens aus gleichem Grunde auch ein gewiſſer alter perſiſcher Dichter.

würdige Schönheit diefes Gartens einftmals gegen einen feiner Tifchfreunde priefs und ihn fragte, ob ihn wol was vortrefflicheres in der Welt bekannt fey? erhielt er zur Antwort: Elzûlîs Schachfpiel fey noch weit vortrefflicher anzufehen! — Oder als Elzûli fich einftmals bei dem Chalif Elmukhtefî *) in Gefellfchaft eines gewiffen Elmawérdî (der Name bedeutet Rofenwaffer) befand, und mit dem Letzteren Schach fpielte, ihn aber wie zu erwarten war, überwandt: fagte der Chalif zum Spafs zu dem Elmâwerdî: A'da mâwerdukh bûlâ, i. e. Dein Rofenwaffer hat fich in Urin verwandelt.

Der gelehrte Engländer Walther Raleigh foll aus Vorliebe zu diefem Spiele und aus Bewuftfein feiner Stärke darinn oft gefagt haben, er wünfche fich keine andere Verlängerung feines beftimmten Lebenszieles, als in wie weit es ihm möglich fey, ein Schach zu verlängern. — Und wem ift es unbekannt, wie weit es Fillidor unter den Franzofen im Schachfpielen gebracht hat, der auch dem geübten Gegner vier bis fünf Züge zum voraus den Verluft der Parthei vorauszufagen wufte! —

---

*) Siebzehnter Chalif des Haufes der 'Abbâfsiden '*Ali* genannt *Mukhtefi Billâh* (der in Gott Eingezogne.) Er ftarb 295. (Chr. 908.)

der vierzig Partheien in einem Jahre gewonnen haben foll, in welchen allen er die Königin vorausgab! —

Zweiter Abschnitt.

Alte Urkunden vom Schachspiel. Schriften der neuern Orientaler und der Europäer über diefes Spiel.

Da das Schachspiel, wie im Verlauf des gegenwärtigen Werkchens aus der Geschichte feiner Entstehung und erften Bekanntmachung genugfam erhellen wird, eine Erfindung ift, die weit über die lezten Zeiten, d. h. weit über die neue und mittlere Welt in die alte Welt hinausgeliet, *a*) fo gehören die eigentli-

---

a) Die *Zeitläufte* welche ich mir für die Gefchichte feftzufetzen pflege find *Urwelt*, *dunkle Welt*, *Vorwelt*, *alte Welt*, *mittlere Welt* und *neue Welt*. Die *Urwelt* ift der Zeitraum von Adam bis Noahh, die *dunkle Welt* von Noahh bis Mofseh, die *Vorwelt* von Mofseh bis Alexander den Grofsen, die *alte Welt* von Alexander bis Muhhammed, die *Mittel-Welt* von Muhhammed bis zur Erfindung der Druckerei, die *neue Welt* von der Mitte des funfzehnten Jahrhunderts nach Chriftus bis auf diefen heutigen Tag.

chen Urkunden darüber, so fern wir das
Wort Urkunde in seiner erſten und ſtreng-
ſten Bedeutung nehmen, in das seinem Ursprung
nahegelegne Zeitalter, und ſind also blos in
den Zeitalter vor Muhammed aufzusuchen,
indessen alles übrige, was darüber zur hiſtoriſchen Nachricht oder zur Belehrung und Erklärung dienet, und noch aus dem Schatze
der Litteratur von Muhammed bis auf jetzt,
unter so mancherlei Völkern des Morgens und
Abends wirklich vorhanden iſt und aufzuwei-
ſen ſtehet, allenfalls wenn es aus alten Zeiten
ſtammet in einem weiteren Verſtande Urkunde
genannt werden könnte, in allgemeinen aber
allein unter der Firma der gelehrten Schriften der neueren Orientaler *b*) und der
Europäer über dieſes Spiels aufgeſtellet werden darf. In dieſem Sinne nun, in welchen
wir Urkunden von der übrigen Litteratur
unterſchieden wiſſen wollen, kann es, aus be-

---

b) *Neuere* Orientaler werden von den *alten Orientalern* unterſchieden. Der Standpunct dieſes Unter-
ſchiedes, die Scheidewand zwiſchen *alt* und *neu*
iſt hier die Stiftung der ſo allgemein verbrei-
teten Religion Muhammeds. Alle muhamme-
daniſchen Morgenländer und ihre Zeitgenoſſen
aller übrigen Religionspartheien sind uns *neue*
Orientaler. Schriftſteller des Orients alſo vor
dem 7ten Jahrhundert nach Chriſtus ſind *alte,*
nach dieſem Zeitpunkt *neue* Orientaler.

greiflichen Gründen, c) vom Schachspiel nur wenige Urkunden geben, und diese wenigen blos aus den entfernten Gegenden seines Ursprungs, auch überdieses in Archiven, da der Zugang für uns noch gröstentheils verschlossen ist. —

In Ostindien und den Reichen jenseits des Gkangka oder Ganges allein ist man berechtiget, die noch vorhandenen Urkunden der Art aufzusuchen. Aus Persien hat sich aus der allgemeinen Verwüstung, welche die 'Araber, die den Thron Jesdedschirds gestürzet, d) angerichtet haben, nichts von der Art auf unsre Zeiten erhalten können. Denn aus dem ganzen Schaz der vormuhhammedanisch-persischen Litteratur besitzen wir ausser dem, was die sogenannten Gkebern, Parsen

---

c) Vornehmlich weil in aller und jeder Litteratur aus dem Zeitalter vor der *Mittelwelt* vergleichungsweise nur sehr sparsam gesäete Ueberbleibsel auf uns herab sich erhalten haben.

d) Der berühmteste der Kaiser des alten Perserreichs, welche den Namen *Jesdedschird* geführt haben, ist der leztere, aus dem Hause *Ssassan*. Er war des Namens der *Dritte* und mit ihm endet sich nicht nur der Stamm der Ssassanier sondern auch der alten Könige oder Kaiser von Persien überhaupt. Er verlor die Schlacht bei Cadessia und dieser Sieg entschied für die Herrschaft der Chalifen über den Thron von Persien.

oder Bekenner der alten ehrwürdigen Lehre und Religion des ‹grofsen Soroaster *e*) für ihren heiligen Feuerdienst gerettet haben, und in den alten Sprachen Send, und Pehlwi verfaffet ift *f*) nichts erhebliches. Was

---

e) *Gkebern* oder *Parfsen*, deren noch einzelne Stämme in verschiedenen Winkeln des grofsen Reichs Perfien, andre in weit gröfserer Anzahl in den Ländern der Halbinfel *Hindoftân* vorhanden find, find übergebliebne *alte* Perfer, in Gegenfaz der *neuern*, d. i. muhhammedanifchen. Sie find von der Sekte der alten Magier oder Feuerdiener, Bekenner und Verehrer der Religion des Soroafter. Es find diefe heutigen Parfsen, in *Khirmân, Jetd, Ifspahan* und andern Orten des perfifchen Reichs, wie auch in *Surate* und vielen andern Orten Hindoftâns, die ächten und wahren Abkömmlinge und gleichfam die Stammhalter der alten Magier oder Feuerpriefter und Ormusdverehrer — ihre auf *Awefta* gegründete Lehre und Dienft ift eine Fortfetzung des alten Magismus, der alten heiligen Religion und Politik des grofsen Reichs der Perfer, durch *Soroafter* geftiftet.

Soroafter oder eigentlich *Seretofchtro*, *Serâdufcht* oder *Serdufcht* war der berühmte grofse Gefezgeber in den Zeiten der *Vorwelt*, auf deffen Lehre fich die ganze Religions- und Staatsverfaffung der ungeheuren perfifchen Monarchie bis auf dem Umfturz auch die Araber begründete.

f) Das Religionsbuch felbft, das *Send - Awefta* d. i. Soroafters Lebendiges Wort betittelt ift, haben wir durch die Bemühungen des Franzofen Anquetil du Perron erhalten. Zend - Awefta *ouvrage de*

die gelehrten Engländer bisher aus dem Schaz der Ssamfskret Sprache oder alten Litteratur von Hindoſtân über das Schachſpiel aufgefunden haben, beſtehet noch zur Zeit aus Mangel genauerer Nachforſchungen, nur in wenigen Nachrichten von wirklich vorhandenen Urkunden in Ssamfskret g) und in der Beſchreibung

---

Zoroaſter — traduit en françois ſur l'original Zend avec des remarques — par Mr. Anquetil du Perron. Paris 1771. III. Vol. 4. maj. Zend-Aveſta Zoroaſters Lebendiges Wort — Riga 1776. 1777. 3 Th. 4to maj. Dazu Anhang zum Zendaweſta von Kleuker, Riga 1781-1783. 2 Bände 4. maj. In dieſen Werke, beſonders nach der deutſchen Ausgabe, findet man alles beiſammen, was von und über altperſiſche Litteratur vorhanden iſt. Zu weiterer Vollſtändigkeit dienet noch das Buch Send-Aweſta in kleinen, von Hrn. Kleuker. Riga 1789. 8vo, ingleichen ſind auch noch zu vergleichen Richardſons orient. Biblioth. (Lemgo 1788-91.) in mehrern Artikeln, als Abeſta, Mugh u. a. m. und vorzüglich das Alte- und Neue-Vorder- und Mittel-Aſien, wenn es einmal ganz vollendet erſchienen ſeyn wird.

g) Die älteſte Sprache in Hindoſtân, zugleich die heilige Sprache, darinn alle der Religion und den Wiſſenſchaften geheiligte Schriften der Brahmen (oder Braminen) verfaſſet ſind, heißt Ssamfskret, wofür nach verſchiedner Ausſprache und Schreibart der europäiſchen Autoren auch Shanscrit oder Kirendam vorkommt, welches aber eine und dieſelbe Sprache und Schrift bezeichnet. Brahmaniſch

bung eines indifchen Schachfpiels, welche W.
Iones mit Hülfe feines indifchen Freundes R a.
d'akant aus dem B'awifchja Puran mittheilt, darinne nämlich eine Unterredung des
Brahmen Wjásfa mit dem König Iud'ifch-
t'ira vorkommt, in welcher der erftere dem
leztern auf fein Verlangen die Bewandnifs und
die vorzüglichften Regeln diefes Kriegsfpiels
erkläret *h*). In Rückficht der übrigen öftli-
chen Gegenden Afiens, jenfeits des Ganges
wiffen wir aus den Nachrichten der Reifebe-
fchreiber und andern Schriften europäifcher
Gelehrten vornehmlich das Dafeyn mehrerer
urkundlichen Angaben und Befchreibungen das Schachfpiel betreffend, bei den
Sinefern, zu denen es von Indien aus, als

---

nifch wird fie auch genannt, weil die indifchen
Priefter und Gelehrten, die *Brahmen* (Braminen,
Brachmanen) die Kenntnifs derfelben bewahren
und ihr vorzügliches Studium darinne fetzen.
Alle übrige Dialekte oder Sprachen der grofsen
Halbinfel Indien ftammen von ihr her, oder find
mit ihr als Schweftern verwandt.

b) W. Iones *on the indian game of chefs.* oder über
das indifche Schachfpiel. Steht in den Afiatick
refearches, fo zu *Calcutta* herauskommen Tom. II.
der deutfchen Ausgabe: *Abhandlungen über die
Gefchichte und Alterthümer, die Künfte, Wiffenfchaften und Litteratur Afiens . . . aus dem engl.
von Kleuker Riga 1795.* B. 2. p. 317. ff.

den Lande feiner erften Erfindung, fchon in frühen Zeiten übergepflanzet worden ift — die neuften umftändlichern Nachrichten über das finefifche Schachfpiel aus einheimifchen Urkunden hat Irwin gegeben *i*).

Von den eigentlichen Urkunden vom Schachfpiel wenden wir uns zu der ergiebigern Quelle diefer Litteratur, den gelehrten Schriften darüber, die von den neuern Orientalern und den Europäern abgefaffet find.

Und zwar will ich zuvörderft einige orientalifche Nachrichten und das Schachfpiel betreffende Stellen bei den ältern muhhammedanifchen Schriftftellern herausheben, welche wegen ihres Alterthums und weil fie aus weit ältern Quellen oder eigentlichen Urkunden der erften Art gefloffen find, als wahrhafte Quellen und wenn man will als Urkunden von der oben beftimmten zweiten Ordnung betrachtet werden müffen.

Die ältefte Urkunde diefer Art hat der grofse epifche Dichter der Perfer, Abû 'lkâfsim Firdûfsi feinem vortrefflichen Werke eingewebet. Diefes erhabene Werk der perfifchen

---

i) In den Transactions of the royal Irifh academy Vol. V. Dublin 1795. 4. Die *zweite* Abhandlung unter der Auffchrift der *Alterthümer*: *Nachricht vom Schachfpiel wie es die Sinefer fpielen, mit Zeichnung und finefifcher Schrift und einer überfezten finefifchen Nachricht.*

Sprache und des orientalifchen Geiftes, das vortrefflichfte aller fchönen Werke der muhhammedanifchen Gelehrfamkeit, die wir von 'Arabern und Perfern nach den fiebenten Iahrhundert übrig haben, Schâh-nâmè genannt, enthält eine Gefchichte der Könige und Helden. Es ift eine auf die älteften Nachrichten der perfifchen Ueberlieferung und die Annalen des Reichs gegründete erhabne Epopöe, welche in einer Folge ungemein fchöner Rhapfodien die Thaten der alten Monarchen und Helden des medifchen und perfifchen Reichs, und ihrer mit den Königen von Turân (Skythien oder der Tartarei) 'Arabien und andern Ländern geführten Kriege, gelieferten Schlachten, und ritterlich beftandnen Kämpfe, bis auf den Untergang des Reichs durch die Entthronung Iesdedfchird's, erzählet — Das Werk ift fo lang als die Iliade und Odyffee des Homer, denn es begreift über 60,000 Beit, oder nach unferer Art zu reden über 120,000 Verfe oder metrifche Zeilen.

Firdûfsi fein unfterblicher Verfaffer — er hiefs mit feinen vollftändigen Namen, welcher nach orientalifcher Gewohnheit deswegen etwas lang ift, weil dergleichen Namen zugleich kurze Genealogien fein follen, Abû 'lkâfsim Bin elhhaffan Bin Scharffchâh Elfirdûfsi aus Thûfs oder Mefched in

Chor'afsân — ftarb im Iahr der Flucht Muhammeds 411. (Chr. 1020.) und hat feinen Meiftergefang vollendet im Iahr 384. (Chr. 994.). Das Werk war ihm die Frucht einer dreifsigjährigen Arbeit. Die Vorrede zu demfelben, welche ein andrer Verfaſſer ſpäterhin hinzugethan hat, giebt einige Nachricht von den Quellen, aus denen der Dichter geſchöpfet hat. Mehreres aber finden die Leſer in meinem Werke, altes- und neues-Vorder- und Mittelaſien.

Die 'Araber haben das Schâh-nâmè auch in ihre Sprache überſetzt. Die Perſer aber ſelbſt beſitzen, aufser dem vollſtändigen Original noch eine perſiſche Abkürzung, die gewiſſermaaſsen zugleich einen Kommentar zur Urkunde ſelbſt abgiebt.

Die Abſicht der gegenwärtigen Abhandlung geſtattet es nicht, von der Veranlaſſung und Entſtehung dieſes merkwürdigen Denkmals und von der Geſchichte deſſelben und den Schickſalen ſeines Urhebers zu reden; viel weniger würde ſich hier die Entwihkelung des Dichterſchen Verdienſtes oder der äſthetiſchen Wichtigkeit des Werkes am rechten Orte befinden. Ich muſs mich daher begnügen, im Allgemeinen zu verſichern, daſs die Reinigkeit der Sprache und Wahl des dichteriſchen Ausdruckes, der Adel und die Erhabenheit der Gedanken, die Fülle der Bilder, Reinheit, Leben und Herzlichkeit der Gemählde alles übertrifft, was der Orient in diefer Art kennet, und dafs das Werk in ganz Afien als ein unerreichtes Mufter der epifchen Dichtung und als das Ziel der Nacheiferung für alle Thatenfänger gefchätzet wird. —

Die Gefänge find insgefammt überaus fchön, und, welches ein Vorzug zu feyn fcheint, wider die fonftige Dichtungsart der neuern Morgenländer, frei vom unnützen Bombaft eines fchwülftigen Kothurns und von überfpannten und abfolut unwahrfcheinlichen Fiktionen. Sie find in einer Sprache gedichtet die noch einen fehr hohen Grad der alten Reinigkeit der perfifchen Mundart an fich träget.

Das Ganze hält in vielen wefentlichen Punkten eine genaue Vergleichung mit den Werken des Homer aus. Dem fruchtbaren und aufgeklärten Genie beider grofsen Männer, des Griechen und des Perfers, ift nicht leicht die Bemerkung einer einzigen der rührenden Schönheiten in der Natur entwifcht — Ihren Bildern und Schilderungen ift faft überall das Stempel der Originalität aufgeprägt. — Sie haben diefelben aus der Natur felbft gefchöpft, nicht durch Reflexion erhafchet — Sie befafsen beide jene fruchtbare Erfindungskraft, jenen fchöpferifchen Geift, der die Seele der reinen Dichtung ift —

Zwar scheinen die Charaktere von Schâh-nâme's Helden weniger verschieden als die der Helden in der Ilias und Odyssee zu seyn, aber sie sind wenigstens nicht weniger treffend und gut unterhalten. Die guten Schilderungen von Schlachten und Zweikämpfen sind hier so zahlreich als in der Ilias — dazwischen wechseln andre von milderer Natur, als der Gärten, Schmäuse, Thronen, Palläste, der Schönen, der häuslichen Glückseligkeit u. s. w. ab, aus denen der sanfte Geist der friedlichen Odyssee zu athmen scheinet,

Auch in mehrern besondern weniger wesentlichen Umständen begegnen sich beide Dichter, so fern sie auch durch Zeit und Vaterland von einander getrennet sind. So z. B. in häufiger Wiederholung von einerlei Zeilen und einerlei Beiwörtern, die aber durch diese Wiederholung selbst einen gewissen Werth erhalten und den Genuss der schönen Einfalt des Ganzen erhöhen. *Achilles* mit dem leichten Fusse, und *Agamemnon* König der Menschen kommen in der Iliade nicht öfterer vor, als *Rostam* mit dem Löwenherz und *Khai Chosrau* König der Welt in dem Werke des Firdûssi.

In diesem vortrefflichen alten Werke eines Epikers aus den 10ten Iahrhundert treffen wir nun, wie oben bereits gedacht ist, (und das zu sagen war die Absicht und Veranlassung alles

deſſen was ich bisher über Dichter und Geſang
beläufig habe einflieſſen laſſen) die älteſten
urkundlichen Stellen von der Erfindung
und dem Gang des Schachſpiels bei den alten
Perſern, zu denen dieſes Spiel von dem Lande
ſeiner erſten Erfindnng zunächſt übergegangen
iſt. Auf die Stellen ſelbſt werden wir in der
Folge zurückkommen.

Einiges andere hieher gehörige Urkundliche
findet ſich ferner in den ältern hiſtoriſchen
Werken der Perſer, von denen ich namentlich
das Werk Mu'dſchiſât und das Leben Timur's von 'Arabſchades anführe.

Mu'dſchiſât oder Kitab Mu'dſchifât d. i. Buch der Wunder iſt ein berühmtes in perſiſcher Sprache geſchriebenes Werk
vermiſchten, zunächſt hiſtoriſchen und naturhi
ſtoriſchen Inhalts. Das oxfordiſche Exemplar,
welches Hyde mehrmals anführet, ohne die
ſes Exemplar oder auch das Werk ſelbſt weiter
zu beſchreiben, iſt mit Gemählden verſehen.
Es wird dieſes Werk auf europäiſchen Bibliotheken nicht häufig gefunden. Ich ſelbſt kenne
es blos litterariſch und kann daraus blos die
Stellen benutzen, die mir excerpirt vorliegen.

Das Leben des Timur von 'Arabſchades iſt bekannter, und beſitzen wir ſolches
auch gedruckt, durch Golius (zu Leyden
1636) Der Verfaſſer Bin 'Arabſchâh oder
Ahhmed Bin Muhhammed Bin 'Arab-

schâh, aus Damaskus gebürtig war ein erfahrner und bei den Muslemîn sehr geschätzter Rechtsgelehrter. Er starb im Iahr der Flucht 854 (Chr. 1451). Sein Buch ist in der Geschichte eine der vornehmsten Quellen. Er ist kein gedungner Lobredner, wie die allerersten Biografen des Timûr Begk, sondern ein im Ganzen ehrlicher, obschon auch nicht aufs strengste unpartheiischer Referent, indem es nicht zu leugnen stehet, dafs ihm als einem 'Araber oft ein zu strenger Widerwille gegen seinen Helden zur Last geleget werden kann. Was die Stellen belangt, weswegen wir diesen Verfasser hier anführen, so belangen sie allein dasjenige gröfsere Schachspiel, von welchem Timur als der Erfinder angesehen wird, das aber auf das ältere ächte Schachspiel gegründet ist, wie zu seiner Zeit mit mehrern gesagt werden soll.

Wir kommen zu den gelehrten Schriften der übrigen neuern Orientaler von diesem Spiel. Von mehrern ältern Schriften des Iuden, die hieher einschlagen, will ich blos die drei Abhandlungen berühren, welche Th. Hyde seinem Werke de ludis Orientalibus angehängen hat, und welche sich in dem von Sharpe herausgegebnen Syntagmate Vol. II. pag. 163 — 207. *k*) befinden. Die eine

---

k) Syntagma Dissertationum, *quas olim auctor Thom. Hyde S. T. P. separatim edidit. Accesserunt non-*

unter der Auffchrift *Deliciae Regis* ift von einem ungenannten Verfaſſer, die beiden andern find vom Rabbi Bonſsenior Aben Iachja und Rabbi Aben 'Eſra; dieſe lez̧tern in ebräiſchen Reimen. Rabbi Aben 'Eſra eigentlich Rabbi Abraham Bar Rabbi Meier Ben 'Eſra ein gelehrter Rabbiner von Toledo in Spanien, aus dem zwölften Jahrhundert, hat ſich in ſehr vielen Kenntniſſen des damaligen Zeitalters einen bleibenden Ruhm erworben, ob er gleich von den Iuden vornehmlich als Kenner des Ebräiſchen, und alſo als Ausleger des Kanons und Grammatiker und Kritiker geſchätzet wird. Von ſeinen Schriften ſind einige verlohren gegangen, aber die meiſten ſind noch übrig. Nur ein Theil derſelben iſt in gedruckten Ausgaben vorhanden, die übrigen ſind noch in Handſchrift auf Bibliotheken verſchloſſen.

Die *Araber* haben über die Geſchichte und Theorie des Schachſpiels auſser 'Alā eddīn Tabriſi's Kommentar, welchen 'Arabſchades im Leben Timurs anführet, und deſſen Verfaſſer derſelbe 'Alaeddīn zu ſeyn ſcheinet, der von Elzafedī unter die vorzüglichſten Spieler gerechnet worden iſt (S.

---

nulla opuscula hactenus inedita, cum appendice etc. a Gregor Sharpe LL. D. II. Vol. 4to Maj. Oxonii 1797.

oben p. 30.), vorzüglich aus den zehnten
Iahrhundert des *Râfi l)* Apologie des
Schachfpiels und des *Elzâli* Buch vom
Schachfpiel *m)*, aus dem vierzehnten
Iahrhundert ein Werkchen über diefes Spiel
von Damiri *n)* und aus dem fechszehnten
Iahrhundert den mehr angezognen *Ssokeiker*
aus Damaskus *o)*. Keins diefer Bücher aber
ift abgedruckt worden, fondern fie liegen nebft
vielen andern über denfelben Gegenftand in
Bibliotheken zerftreut. Eben fo die verfchied-
nen Bücher und Abhandlungen über unfer
Spiel, welche Perfer und Türken in ihrer
Sprache verfaffet haben, von denen ich kein
weiteres Verzeichniß geben, fondern es dies-

---

l) Ift der berühmte *Razes*, mit feinen vollftändigen
Namen *Mubhammed Bin Sakharja Abu Bekhr El-
râfi*, ein Perfer von Geburt, der aber arabifch
gefchrieben hat. Er war in vielen Wiffenfchaften
gleichftark, befonders aber in der Medicin und
Chemie.

m) Von diefem *Elzuli* S. oben p. 42.

n) *Damiri*, oder *Khemâl eddin abu 'Ibaca Bin 'Iefa
Bin Mûfta eldamiri*, berühmt wegen feiner Gefchichte des Thierreichs, wegen welcher er uns
feit den Bemühungen des Gelehrten *Bochart* bekannt geworden ift.

o) S. oben p. 7. 29. 33. 34. Sein Buch ift betitelt
Fi tefsil el fchathrandfch 'ala 'l Nerd d. i. *Verzug
des Schachfpiels vor dem Nerdfpiel.*

mal bei der allgemeinen Anzeige bewendet laſſen will. Ich will nur noch des *Stamma*, eines Syrers gedenken, weil dieſer zuweilen von unſern Chronikern angeführt zu werden pfleget, indem ſeine Centurie von möglichen Spielen im Schach zeitig in Europa bekannt gemacht worden iſt, und eine gewiſſe Autorität erhalten hat, die ſie wirklich verdienet — Zerſtreute Nachrichten und Belehrungen in mehrern orientaliſchen Werken die nicht eigentlich das Schachſpiel, ſondern ganz andre Gegenſtände zum Vorwurf haben, ſind zum Theil ſchon in dem Vorigen beiläufig vorgekommen, und werden in der Folge noch oft zur Erläuterung dienen. Um doch nur einige wenige Namen zu nennen, ſo gehören dahin unter andern Mirchond, Ssa'di, der Verfaſſer des Mihr u Muſchteri, das Ferhengk Dſchibângkiri. *Mirchond der Vater des Chondemir.* Beide waren berühmte und klaſſiſche Geſchichtforſcher der perſiſchen Nation, aus Herât in Choraſſan gebürtig, im funfzehnten und ſechzehnten Iahrhundert der chriſtlichen Zeitrechnung. Der Vater Mirchond oder mit ſeinem vollſtändigen Namen Ghajeteddin Bin Humâm eddin Chond-ſchach Bin Makhmûd wurde von dem gelehrten und angeſehenen Fürſtregenten von Choraſsân Emîr 'ali Schîr, welcher um das Ende des funfzehnten Iahrhunderts regierte, als Bibliothekar einer zu Herât befindlichen fürftlichen Bibliothek beftellt, die gröstentheils aus Gefchichtbüchern beftanden haben foll. Zur Dankbarkeit dedicirte er diefem Fürften fein mit Hülfe des erwähnten zahlreichen Büchervorraths zufammengetragenes und mit vielem Fleifs verfaftes ausführliches Werk einer Univerfalgefchichte, welche wir noch jetzt unter dem Titel Raudhad elzefâ (Luftgarten) übrig haben. Mehreres über diefes Werk und feinen Verfaffer finden die Lefer im 1ten Band der Gefchichte des alten- und neuen vorder- und Mittel-Afien S. 162 — 165. Ich will hier blos das Neuefte anzeigen, was wir aus diefem Werke des Mirchond gedruckt erhalten haben, weil es denjenigen Theil der Gefchichte enthält, in welchen die Zeitepoche der Erfindung und Bekanntwerdung unfers Schachspiels in Perfien einfällt. Es ift die Hiftoire des Rois de Perfe de la dynaftie des Safsanides, traduite du Perfan de Mirchond, welche der gelehrte Silvefter de Sacy feinen fchönen Memoires fur diverfes antiquités de la Perfe angefüget hat. (Paris 1793. 4to).

Ssa'di von Schirâs, ein klaffischer Dichter der Neuperfer aus dem dreizehnten Iahrhundert, hat unter andern zwei Werke vermifchten Inhalts hinterlaffen, in denen fchöne politifche und moralifche Grundfätze durch allerhand Begebenheiten der Geschichte dargestellt sind. Das erste davon, Gkulistân d. i. Rosengarten, oder Rosenthal, ist ganz gedruckt erschienen und mehrmals wiederholet werden *p*). Der Herausgeber war G. Gentius. Das andre Bostân d. i. Baumgarten oder Baumschule ist, was den persischen Text betrifft, noch in Handschrift, obgleich einzelne Stellen auch hieraus bekannt gemacht worden sind *q*).

Mihr und Muschteri ist ein persischer Roman in epischer Versart. Der Titel bedeutet: Venus und Iupiter. Er ist angenehm und lehrreich und enthält einige beträchtliche Stellen, die das Schachspiel betreffen. Ich besitze davon eine Handschrift in 8. Format. Das Exemplar der Wiener kaiserlichen Bibliothek ist in Quart und mit Gemählden geziert *r*).

---

p) Dieses Werk ist mehrmals in französischer und deutscher Uebersetzung erschienen. Wiewohl alle diese Uebersetzungen, selbst die des Olearius (Hamb. 1696 Fol.) sehr unbefriedigend gerathen sind.

q) Auch dieses Werk ist übersetzt worden, aus dem Persischen ins Holländische und aus den Holländischen in andre europäische Sprachen. Deutsch-Hamburg 1696. Fol.

r) Ist im Catalogus von Lambeccius und Kollar Tom. 1. verzeichnet: Mihr u Muschteri, *Historia fabulosa duorum amantium persico versu imaginibus pictis, Charta Serica s. bombicina 4to.*

Ferbengk Dſchihângkiri iſt das geſchätzteſte Werk der Muhhammedaner über die reine und alte perſiſche Sprache und Litteratur. Der Gelehrte Thomas Hyde hat oft daraus geſchöpft, ob es ihm gleich auch zu einigen Irthümern verleitet hat. Ich habe dieſes Werk weiter beſchrieben in den 1 Bande der Geſchichte des alten und neuen Aſiens, dahin ich diejenigen meiner Leſer verweiſen will, denen eine mehrere Kenntniſs deſſelben angenehm ſeyn dürfte. Hier erhält dieſes Werk deswegen einen Platz, weil es auſſer dem ſchönen Sprachſtoff auch hin und wieder brauchbare hiſtoriſche Data und Realia enthält, worunter mehrere die Geſchichte unſers Schachſpiels betreffen. Das Werk entſtund unter Schâh Acbar Beherrſcher des mogholiſchen Reichs zu Ende des ſechzehnten Iahrhunderts durch die Beiſteuer mehrerer muhhammedaniſchen Gelehrten unter der Einleitung des Deſtour der Parſen Ard Schîr von Khirman, ward aber unter Acbar's Nachfolger Nûreddin Muhhammed Dſchihângkir vollendet, daher es auch die Auffſchrift Ferhengk Dſchihângkiri d. i. dſchihângkiriſches Wörterbuch erhalten hat.

Was nun endlich die gelehrten Schriften der Europäer über unſer Schachſpiel belanget, ſo finden ſich mancherlei zerſtreute Nachrichten zur Geſchichte deſſelben in alten Urkunden sowohl als neuern Werken, besonders auch in einigen Reisebeschreibungen s): aber wichtiger bleiben uns allezeit die vollständigen Beschreibungen und Abhandlungen, deren eine so beträchtliche Anzahl sind, daſs ich mich begnügen muſs, die vornehmſten davon hier aufzuſtellen. Aus dem vierzehnten Iahrhundert ein Mönch und Prieſter zu Stettin Namens Conrad de Ammenhuſen, von welchem ein Buch vom Schach in deutſchen Reimen vorhanden iſt, was aber eigentlich eine neue Bearbeitung eines ältern ähnlichen Werkchens in lateiniſcher Proſe ſeyn ſoll, ſo Ende des zwölften Iahrhunderts von einem gewiſſen Iacob de Caſsalis verfaſſet und unter der Aufſchrift De moribus hominum et officiis Nobilium ausgeſtellet worden. Aus England führt Thom. Hyde gelegentlich den ordensgeiſtlichen Lydgat an, einen Mönch der St. Edmundsburg, welcher ſeinem in engl. Sprache geſchriebenen Buch die Form eines Liebesgeſanges gegeben habe. Und von eben daher ſoll nun, aus dem Vorrath alter Handſchriftlicher Stücke noch des Simon Aylward Lateiniſch geſchriebenes Buch vom Schachſpiel folgen, ohngefähr vom Iahr 1454, davon eine Handſchrift in der Magdalenen-Bibliothek zu Oxford befindlich iſt. Aus dem funfzehnten Iahrhundert bemerken wir weiter den Engländer William Caxton welcher ſein Buch

---

s) Von *Reiſebeſchreibungen* z. B. *Olearius*, *Niebuhr* u. a.

vom Schachspiel in englischer Sprache verfaſſet und gegen das Iahr 1480 zu London durch den Druck bekannt gemacht hat. Er war ein Buchdrucker in Weſtmünſter. Aus dem ſechzehnten Iahrhundert habe ich den Italiener *Vida* von Cremona bereits oben aufgeſtellet, p. 6. t) und füge ihm hier bei den Engländer Arthur Saul, der ſein Buch in engliſcher Proſe, und Iac. Rowboth der das Seinige 1562 in engliſchen Reimen verfaſſet hat. Das Leztere iſt eigentlich eine Ueberſetzung oder vielmehr neue Bearbeitung aus dem franzöſiſchen eines italiäniſch geſchriebenen Originals. Vor allen gehört aber auch noch der berühmte Theoſof, Mathematiker und Arzt Hieronymus Cardanus hieher. Dieſer Mann von ganz vorzüglichen Talenten und Verdienſten um mehrere Fächer der Wißenſchaften war ein Mailänder von Geburt, hatte ſonderbare Schickſale ſeines Lebens, welche er in dem Buche De vita propria ſelbſt beſchreibet, und legte ſich frühzeitig auf der Univerſität zu Padua mit ſolchem Fleiſs aufs Schachſpiel, daſs er vermöge der groſsen Geſchicklichkeit, welche er ſich darin erwarb, eine geraume Zeit lang ſeine nöthigen Ausgaben von dem Ertrage dieſes Spiels zu beſtreiten im Stande war. Unter ſeinen

nen

---

t) Sein vorzüglichſter Commentator iſt *Hieron. Wielius*.

nen übrigen gelehrten Schriften findet sich auch eine Anweisung zum Schachspiel, welche unter den alten Schriften über dieses Spiel eben keinen geringen Werth behauptet.

Im siebzehnten Iahrhundert schrieben über dieses Spiel und verdienen unter mehrern andern hervorgezogen zu werden aus den Deutschen die auch in deutscher Sprache geschrieben haben, der Herzog August von Braunschweig Lüneburg unter dem Namen *Gustavus Selenus*, der Schwabe Weikman (Königspiel oder die grosse Schachspiel) aus den Franzosen der grosse Schachspieler Fillidor *), aus den Engländern die berühmten Namen Hoyley und Thomas Hyde x). Der Letztere führt auch noch einen ungenannten seiner gelehrten Landsleute

---

*) *Filidors* praktische Anweisung zu Schachspiele. Aus dem Französischen übersetzt von I. H. *Ewald* Gotha 1779. gr. 8.

x) Das Werk des *Thom. Hyde de Ludis OO.* erstreckt sich zugleich über alle andre im Oriente gebräuchlich gewesene und noch gebräuchliche Spiele; aber doch ist die Geschichte des Schachspiels das Vornehmste darinnen. S. oben p 7. 16. u. a. das Werkchen ist sowohl in besondern Ausgaben erschienen, als auch befindet es sich in der Sammlung: *Syntagma Dissertationum quas olim auctor Th. Hyde separatim edidit ... a Greg. Sharpe.* Oxford 1767. 2 B. 4.

Wahls Gesch. d. Schachsp. E

an, deſſen Buch: Ludus Mathematicus per E. W. Lond. 1654. 12mo worin gewieſen wird wie die Schachfiguren vermittelſt einer mathematiſchen Tafel, welcher ſie unter gewiſſen Regeln angeordnet und angemeſſen werden, zur Auflöſung aller und jeden arithmetiſchen und geometriſchen Aufgaben dienen. Das ſind nun die beträchtlichſten Namen der Schriftſteller europäiſcher Nationen über das Schachſpiel. Zum Ueberfluſs will ich aus der groſsen Menge der übrigen aus den letztern Jahrhunderten diejenigen namhaft hinzufügen, welche der oben belobte Th. Hyde noch verzeichnet hat.

Traité des Eſchecs par Mr. *Saragin*, Palamedes. s. Tabula Luſoria von *Dan. Souterius*, *Ascanii Tucci* Duellum Scacchorum in Verſen, *Thomae Aſtii* Lib de Ludo Schacchorum (von juriſtiſcher Seite betrachtet an et quatenus ſit licitus?), *Petr. Herrada* de ludis; ingleichen die Bücher des *Iacob Mennel* eines Deutſchen, *Damianus* eines Portugieſen, *Rui Lopez* eines Spaniers, der Italiener *Girolamus Zanucchus, Gregor. Duccbus, Gracinus, Felix Paciottus, Marc. Ant. Severinus*, des Pohlen *Ioh. Cochanovius*, und der Engländer *Iohn Barbier, Thom. Midleton*, und *D. Budden*.

Und nun ſollten noch einige der neueſten Schriftſteller aus dem gegenwärtigen achtzehnten Iahrhundert, deren Werke gröſstentheils die Theorie des Spiels betreffen und wenig oder gar nichts von der ächten Geſchichte deſſelben in ſich enthalten, folgen: wir werden uns aber begnügen können, wenn ich aus der vorigen Zeit an die bei *Nikolai* herausgegebne und wahrſcheinlich von ihm ſelbſt verfaſste ausführliche Anweiſung zum Schachſpiel, die aus dem Buchhandel bekannt genug iſt, erinnere und damit die Allgaieriſche von der lezten Meſſe verbinde. *Allgaier Neue theoretiſchpraktiſche Anweiſung zum Schachſpiel mit Kupfern, Wien* 1796 8.

Dritter Abſchnitt.

Namen des Schachſpiels. Alterthum, Erfindungsort, Erfinder, Veranlaſſung zur Erfindung deſſelben. Merkwürdiger arithmetiſcher Kalkül des Erfinders.

Es haben zwar hin und wieder einige Auktores bei griechiſchen und lateiniſchen Schriftſtellern aus den klaſſiſchen Zeiten Spuren von dem Schachſpiel finden wollen: weil aber dieſe Spuren unſtatthaft befunden werden, in-

Schach als Figur des Spiels genommen aus dem perſiſchen, und zwar aus dem Namen der Hauptperſon des Spiels entſtanden. Und nicht allein im Deutſchen iſt das der Fall, ſondern bei vielen andern Völkern welche ſich dieſes Spiels bedienen. Die Portugieſen ſagen Xaque (Schaque) und von ihnen haben es die Schapaner entlehnt, welche Schogui ſprechen. Eben ſo die Spanier: Xaque oder Iaque (Chhaque) z) auch Eſcaque. Daher heiſsen die Schachfiguren ihnen gemeiniglich Eſcaques, bei den Pohlen Szachi (Schachi) und bei den Italienern Scacchi (Skacki) und beim Schach bieten Scacco. Die Iuden haben eben daher ihre סקאקי Scaki und שקאקיש Eſkâkes oder שקאישי Eſkakês. Aben Iachja nennt das Spiel השאק Haſchâk. Wenn die Ruſſen das Spiel ſelbſt beſtändig nicht anders als Schachmati zu nennen pflegen, ſo iſt dieſes aus einem Miſsbrauch von der Beendigung deſſelben hergenommen, da der König Mât wird, wovon zu ſeiner Zeit das weitre gemeldet werden ſoll. Auch Aben Eſra bedient ſich ſchon des Wortes Schâh mât zur Bezeichnung des ganzen Spiels. Die Franzoſen boten ehedem Sebach mit dem Worte Eſchec und die Schachſoldaten oder Figuren

---

z) Im Spaniſchen wird x und j als ein aus der Kehle gehauchtes *ch* oder als ein *g gutural* ausgeſprochen z. B. *Donquixote* ſprich *Don kichhôte*.

nannten fie Efchecs oder Efchez, die
Engländer fagen Check (Tfchek) im Schach-
bieten und nennen die Figuren oder das ganze
Spiel Chefs (Tfchefs).

Alles diefes ift nicht der eigentliche und
urfprüngliche Name, welchen das Schachfpiel
von Alters her bei den Orientalern geführet hat.
Inzwifchen ift diefer Name anpaffend und fchick-
lich genug, um beibehalten zu werden. Denn
was ift das Schachfpiel anders als in der That
ein Schachfpiel — ein Königsfpiel wie
es Weikmann nennet? Schahiiudium i. e
Regiludium a). Um fo unanftöfsiger ift
diefe Benennung unter uns, da wir von langen
Zeiten her gewohnt find, unter dem Wort
Schach, das doch eigentlich den König,
als die Hauptperfon des Spiels bedeutet, zugleich alle und jede Steine oder Figuren deffelben ohne Unterfchied zu begreifen.

Von den Perfern wird unfer Schachfpiel
zuweilen Bech oder Pech, auch Awend,
Awengk oder etwas zufammengezogen
Awen genannt. Aber auch diefe Benennungen find noch nicht die eigentlichen und urfprünglichen diefes Spiels. Sie find zufälliger
Entftehung. Pech bedeutet Aufl. wohlan!
Euge, bene. Die Veranlaffung, das Spiel
daher zu benennen, kann keine andere feyn,

---

a) Man kann im Lateinifchen auch Scacbôlecbnia,
Schabotecbnia; Scatbomathia, Schabimachiâ fagen.

als weil man die Spieler während der Operation durch diefen Ausruf einander aufmuntern hörete b). Awen, Awend, Awengk ift auf Deutfch was aufgehangen wird, Suspensum — weil die Orientaler die zu diefem Spiel gehörige Geräthfchaft, wenn nicht gefpielt wird, an die Wand aufzuhängen pflegen.

Welches alfo ift nun, damit wir zum Zweck kommen, der ältefte Name des Schachfpiels bei den Afiaten, bei denen es erfunden ift? Es ift der noch bis diefen Tag in jenen Gegenden allgemein gebräuchliche Name *Schathrandfch* c). Mit diefem und keinem

---

b) Wenn *pech* noch eine andere Bedeutung haben follte, welche eigentlicher diefes Spiel zu bezeichnen vermöchte, fo ift fie wenigftens in unfern Hülfsmitteln perfifcher Schriftfprache nicht bemerkt.

c) شطرنج die Schriftfteller bleiben der Schreibart diefes Wortes, welche im Texte und mit dem 'arabifchperfifchen Lettern hier in diefer Note angezeigt ift, nicht überall getreu. Die Armenier fchreiben in ihrer Sprache, in welche der Name von Perfien aus aufgenommen worden, *Schadrandfch* und auch *Ssadrandfch*. Jn der gemeinen türkifchen Ausfprache hört man gewöhnlich ein i oder e ftatt des erftern a. Zuweilen findet man auch ftatt das *dfch*, ein *gk*, nämlich *Schathrangk* gefchrieben, ingleichen ftatt das *th* ein *t* als *Schetrendfch* oder *Schetrengk*. Andre Verfchiedenheiten in der Schreibart, mehrere offenbare Schreib-

andern Namen ist das Spiel in den ältesten Urkunden belegt. Er ist nicht nur im Schâh-Nâmè, im Ferhengk Dschihangkiri und allen übrigen 'arabischen und neupersischen Büchern gebraucht, sondern wird auch schon in den indischen Urkunden vorgefunden. Und sogar zu uns Europäern ist dieser älteste Name des Schachspiels übergegangen; denn die Spanier und Portugiesen schreiben Xatrang oder Xatreng und sagen mit Gebrauch des 'arabischen Sprachartikels al oder el gemeinhin Alxedrèz, Algedrèz, Agedrèz, Axedreç etc. In der Gebrauch dieses asiatischen Wortes hat sich so ausgebreitet, daſs er verschiedne entfernte Redensarten erzeuget hat. So nennen die indischen Kaufleute eine gewisse Art gestreiften oder gewürfelten Zeug oder Teppich Ssitrundschi, weil es Aehnlichkeit mit den Teppichen hat, deren sich die Asiaten anstatt des Schachspiels bedienen. S. U. Ferner ist Schathrandschi im Persischen und Türkischen eine Gattung von Brod, welches wegen untermischter grober Spalzen ein buntes Ansehen bekömmt, wenn man es aufschneidet, ohnge-

fehler ungerechnet, die man bei *Hyde* gesammelt findet, sind *Scharandsch*, *Ssatrándsch*, *Zathrandsch*. Die Griechen seit dem Byzantinischen Zeitalter her haben diesen Namen in Σαντραζ oder Σαντραζτζ und Ζατρίκιον verkehret. Lezterer Form bedient sich *Anna Comnena*.

fahr auf die Art, wie unſer weſtfähliſcher Bor-
purnickel *d*). Noch einen andern, dergleichen
Sinn verbinden die Neugriechen in den
türkiſchen Staaten mit ihrem Σαντραζ, indem
es ihnen oft ſoviel als e i n e n d u m m e n Menſchen, oder e i n e n M e n ſ c h e n m i t b ä u r i-
ſ c h e n S i t t e n und überhaupt einen Menſchen anzeiget, welcher nicht die Gaben hat,
ſ i c h g e h ö r i g z u e n t w i c k e l n. Sie haben
dieſen Redegebrauch, welcher ſich wahrſcheinlich auf die V e r w i c k e l u n g unſers Spiels
gründet, aus den Sprachgebrauch der Türken

---

d) Im *Ferbengk Dſchihangkiri* heiſst es daher unter andern: *Schathrandſch* nennt *man ein g e m i ſ c h t e s
Rockenmehl, deſſen ungleiche Theile theils einen dem Schachteppich ähnlichen Brei, theils wenn
es nicht gekocht ſondern gebacken wird, ein dergleichen Brod geben.* Dieſe Art Brei oder *Brod* wird
im Orient als eine geringe Koſt angeſehen. Daher hat der Dichter *Anbhadi* einen Vers, der in
deutſcher Ueberſerzung alſo lautet:

*Die Tafel der Himmelskugel und ein ſchathran-
dſchiſches Brod
Was nutzen beide zum ſtattlichen Gaſtmahl auf
Erden.*

D. i. obgleich der geſtirnte Himmel die ſchönſte
Tafel mit den glänzendſten Speiſen beſetzet, dar-
ſtellet, ſo dient ſie nicht dem ſterblichen Menſchen
zur Sättigung ihres verlangenden Magens, ſo wenig ein ſchathrandſchiſches Brod dem leckeren
Munde der eingeladnen Gäſte genüget. —

…arien sie leben, entlehnt, worüber man …tere Erklärung bei Hyde finden kann *e*).

Nach dieser kleinen Ausschweifung wie-… auf die Hauptsache zurückzukommen, …gen wir nun, wo sich die bisher angezeig-…te Benennung unsers Schachspiels eigent-…schreibt? Man kann in voraus denken, …an auf sehr verschiedne Ableitungen ver-…ist, wovon jedoch natürlich nur Eine die …te seyn kann.

Wie man zu sagen pfleget, mit Haaren …gezogen, und von Grund aus unrichtig, …widrig zugleich, ist die Ableitung des …in seinem Glossario über den Text der …Comnena *f*) Es ist daher kaum der Mühe …sich bei dergleichen ähnlichen Herlei-

---

e) *De Indis* OO der Ausgabe in den *Syntagmate* p. 43. 44.

f) Er nimmt Ζατρίκιον für Ζατρίον d. i. *Kerker, Stockhaus*, hält so ferner den *Ludus Latrunculorum* oder *Latronum* der Alten (unbekannt mit der alten Bedeutung, nach welcher *Latrunculus* und *Latro* nicht *Räuber* sondern *Krieger, Militem* anzeigte und *Latrocinare* soviel als *Militare* war) für ein und dasselbe Spiel, und glaubet nun, dass dieses Spiel daher benennt sey, weil es zuerst den Missethätern im Gefängniss gebräuchlich gewesen. Allen diesen Unsinn, ohngeachtet die Anna ausdrücklich saget, dass dieses Spiel von *Assyrien* aus gekommen sey.

tungen aufzuhalten, welche ohne Hülfe der orientalifchen Mundarten gemacht worden find.

Eine der allgemeinften Ableitungen, ift dafs der Name aus Zadrengk entftanden fey, d. h. hundert Farben, Wendungen, Kunftgriffe, Mafchinerien etc. welche nämlich in diefem abwechfelnden Spiele ftatt fänden. Andre wollen vielmehr Zad rendfch d. i. hundert Sorgen, hundert Beklemmungen etc. denen der König diefes Spiels fammt feinen Officieren ausgefetzt fei. Noch andre fetzen Schâh rengk zufammen, welches fie Regia techna d. i. Ränke, Anfchläge der Könige überfetzen, oder Schâh rendfch d. i. Königsforgen, des Königs Beklemmung etc. weil diefes Spiel fo eigentlich ein Königsfpiel fey, und weil die Abficht deffelben dahin gehe, den König ohnmächtig zu machen g). Ein grofser türkifcher Kommentator, namens Ekhteri erklärt den Namen durch das perfifche Schud rendfch d. h. Kummer, Schmerz, Sorge etc. weichet, weil den Spielern diefes fchöne Spiel fo nachdrücklich zur Erhohlung diene,

---

g) Zad bedeutet in perfifcher Sprache *hundert*, und *hundert* gilt für runde Zahl des Vielfältigen. *Rengk* bedeutet *Farbe*, *Weife*, *Wendung* etc. *Rendfch Sorge*, *Beängftigung*, *Kummer*, *Beklemmung* etc. *Schâh* oder *Schach* ift das ordentliche Wort im Perfifchen, einen König zu bezeichnen.

Drei andre Ableitungen bringet Elzafedi in seinem Commentare über das Lâmische Gedicht des Thoghrâi bei. 1) Von dem 'arabischen Worte Schathr d. i. Hälfte, weil jeder Spieler die Hälfte der zum Spiel gehörigen Figuren unter seinem Commando habe. Diese Ableitung, so unstatthaft sie auch schon wegen ihres arabischen Ursprungs und noch mehr in der Sache selbst ist, kömmt unter andern in einem arabischen Räthsel vor, das derselbe Schriftsteller anführet. „Was nämlich dasjenige sey, dessen Name die ganze Beschaffenheit desselben andeute, das viel Nachdenken und viel Fleifs erheische, das kurz zu sagen fünf Buchstaben habe (nämlich Sch, th, r, n, dsch *h*) davon drei genau die *Hälfte* machen (nämlich Sch, th, r — Schathr dimidium *i*) — 2) Vom 'arabischen Ssathr d. i. Linie, weil das Schachfeld aus kreutzweis durch einander gezognen Linien oder Quadraten, Würfeln bestehe. 3) Von der persischen Zusammensetzung Schefchrendsch oder Schefchrengk d. i. sechs Farben, sechs Weisen, Arten, Gattungen, nämlich in den sechs Hauptfiguren des Spiels,

---

h) Denn die Hülfslauter werden in den asiatischen Sprachen gewöhnlich nicht geschrieben.

i) Hälfte der Bedeutung nach, nicht den Buchstaben nach, da die Hälfte von fünf drittehalb seyn würde. —

welche sind König, Königin, Läufer, Springer, Roch, Bauer. So sehr sich auch Zafedi in diese leztere Abstammung verliebt, so stark kämpfet auch sie, wie alle die übrigen mit anklebender Frostigkeit, Unwahrscheinlichkeit und Ungemessenheit, wie jeder Kenner und Liebhaber leicht von selbst fühlet.

Aus allen dem bisher angezognen lernt man wenigstens so viel, daß die Orientaler, ohngeachtet ihre Sprachen meist weit geregelter und auf festere etymologische Grundsätze gestützet sind als die unsrigen, dennoch sehr oft in der wahren Ableitung ihrer Wörter aus dem Schatze ihrer eigenen asiatischen Mundarten irre gehen. Doch ich muſs noch ein paar andre ähnliche Ableitungen berühren. Der gelehrte Thomas Hyde nähmlich bemühet sich zu erweisen, daß der Name Schathrandsch, der im Persischen, woraus er entsprungen sey, eigentlich Ssætrengk geschrieben werden müsse, in seiner Bedeutung mit der gewöhnlichen Bedeutung des leztern Wortes übereinstimme. Ssætrengk nämlich bedeutet sonst die Mandragora d. i. die Pflanze Alraun, welche die geschäftige Einbildungskraft zum Symbol der Menschengestalt geschaffen hat *k*). Das Schachspiel habe nämlich bei

---

k) Es ist die bekannte Liebespflanze der Alten, *Circea*. Wegen ihrer Gestalt weil man Haupt und Hände

ſeiner urſprünglichen Erfindung in Indien, wahrſcheinlich einen andern Namen erhalten, und zwar wie es ſcheine, den des Krieges zwiſchen Gkau und Thalchand (S. w. u.) da es aber hernach zu den Perſern gekommen, hätten dieſe von den menſchlichen Geſtalten und Bedeutungen ſeiner Figuren Veranlaſſung genommen, ſolches das Spiel mit Mandragoren (Halbmenſchen, ſtummen und unbeſeelten menſchlichen Geſtalten) zu nennen. Hyde findet ſich in ſeiner Ableitung durch das Zeugniſs des Verfaſſers des Ferhengk Dſchihangkiri beſtätiget. „Sratrengk heiſt es daſelbſt, iſt der Name einer Pflanze von Menſchengeſtalt, welche von den Arabern Iabruhh elzanem (d. i. die bildliche Mandragora) genannt iſt.

des Menſchen daran in etwas abgebildet gefunden hat, und die Wurzeln ſich gleichſam umarmet ſollen, hieſs ſie bei den Alten auch Ανθρωπομορφος und Semihomo. Man findet ſie weiter beſchrieben bei Dioſkorides, Theophraſtus, Plinius u. a. Die Perſer nennen die Mandragora oft Merdom Gkiáh d. i. Menſchenkraut. Man hat aber noch einen gewiſſen Baum, den man aus gleicher Fantaſie ebenfalls Satrengk zu nennen pfleget. Die arabiſchen Romanen, fabeln von dieſem Baum vieles, unter dem Namen Wakwák. Ich übergehe einigen andern Gebrauch, den man in der arabiſchen und perſiſchen Sprache wiederum aus neuer Vergleichung mit der Mandragora und dem Wakwák von dem Worte Satrengk machet.

Von daher hat das berühmteste Spiel seinen Namen bekommen, weil es mit hölzernen Menschenfiguren gespielet wird. Die Araber sprechen es ihrer Mundart gemäſs *Schathrandsch* aus, weswegen es auch in dieser Schreibart am bekanteſten iſt.„

So zuverſichtlich *Hyde* in ſeiner gefundnen Herleitung des Namens Schathrandſch oder Ssatrengk begründet zu ſeyn glaubte, ſo hat ihm doch ſchon unter andern ſein Gelehrter Landsmann Eduard Bernhard in einem Briefe an Hiob Ludolf *l*), widerſprochen, hauptſächlich, weil man ja vor Alters mehr mit Thiergeſtalten als menſchlichen Figuren geſpielet habe. So viel iſt gewiſs, daſs, wenn auch dieſer Grund nicht ſtatt findet, indem auch die Thiergeſtalten immer eigentlich doch ſtatt menſchlicher Werkzeuge ſtehen, dem ohngeachtet die Benennung des Schachſpiels von der Mandragora ſehr fremdartig und ſonderbar ſcheinet; alſo wenig wahrſcheinlich iſt, und ganz und gar wegfällt, ſobald wir eine ſchicklichere und glaubhaftere Entſtehung des Namens Schathrandſch oder Schatrengk

---

l) Er ſteht in dem Commercio epiſtolico, das *Sharpe* an dem mehr angezogenem *Syntagmate Diſſ.* angehänget hat.

trengk entdecken werden. Und follte wohl
Eduard Bernhard dagegen glücklicher gerathen haben, wenn er die Ableitung vorfchlä-
get, dafs der Name diefes Spiels eigentlich der
bekriegte oder befehdete König zu
überfetzen fey? Diefe Ableitung hat vielmehr
noch etwas mehr wider fich als die Hydifche, das nämlich, dafs fie nicht einmal
fprachrichtig ift. Ohne diefe Behauptung mit
ihren Gründen zu belegen, will ich lieber
auf desjenige übergehen, durch welches, wie
ich überzeugt bin, alles vorige entbehrlich
wird,

Allerdings ift der ältefte bekannte Name
des Schachfpiels Schathrandfch oder Ssatrengk, Schatrangk etc. Allein diefer
Name ift weder arabifch noch perfifch. Er ift
nicht erft von den Perfern gegeben worden,
da fie diefes Spiel aus Indien erhielten, wie
Hyde behauptet, fondern er war dem Spiele
fchon charakteriftifch bevor es nach Perfien
überging, und es ift in der That kein Grund
vorhanden, denfelben für jünger zu halten, als
die Erfindung deffen, was er bezeichnet. Er
ift alfo indifch und mufs in dem Sprachgebrauch der heiligen hindoftanifchen Schriftfprache, welche das Ssamskhret oder Schan-
fcrit ift (S. oben p. 48) aufgefuchet werden.

Es thut nichts, dafs diefer indifche Urfprung des Namens bei den übrigen afiatifchen Schriftstellern, dergestalt frühzeitig in Vergessenheit gekommen ist, dafs fie, bis auf diejenigen welche in Indien felbst ein Wörterbuch zufammentrugen, errathne Etymologien aus dem arabifchperfifchen an deffen Stelle zu fetzen pflegen: genug, der Name ist feit undenklichen Zeiten in Hindoſtân bekannt, findet fich noch izt in den Büchern der hindoſtânifchen Litteratur, und wird eigentlich Tſchaturangka gefchrieben und ausgefprochen.

Tſchaturangka bedeutet die vier Angka oder Theile eines Heers, welche find Haſty, Aswa, Rat'a, Padatam d. i. Elefant, Pferd, Wagen, Fufsvolk (nach jetziger Art zu reden, Läufer, Springer, Roch, Bauer). Diefer Sinn des Worts ist theils mit dem Schachfpiel felbst, theils überhaupt mit den Befchreibungen der indifchen Dichter übereinſtimmig, wenn fie wirkliche Kriegsheere befchreiben.

Zufolge einer natürlichen Verkürzung des Ssamskret Wortes, machten die ältern Perfer Tſchatrangk daraus. Aber die Araber, welche fich des perfifchen Reichs bemächtigten, und welche in ihrem Alfabet, weder Anfangs, noch den Endbuchſtaben jenes Wortes haben, veränderten daſſelbe noch weiter in Schathrandfch, Ssathrendſch

Zithrandſch u. ſ. w. Dieſer verfälſchte Name kann mit, dem arabiſchen Alfabet in das Neuperſiſche, ward Schatrangk, Ssatréngk, Zatrengk u. ſ. f. und endlich ſogar in Indiens Dialekre, wo nur noch der Gelehrte die wahre Ableitung dieſes Namens kennt. Mit Weglaſſung des zweiten Theils der Zuſammenſetzung (Angka) erhielten jedoch die Malaien die urſprüngliche wahre Ausſprache, indem ſie dieſes Spiel Tſchator zu nennen pflegen m).

Auf dieſe Weiſe iſt in ein ſehr bedeutendes Wort der geheiligten Sprache der Brahmen endlich nach und nach in Axedrez und andere ähnliche Formen (S. ob.) ſo wie Schâh im Scachi, Xaque, echecs, chefs u. ſw. (S. ob.) umgewandelt worden und hat nach einem ſeltſamen Zuſammentreffen von Umſtänden das engliſche Wort check (Abhaltung, Unglück, Schachbietung) ja ſogar den Namen Exchequer (der öffentliche Schatz) hervorgebracht. Ich übergehe andre ſeltſame noch weit fremdartigere Bennennungen unſers Spiels, als Brandubh bei den Irländern, und andre

F 2

---

m) *Hyde* thut ſehr unrecht, wenn er dieſes *Tſchator* durch das perſiſche *Tſchâdir*, d. i. Decke, Teppich erkläret, weil die Orientaler ſich eines Schachteppiches ſtatt unſers Schachbretes bedienen.

mehr, die man bei Hyde angemerket finden kann.

So verschieden wir die Meinungen über die älteste Benennung des Schachspiels und die Benennung dieses Spiels bei verschiednen Völkern selbst befunden haben, so verschieden sind auf der andern Seite die Bestimmungen über das wahre Alterthum, den Erfinder und den Erfindungsort desselben Spiels.

Einige haben es, wiewohl vergebens versucht das Schachspiel von den Egyptern her zuleiten. Unter den Iuden giebt es welche die die Erfindung desselben dem König Ssalomo zugeschrieben haben. Sie haben keinen andern Grund für diese Sage, als etwa jene hohe und überspannte Idee, welche die Orientaler nach den Zeiten Mphhammeds von diesem Ssoleimann (wie sie ihn auszusprechen pflegen) in Gang gebracht haben, und die gar treffliche Dienste zur Ausschmückung ihrer Romanen und Fabeln hat leisten müssen. — Nicht zufrieden mit dieser Höhe des Zeitalters ist man sogar noch weiter hinauf bis zur Zerstörung Troja gestiegen, da ein Palamedes eben dieses Schachspiel zur Belustigung und Lehre des griechischen Heers bei der Belagerung erfunden habe. Allein schade! dass alle Zeugnisse die hierüber aus griechischen Schriftstellern haben beigebracht werden können, unser Schachspiel im geringsten gar nicht angehen, fondern weit eher das Bretfpiel betreffen könnten. Nicht günstiger ift das Glück allen denenjenigen, welche diefes Spiel überhaupt aus dem alten Griechenland oder Latien abzuleiten geneigt wären. Sie haben nur zu oft das alte Spiel der Latrunculorum damit verwechfelt. Poffin's Schiffbruch auf diefem Meere habe ich weiter oben fchon berühret. Derfelbe beziehet fich ferner auch auf Auktorität eines älten Scholiaften auf eine Stelle des Theokrit in dem 6ten Idyllion „και τον απο γραμμης κινει λιθον et a linea movet lapidem,, die Kritiker aber werden fich wohl nie überreden laffen, dafs an diefem Orte anders als auf ein von dem Schachfpiel und felbft von dem ludo latrunculorum ganz verfchiednes Spiel gedeutet fey. — Lapis a linea wird durch Regem e loco fuo movendum ut hostes debellare poffit erklärt, welches doch, wie Hyde ganz richtig erinnert, von dem Geift des Schachfpiels fehr entfernt ift. Auf ähnliche Art hat Meurfius bei jener Stelle geftrauchelt, worüber ich bei Hyde nachzufehen bitte, pag. 46. 47. Sogar der gelehrte Saumaife ift in den Irthum gerathen, das Ζατρικιον der Anna Comnena aus dem alten Griechenlande herzuleiten. Die Erfindung des Schachfpiels fey fo alt fie wolle, fo ift auf allen Fall doch das gewifs und ausgemacht, dafs die Bekanntfchaft mit demselben vor seiner Ueberpflanzung aus Indien nach Persien unter Regierung des Nuschirwân, wie wir bald hören werden, nicht einmahl in Vorderasien, geschweige gar in Griechenland oder Latien gedacht werden kann. Ist es dahero Wunder, wenn alle jene Vermuthungen und Hypothesen, so ganz von allen historischen Spuren und Zeugnissen entblösset sind!

Hieronymus Vida schreibt die Erfindung einem gewissen Xerxes zu, der nach Wielius den Zunamen Philometor gehabt haben soll. Dieser Xerxes solle durch die Hofschranzen eines gewissen Babylonischen Königs, welcher von andern Evil-merodach oder bei Olearius (in seiner Uebersetzung von Ssa'dis Rosenthal) Elmaradab genannt wird, Veranlassung erhalten haben, das Schachspiel für ihren König zu erfinden, weil derselbe auf diesem Wege am sichersten von seinen Principien der Ungerechtigkeit und Tyrannei habe abgelenket werden müssen; da man ihm durch dieses Spiel in einem lebhaften Beispiele unter Augen zu legen im Stande gewesen, wie ein Staat gut und glücklich regiert werde, und welches die Pflichten der Könige und seiner Unterthanen seyn. Wer der erste Erfinder dieses Romans wohl gewesen seyn möge, scheint schwerlich auszumitteln. Die wahre Geschichte der Erfindung des Spiels, die ich hernach erördern werde, wiederlegt dieselbe von selbst, ohne dafs ich nöthig habe, etwas weiteres zu ihrer Bestreitung aufzusuchen.

10. Fabricius meint, der Erfinder des Spiels sey ein Perser gewesen, und habe Schatranga geheissen. Das heisse man doch gerathen! Die oft angeführte Anna Comnena sagt, die Griechen hätten das Spiel von Assyrien aus erhalten. Assyrien wird bekanntlich in sehr weitem Umfange genommen, wovon die Leser mehreres in meiner Geschichte des alten und neuen vorder- und Mittelasiens finden werden. Anna kannte also blos die Herkunft des Spiels von Persien aus, der eigentliche indische oder hinterasiatische Ursprung war ihr aber unbekannt geblieben. Ist's doch kaum zu begreifen, dafs selbst Araber und Neuperser so wenig deutliche und genaue Vorstellungen von dem Ursprung des Schachspiels, und seiner Veranlassung haben. Mass'ûdi, in seinen goldnen Fluren n), er-

---

n) *Mass'udi's Murâdsch eldeheb: u ma'aden eldschewâher* d. i. *goldne Fluren und Minen köstlicher Gemmen* ist ein kosmografisches und historisches Werk von grofsem Ansehen bei den Morgenländern. Hr. *Deguignes* hat umständliche Nachrichten davon aus einigen Handschriften desselben in der ehemaligen königlichen nunmehro aber National-Bibliothek zu Paris, ertheilet in den *Notices et extraits des Mss. T. I.* Mass'ûdi schrieb um das Iahr 336 (Chr. 947.).

zählt eine gewiſſe Königin habe einen Sohn gehabt, deſſen Stärke und Tapferkeit ein ſo allgemeines Gerücht verbreitet, daſs er das Schrecken aller benachbarten Fürſten geworden. Es habe ſich aber einſtmals zugetragen, daſs dieſer tapfere Jüngling in einem ſeiner Gegner ſeinen Mann dergeſtalt gefunden, daſs ihn dieſer ſogar vom Pferde zu ſtürzen oder aus dem Sattel zu heben vermocht habe. Da der Streit gegen dieſen Feind immer hartnäckiger geworden und zugenommen, ſey die Mutter beängſtigt worden, daſs ihr Sohn endlich wohl gar in dieſem Treffen das Leben verlieren dürfte. Zu ihrer Beruhigung alſo hätte ihr einer ihrer verſtändigſten Räthe das Schachſpiel vorgeleget, und ihr daran gewieſen, wie eigentlich die Lage des gegenwärtigen Krieges ſey, wie der König aus ſeiner Eingeſchloſſenheit hervortreten und ſammt der ganzen Reuterei mit vereinten Kräften zu kriegen und zu ſiegen habe. Man wird aus dieſer Erzählung ſehen, daſs ihr Urheber von der wahren Erfindung und Veranlaſſung des Spiels einige Wiſſenſchaft gehabt, nur aber mit den nähern Zeitumſtänden nicht bekannt genug geweſen iſt."

Andre arabiſche Schriftſteller giebt es, welche der Erfindung des Schachſpiels als einer Erfindung zum Unterricht eines indiſchen Prinzen gedenken. Auch dieſe Idee ist aus der Ueberlieferung von der wahren Veranlaſſung und dem rechten Vaterlande des Spiels geſchöpfet.

Andre ſind in ihrem Berichte ſchon etwas umſtändlicher. Sie ſagen: Ein gewiſſer perſiſcher Monarch, habe von ſeinem Nachbar, König von Indien, Tribut gefodert. Dieſer Letztere ſei hierüber beſchwerlich mit ſeinen geheimen Günſtlingen oder den Ständen des Reichs zu Rathe gegangen. Da habe denn einer das Schachſpiel erfunden. Dieſes Spiel ſey an den perſiſchen Hof mit dem Berichte überſendet worden, daſs wenn man dort aus eignen Genie fähig ſey, ſolches Spiel zu enträthſeln, und die Weiſe ſeines Ganges auszufinden, man ſich von Seiten Indiens nicht weigern würde, das verlangte abzutragen, widrigen Falls es aber bei dem Gegentheil ſein Verbleiben haben müſſe. Inzwiſchen habe ſich an dem perſiſchen Hofe wider alles Vermuthen ſogleich einer der Groſsen aufgeworfen, dem König über dieſes Spiel allen Aufſchluſs zu ertheilen. Er ſey mit dem indiſchen Geſandten blos darinn übereingekommen, daſs ihm dieſer die Bewegung der einzelnen Figuren gezeiget, und ſey dann ſofort, ohne weitere Hülfe im Stande geweſen richtig zu ſpielen. Der König von Indien alſo habe hierauf den verlangten Tribut auch richtig bezahlt. In wie weit dieſe Erzählung, gleich den beiden vorigen, mit der wahren Geschichte oder Erfindung des Spiels übereintreffe, wird sich in der Folge an den Tag legen.

Einige andre Annahmen der muhhammedanischen Schriftsteller, verdienen weniger Aufmerksamkeit, weil sie sich von der Wahrheit ganz und gar entfernen. Dahin gehört die Meinung des Verfassers des Buches Mustathraf, so Hyde anführt, dass man den Chalif Elmamun (Sec. 9.) für den Erfinder halte. Dieser Chalif war, wie wir oben S. 40 bemerkt haben, eben kein sonderlicher Schachspieler. Wie ist es also möglich, dass man ihm die Erfindung beimessen könnte? — Ferner gehört dahin, wenn einige die Erfindung einem gewissen Filosof Namens Ledschlâdsch zuschreiben wollen. So Ekhteri in seinem türkischen Wörterbuche, und der Verfasser eines alten Glossariums über die veralteten Wörte und Namen des Schâhnâmè Firdûssi. Eben so ungegründet nennen andre den berühmten grossen Schachspieler Elzûli, dessen oben S. 42 gedacht ist, den Erfinder unsers Spiels. Denen widerspricht daher Iben Chalikhân, ein berühmter arabischer Geschichtschreiber des 13ten Jahrhunderts *o*), dessen eigne

---

o) Ibn Chalikhân aus dem berühmten Geschlechte der Barmekhiden, seines Glaubens ein Schâfa'it, geboh-

Erzählung aber ebenfalls ihre Fehler hat. „... Elzûli, fagt er ... wird von einigen fogar als der Erfinder des Schachfpiels angegeben. Das ift aber ein grofser Irthum. Denn der eigentliche Erfinder ift gewefen Ziza Bin Dahir der Indier. Der hat es dem grofsen König Schahrâm *p*) geftellet. Der damalige König von Indien aber war Belhît *q*) u. f. w.„ Elzâfedi will ihn verbeffern, erzählt aber die Sache nicht weniger unrichtig, dafs nämlich Ardefchir Babegkânf, König von Perfien,

---

ren im Iahr der Flucht 608 (Chr. 1211) zu Atbela in Mefopotamien, Kadhi zu Kâhira in Egypten und hernach zu Damafchk in Syrien, geftorben 681 (Chr. 1282.) hat uns in arabifcher Sprache unter der Auffchrift *Wafiât elaʼjân* d. i. *Mortes virorum illuftrium* Lebensbefchreibungen nicht blos gelehrter, fondern in jeder Lebensart berühmter Männer hinterlaffen. Das Werk faffet mehrere Bände und ift nach alfabetifcher Ordnung eingerichtet. Er hat feine Arbeit im December Iahr Chriftus 1273 gefchloffen, das Ganze aber ift erft durch eine beträchtliche Fortfetzung vollendet worden, daran *Fadhl allâh Bin Abilfachr Efsokdi* den vornehmften Antheil hatte.

p) Soll nach *Hyde* eigentlich *Behrâm* gelefen werden, denn diefer Name ift in der Gefchlechtsfolge der Könige von Perfien bekannt genug, von *Schehrâm* dagegen ift keine Spur vorhanden. S. aber u.

q) Auch diefer Name ift verftellt. Die wahrheit oder Unwahrheit der Angabe felbft wird fich aus der Folge ergeben.

der erste aus dem Haufe der Ssafsaniden, das
Nerdspiel erfunden habe, worauf Ziza zur
Nacheiferung für seinen König Belhît das
Schachspiel ausgestellet habe. — Auch
Ssokeiker pflichtet dieser Erzählung bei.
„Fragt man mich, sagt er, ob ich den Namen
des Erfinders von diesem Spiele, und des Kö-
nigs für den es erfunden worden, wisse? so
sage ich, ja. Ziza ein indischer Weise, ein
Sohn des Dâher hat es ersonnen. Er hat es
für den König Indiens Schahram erfunden r).
Es nennen ihn inzwischen einige Belhît u.
s. w.„

Aus diesen bisher angezognen Erzählungen erhellet wenigstens soviel, daſs man darinne einstimmig sey, daſs das Schachspiel in
Indien erfunden und von dannen nach Persien
überbracht worden ist — dahin stimmen alle,
die bessere Kenntnisse von der Geschichte desselben besitzen, überein, und es wird auch
schon dadurch wahrscheinlich, weil wir den
Elefanten unter die Zahl seiner vornehmsten Figuren eingeführt finden. Aber wenn?
von wem? und wie?

---

r) Der Verfaſser hat seinen Gewährsmann *Ibn Chalikhân* nicht verstanden; denn dieser verstehet
wahrscheinlich einen König von Persien; obschon
auch *Hyde* das Gegentheil angenommen zu haben
scheinet, wie er sich auch wirklich verhält. S. u.

Mirchond und Chondemir, zween Schriftsteller die in der perfifchen Gefchichte grofses Anfehen haben, bemerken als eine ausgemachte Sache, dafs das Schachfpiel, fo wie das Buch Khelîla wa Dimna oder wie die Indier zu reden pflegen, die Fabeln des Wifchunfsarman *s*) aus Indien nach Perfien verpflanzet worden find zur Zeit des in Perfien regierenden Monarchen Anufchirwan, welches alfo im fechsten Iahrhundert unferer chriftlichen Zeitrechnung gefchehen ift. Mit ihnen ftimmen andre Schriftfteller diefer Nation überein, und wir können uns auch auf des Firdû-

---

s) Die Fabeln der *Wifchunfsarman* oder indifchen Aefops find ein Stück der allerälteften Litteratur der Indier. Aus einem Mifsverftändnifs haben uns die muhhammedanifchen Schriftfteller den Weifen, welcher fie verfaffet, *Pidpai* oder *Pilpai* genannt. Und unter diefem Namen find fie bei uns lange Zeit ausgegeben und bearbeitet worden, bis wir in den neueften Zeiten mit der indifchen einheimifchen Litteratur etwas bekannter geworden find. Sie find noch unter mehrern Namen in verfchiednen Geftalten erfchienen und heifsen z. B. auch das *Buch der ewigen Weisheit* das *Teftament des Hufchengk*, das *Königsbuch* etc. Huffain Khâfchefi's Werk *Anwâr Soheili* d. i. Strahlen des Kanopus ift eine Parafrafe davon. Man fehe mehr in der *arabifchen Anthologie* (Leipz. 1791. p. 87. 88.) und dereinft an feinem Orte in der *Gefchichte des alten- und neuen vorder- und Mittel-Afiens*.

fsi Schâhnâmè berufen, darinn diese Sache umständlicher enthalten ist. Denn in diesem vortrefflichen Werke haben wir die älteste Urkunde vom Schachspiel aus den Schätzen der neupersischen Litteratur, und folglich für die Geschichte der Entstehung und Ueberpflanzung desselben nach Persien das älteste Zeugniſs von Persien aus. Zeugnisse der indischen Schriftsteller selbst gehen viel höher hinauf, wie ich bald hernach beibringen werde.

Gewiſs ist es also, daſs das Schachspiel in Persien zuerst unter Anuschirwân bekannt geworden ist, im sechsten Iahrhundert unserer Zeitrechnung. Anuschirwân, auch Nuschirwân ist ein in der Geschichte sehr bekannter und sehr berühmter Monarch von Persien gewesen, aus dem Hause der Ssafsaniden *t*). Er war, da sein Tod in das Iahr Chr. 576 fällt, ein Zeitgenoſse des Kaisers Iustinian. Erst nach Iustinians Zeiten kann das Schachspiel nach Europa gekommen seyn. Dahero kommt dasselbe in dem Corpore juris civilis noch nicht vor. Und wäre es selbst im Vorderasien vor diesem Zeitalter bekannt gewesen, wie einige geglaubt haben, so würde es nicht wohl zu begreifen seyn, wie es gekom-

---

t) In europäischen Büchern wird er oft *Anxirvan* geschrieben, welches nach der portugiesischen Ausſprache geschieht.

men fey, daſs der Talmud der Iuden davon
ſchweigt *).

Einige orientaliſche Schriftſteller haben ge-
ſtritten, ob das Nerdſpiel oder das Schachſpiel älter ſey? die Perſer und Indier ſollen ſich
durch die beiden Spiele Nerd- und Schachſpiel einander gleichſam aufgefordert haben.
Daſagen nun einige Schriftſteller, daſs die Inder
den Perſern zuerſt ihr Schachſpiel überſendet und
dafür das Nerd zurückerhalten, andre aber umgekehrt, daſs die Perſer die Inder zuerſt durch ihr
Nerdſpiel aufgefordert hätten. Allein was wir
auch von dieſem hiſtoriſchen Umſtande für
richtiger erkennen, ſo beweiſt derſelbe doch
nur die gegenſeitige Verpflanzung der beiden
alten Spiele aus dieſem Lande in jenes. Beide
Spiele aber konnten in dem Lande ihrer Erfindung lange vor der beſiegten wechſelſeitigen
Umſchickung im 6ten Iahrhundert, wohl ſeit
undenklichen Zeiten vorher im Gebrauch geweſen ſeyn. —, Denn die Urkunden und Nachrichten von jener wechſelſeitigen Wanderung
der beiden Spiele beſagen hierüber nichts Be-
ſtimmtes. Sie ſagen nicht, daſs die Spiele damals zuerſt erfunden worden, ſie ſagen nur,

---

*) Der ſpäte Gloſſator des Talmud *Tract. Ketbuvot.*
Fol. 61. 2. giebt keinen geringen Beweiſs ſeiner
Iguoren, wenn er das im Texte vorkommende
Spiel *Nerd Schir* (Nerdſpiel) durch שפרשו
commentirt.

daſs ſie auf einen neuen Boden verpflanzet worden. Es iſt alſo aus dieſem hiſtoriſchen Umſtande, welcher erzählet wird, über die Frage von dem Alterthum des Schachſpiels und dem was damit zuſammenhänget, im geringſten nichts entſcheidendes herzunehmen.

Daſs das Schachſpiel aus Indien zuerſt nach Perſien gekommen iſt, können wir jetzt als bekannt vorausſetzen. Wir können aber ſogleich einen Schritt weiter ſetzen, und ſagen, daſs dieſes Spiel von Perſien aus zunächſt ſeinen Weg durch 'Arabien genommen habe v). Denn erſtlich brachte es die Nachbarſchaft natürlich ſo mit ſich, und dann liegen die Spuren in den originellen Benennungen der zu dieſem Spiele gehörigen Ausdrücke und Bezeichnungen deutlich genug vor Augen, indem dieſe Namen, ſo wie ſie den übrigen weſtlichen Völkern zuerſt bekannt worden ſind, als 'arabiſch geformte indiſchperſiſche Wörter befunden werden. Was dahero der Verfaſſer der

---

x) Unter 'Arabien verſtehet man nicht allein die groſse Halbinſel, die dieſen Namen auf der Charte führet, ſondern alle die Länder die noch übrigens ſeit den älteſten Zeiten von 'arabiſcher Nation bewohnt worden ſind, vornehmlich das ſogenannte Wüſte 'Arabien und arabiſche oder babyloniſche 'Irâk. S. die Geſchichte des alten- und neuen- vorder- und Mittel-Aſiens.

der Geschichte des Timûr Arabschade in dem
Schema des gröfsern Schachspiels des Timûr
thut, indem er alle die fremden Benennungen in
die reine arabische Sprache zu überfetzen sich be-
fleifsiget, ist Abweichung von dem gemeinen
Gebrauche, und er scheint seinen Purismus
diesmal übel angewendet zu haben, indem Timûr selbst, als dessen besondres Schachspiel
er beschreibet, seinem eigenen Zeugnisse zu folge
nie 'arabisch verstanden, sondern sich in allen
Geschäften der persischen und seiner tatarischen
Mundart bedienet hat. —

Wir haben aus obigen Stellen ersehen, dafs
die Erfindung des Schachspiels einem indischen
Könige Namens Belhith zugeschrieben werde. Wir haben auch schon bemerkt, dafs dieser Königsname zweifelhaft ist. Hier muss ich
nun zuvörderst hinzuthun, dafs er nach verschiedner Lesart in den Handschriften auch
Belhib geschrieben gefunden wird.

Wahrscheinlich ist es, was auch Hyde
darleget, dafs der Königsname Belhith oder
Belhib ein verdorbner Name, für Belhera
seyn möchte. Ist dieses, so haben wir über die
Regierung Indiens unter der das Spiel erfunden oder vielmehr nach Persien übergepflanzet
worden ist, nichts bestimmteres, als was wir
auch aufser dieser Anzeige wissen konnten.

Belhera ist seit uralten Zeiten der allgemeine Titul indischer Monarchen, nicht ein individueller Regentname, sondern ein allgemeiner Geschlechtsname aller hindostanischen Generalbeherrscher, wie etwa die Namen Cosroës oder Chosru, Caesar, Pharao u. s. w. in der übrigen alten Geschichte.

Belhara oder nach verschiedner Schreibart und Aussprache Belhâr, Belhar, Belhur, Belur ist eigentlich ein alter indischer Titel für Monarchen oder Könige, denen andre Fürsten des Landes Lehngehorsam sind. Hernach verstehen die orientalischen Schriftsteller unter demselben Namen auch das Reich, welches einem solchen allgemeinen und mächtigen Oberherrn unterwürfig war. Wenn man die verschiednen Stellen, darin diese Schriftsteller von einem Reiche Belhara Reden gegeneinander hält, so ersiehet man bald dass dieser Name so wie mehrern grossen Königen Hinterasiens, so auch mehrern Reichen desselben zugekommen ist, und dass dieserwegen das Land Belhara bald in einem engern, bald in einem weitern Umfange genommen werden müsse.

Das erste den orientalischen Schriftstellern bekannte Belhara war das alte Reich des Porus oder welches einerlei ist, die Monarchie Hindostâns. Denn erst späterhin kennt man die Staaten der sogenannten östlichen Halbinsel Indiens d. i. der an Sina gränzenden Halbinsel

jenſeits des Ganges und des Golfo von Bengkû‑
len mit den Reichen Awa, Aſcham, Pegu,
Ssiam etc. unter der Benennung des Reiches
Belhara, deſſen Könige oder Monarchen man
Belhar oder die Könige von Thohharmi
eluſn d. h. die Völker mit durchſtochnen Oh‑
ren zu nennen pflegte S. Anciennes rela‑
tions des Indes et de la Chine de deux
Voyageurs Mohametans, qui y allè‑
rent dans le 9 Siecle. Traduites de
l'arabe avec des remarques (par l'Ab‑
bé Renaudot) a Paris 1718. p. 18 — 20.
Die Verſchiedenheit der Könige und Län‑
der, denen auf dieſe Art der Name Belhara
oder Belhar etc. zukommen konnte, hat Ge‑
legenheit zu mancherlei unbeſtimmten Begrif‑
fen gegeben, in welche ſich die muhhammeda‑
niſchen Schriftſteller verwirrt haben. Soviel
nimmt man aber wahr, daſs die Benennung
des Reichs Belhara und der Könige Belhar
in einem engern Sinne vornehmlich dem Staat
von ganz Tibet und dem alten indiſchen
Reich des Porus wozu wenigſtens der weſt‑
liche Theil von Tibet gehöret hat, beigelegt
worden iſt. Denn damit ſtimmt es auch über‑
ein, daſs die Kette der Nebelberge oder der
Berge Belûr, die ſich um die Quellen des Oxus
anhebet und ſich durch den Staat von Tibet
hinziehet, jenen Schriftſtellern zur Bezeichnung

der Lage des Reichs Belharn dient und daſs ſie dieſes Reich einſtimmig gegen Süden von **Chânbâlik** ſtellen. **Chânbâlik** aber iſt der allgemeine Name welchen die Tatarn jeder Reſidenzſtadt der Kaiſer von der Tatarei und Sina beimeſſen, daher denn z. B. **Karacarin**, und jezt noch **Peking** in **Sina** dieſen Namen führen.

Die Aehnlichkeit der beiden Wörter **Belhar** u. ſ. w. und **Belûr** davon das leztere eigentlich die in dem Umfang des alten Reichs des Porus gelegnen Nebelberge bezeichnet, ſcheinet es veranlaſst zu haben, daſs von den muhhammedaniſchen Schriftſtellern die Form **Belûr** als ſynonim mit **Belhar** oder **Belhara** anerkant worden iſt.

'Abu'lfeda *y)* in ſeinem groſsen geografiſchen Werke ſagt: **Wajéla belâd chân**-

---

y) 'Abu'lfeda Bin Iſmaʿîl Bin ʿalì Elmâlic Elmûweijid E'mâd eddin u Tadſch eddin war ein gelehrter Fürſt aus dem Geſchlechte der Ejubiten, und zwar demjenigen Zweige deſſelben, welcher zu *Hbamât* in Syrien herrſchete. Er war 672 (Chr. 1273.) zu Damaskus geboren, erhielt im Iahr der Flucht 710 (Chr. 1310.) den ruhigen Beſitz der Regierung zu *Hbamât* und wurde im folgenden Iahr von dem egyptiſchen Chalifen zum Ssulthan gemacht d. i. in unabhängigen Fürſtenſtand erhoben. In ſeiner Iugend hatte er eine kriegeriſche Erziehung genoſſen, und bei dieſer Gelegenheit manche Reiſe gethan. Er ſtarb 732 oder nach

bâlek min eldfchunûb dfchebâl Bel.
hera melik'h mulukh Hind. d. i. Der
Landfchaft *Chânbâlek* gegen Süden

andern 733 alfo vielleicht mit dem Wechfel der
chriftlichen Iahre 1331 und 1332. Mehreres wird
der Lefer finden in Repertorio f. Bibl. und Morgenländifche Litt. Th. 2. p. 54. u. f. f. Er fchrieb
ein grofses *Handbuch der Gefchichte* d. i. eine
Univerfalgefchichte vom Anfang der Welt bis ins
Iahr der Flucht 730 (Chr. 1329). Man fehe altesund neues - vorder - und Mittel - Afien B. 1. S.
155. f. Nächft diefem find aber ganz vorzüglich
gefchätzt feine geografifchen Werke. Sie machen
ein ganzes aus unter dem Titel, den ihn der Verfaffer felbft gegeben hat: *Takwim elboldân* d. i.
Canon geographicus. Der Verfaffer hat diefes
Werk im Iahr der Flucht 721 (Chr. 1321.) vollendet. Es beftehet in 24 Tafeln, deren jede mit
Marginalnoten verfehen ift, worinne allgemeine
Anmerkungen von der Befchaffenheit der Länder
und Nachrichten von kleinern Städten enthalten
find. Nächftdem ift jedesmal eine Befchreibung
der gröfsern Städte beigefügt, deren Länge und
Breite in den Tafeln aus verfchiednen Schriftftellern und oft mit des Verfaffers eigener Berechnung oder Beobachtung angegeben werden. In
der Einleitung oder den Prolegomenen erklärt der
Verfaffer zuerft einiges aus der mathematifchen
Erdbefchreibung, handelt ferner von den geografifchen Maafsen und giebt hierauf eine Befchreibung der vornehmften Meere, Seen, Flüffe und
Berge. Die Leydenfche Bibliothek befitzt ein
Exemplar von welchem *Köhler* höchft wahrfcheinlich gemacht hat, dafs es dasjenige fei, welches

gränzen an die Berge Belhera des grosen Königs von Indien. Hieraus bestätiget sich also, als aus einem Zeugniss eines Schriftstellers von sehr grossem Ansehn, dass, wie ich oben gesagt habe, der allgemeine Name der Monarchen von Indien und vornehmlich Hindostân Belhera war.

Die Residenzstadt dieses Belhera von Indien erhellet aus mehrern andern Stellen. In einer Erdbeschreibung die Hyde anführt, und welche Bafsath elard d. i. Weite der Erde überschrieben ist, heisst es: *Kanûdsch* ist der Sitz des Belhera, des grossen Königs von Indien. (Elkanûdsch ka'id el Bel-

---

sich der Verfasser selbst aus seinen Papieren zu seinem Gebrauch ins Reine schreiben lassen, um am Rande hin und wieder Verbesserungen und Berichtigungen nachzutragen. Gedruckt ist die ganze Geografie des *Abu'lfeda*, aber nur lateinisch nach der Uebersetzung des seligen Reiske. Sie steht im Büschingschen Magazin für die neue Historie und Geografie Th. 4. 5. jedoch mit Weglassung des schon vorhin lateinischübersezten Chorasmiens, Mavaralnahr's, 'Arabiens und Syriens. Von dem arabischen Text aber haben wir bisher mehrere Stücke gedruckt erhalten, so wir dem Fleise der berühmten Orientalisten *Io Grave*, *Io Gagnier*, *Io. B. Koehler*, *Io. Iac. Reiske*, *Io. D. Michaelis*, *Rinck*, *Eichhorn* und *Rosenmüller* zu verdanken haben. S. altes- und neues- vorder- und Mittel-Asien B. 1. S. 182. und *Zusätze* p. XIX.

hera melikh molûkh elhind). — Die Stad Kanûdſch war alſo der Sitz des Belhera von Indien. Dafür ſind nun noch viel andre Stellen,
aus denen zugleich zu erſehen iſt, daſs dieſer
leztere Stadtname aus Nachläſſigkeit ſogar mit
Belhera als dem Namen des Monarchen ſelbſt
iſt verweehſelt worden.

Elkanâdſch, heiſst es bei dem *Geographus Nubienſis* z) Clim. II. parte 8 medi-

---

z) Dieſer Geographus Nubienſis iſt der berühmte
Scherif *Eddriſſi* oder *Idriſſ* aus den 12ten chriſtl.
Iahrhundert, neben Abulfeda der berühmteſte geo-
grafiſche Schriftſteller der 'Araber. Er war
Fürſt aus dem Stamm der Idriſsiden welche in
Afrika regiert haben und flüchtete bei dem Sturz
ſeines Hauſes, als ſich die Farhimiten Herrn von
Egypten und Afrika machten, nach Sikilien in
die Arme des König *Roger*. Der leztere nahm
ihn ſehr wohl auf und ermunterte ihn auch zur
Ausarbeitung ſeines groſsen Werks einer Univer-
ſalgeografi. Das Werk iſt 'arabiſch und lateiniſch
gedruckt, obwohl ſehr fehlerhaft und auch nicht
zum Beſten überſetzet. Die Ausgabe iſt *Rom e
typ. Medicea 1592 4to* und die Ueberſetzung *Geo-
grapha Nubienſis . . . verterunt* Gabr. Sionita et Io
Hesronita *Maronitae* Paris 1619 4to. Von 1632.
hat man auch eine italieniſche Ueberſetzung von
Dominicus Macri, welche ich aber nicht geſehen
habe. Man hält dieſes 'arabiſch und lateiniſch vor-
handene Werk nur für den Auszug aus dem gröſsern Werke, daſs alſo noch in den Bibliotheken
verborgen liegen muſs.

net hhafanet u khefsîret eltedfchâ.
rât, u bihâ jufemmi elmelikh Elkanudfch d. i. *Kanûdfch* ift eine fchöne
Stadt, in welcher viel Handlung getrieben wird, und von der der König
felbft den Namen Elkanudfch führet,

Diefe Stadt Kanûdfch ift nach Ulugh
Begk's und Nazir eddîn's Berechnungen 115,50'
der Länge und 26,35' der Breite gelegen oder
nach andern orientalifchen Geografen 131 der
Länge und 29 der Breite, wobei zugleich bemerkt wird, dafs man eigentlich Kinûdfch
ausfprechen follte. Ich habe die Länge und
Breite der alten Stadt Kanûdfch oder Kinûdfch nach der Art bemerkt, wie die alten
arabifchen Geografen zu berechnen pflegen.
Nach der genauern Weife unferer neuern Geografen trifft die Pohlhöhe derfelben, der D'An-
villifchen Karte gemäfs auf $25\frac{1}{2}$ Grad, und die
Länge auf 99. Sie liegt in Bengkalen am Zu-
fammenflufs zweier Hauptarme des Ganges,
deren einen der Geographus Nubienfis Mo-
fsalla nennet. Bei D'Anville heifsen fie
Dfchemena und Sserondfch.

Dafs Kanûdfch nicht zu allen Zeiten die
einzige Refidenz des Reichs gewefen, fagt der
Nubifche Geograf in derfelben Stelle die ich
fchon angezogen habe.,, Ia nicht allein
Kanûdfch fondern auch Nahrowâra
ift eine Stadt in welcher der *Belhera*,

grofser König von Indien seinen Sitz hat. Dieser König hat grofse Armeen auf den Beinen mit vielen streitbaren Elefanten. Seiner Religion nach ist er ein Verehrer des Budd'a. Er trägt eine goldne Krone und einen goldgestreiften königlichen Talar. An gemeinen Tagen pflegt er ohne Pomp durch die Strafsen zu reiten; nur am Freitage pflegt er in Begleitung von 100 Frauenzimmern aus seinem Hharam, die alle ebenfalls reiten, zu erscheinen und männliche Bedienung bei sich zu haben. Die Frauenzimmer sind mit kurzen goldgestikten Röcken bekleidet, haben viel Schmuk und Zierath an und um sich, und sind besonders an Händen und Füfsen mit goldnen und silbernen Ringen und Bändern ausstaffirt. Die Haare hängen ihnen im Rücken lang herab bis über die Hüften. Der König reitet voraus, sie hinter ihm her, während welchem Zug sie beständig unter einander zu scherzen und zu spielen pflegen. Räthe und Diener des Hofs sind bei diesem feierlichen Zuge nicht zu sehen, aufser dafs ein Verschnittner voraus die Zudringlichkeit des Volkes abwehren mufs. Im

Kriege pflegt sich dieser König vornehmlich der Elefanten zum Streite zu bedienen. Sein Reich ist ein Erbreich, dessen Beherrscher allezeit Belhern heifset.

In der benannten Stadt Kanûdsch hatte vor Zeiten ebenfalls Porus seinen königlichen Sitz. Das sagt wenigstens das Schâhnâmè ausdrücklich. Doch es ist hier der Ort nicht die Richtigkeit dieser Annahme zu entscheiden. Aber dass der König Porus, dessen die Griechen in der Geschichte Alexanders des Grofsen Erwähnung thun, und welcher von den orientalischen Schriftstellern Pôr genannt ist, wirklich ein Monarch von Hindostân gewesen, und dafs der Hauptsitz seines Reichs sich am Ganges hin erstreckt habe, erhält vielleicht doch einige noch izt nicht verloschne geografische Spuren eine Bestätigung. Vornehmlich kennet man noch in der Gegend von Bengkalen den ansehnlichen Hauptdistrikt Porâna d. i. das Land der Porân oder Pôrijân, obwol dieser noch zuweit östlich von Kanûdsch entfernet lieget.

der Indische Belhera oder Monarch soll zu Nuschirwâns Zeiten, wo das Schachspiel ans Indien nach Persien ging, Balûdsch geheifsen haben. Sein Reich habe sich vom Meere von Kanûdsch d. i. von Golfo von Bengkâlen bis in das Herz von Ssind d. i. die

Länder und Reiche am **Indusflus** erstrecket. Also bis an die Grenzen von Persien. Nuschirwân, der mit ihm damals in Krieg verwickelt gewesen, wie oben erzählt worden ist, habe in diesen Gegenden viele seiner Völker, welche von ihm den Namen **Balûdschen** geführet, darniedergehauen.

Aus diesen leztern Umstand der Erzählung gehen uns von neuem die Augen auf, dafs wir wissen wo wir sind. Die **Balûdschen** kennen wir noch aus den neuesten Zeiten durch die Nachrichten der Reisebeschreiber. Sie machen einen grofsen Volksstamm aus, welcher an den Grenzen von Indien und Persien, vornehmlich in der Landschaft **Mecrân** herumziehet. Den ganzen grofsen Distrikt ihrer Wohnungen nennt man **Ballûdscheftân**. S. die Karten. Der damals, als das Schachspiel aus Indien nach Persien überging, in Indien regierende Monarch oder allgemeine Oberherr aller einzelnen Fürstenstaaten in Hindostân, hiefs also eben so wenig **Balûdsch** als er **Belhit** geheisen haben kann, sondern **Balûdsch** ist ein Name, welcher uns anzeigt, dafs es Nuschirwân in der Streitigkeit über die verweigerte Zinsbarkeit zunächst mit den Staaten des westlichen Indiens disseits des Indusflusses als dem grenzenden Theil von Hindostân, zu thun hatte.

Wenn im Schâh nâmé Firdûsfi nicht ausdrücklich gefagt würde, dafs das Schachfpiel damals nach Perfien übergangen fey vom der Stadt Kanûdfch aus; dafs der Monarch Indiens von da aus feinen Gefandten an den perfifchen Hof gefchickt habe, der das Spiel zur Enträthfelung habe vorlegen müffen: fo könnte man allerdings annehmen, dafs es eben nicht unmittelbar aus dem tiefern Indien am Ganges, fondern vielmehr blos aus dem Theile Indiens, wo eigentlich der Schauplatz des Krieges war, überfendet worden. Inzwifchen, da der Krieg über verweigerte Zinsbarkeit, denen fonft aus der alten Statiftik beider Reiche bekannten Verhältniffen derfelben gemäfs, ob er auch nur im Vorder-Indien geführt worden, doch eigentlich der ganzen Monarchie angehen mufste, fo läft fich wider das Zeugnifs des Schah nâmé keine erhebliche Einwendung beibringen.

Schânâmè nennet uns ferner auch den Weifen des perfifchen Hofs, welcher das Spiel, den obigen Erzählungen zu folge, glücklich entziefert, und fomit das indifche Reich zur Unterwerfung genöthiget habe.

Da der indifche Gefandte, wird dafelbft erzählet, mit feinem Spiel nach Perfien kommen, und die Sache in Vortrag gebracht hatte, ward der hohe Rath des Hofs verfammelt, man berathfchlagte fich, und fiehe da! es fand fich einer der Weifen diefer Verfammlung, welcher daſſelbe richtig zu entziefern verſtand. Er hiefs Buſurdſchumhir. Dieſen ſchickte der Monarch von Perſien an den indiſchen Hof, daſs er die verlangte Entzieferung des indiſchen Spiels und zugleich das in Perſien ſelbſt erfundne und in Indien damalen noch unbekannte Nerdſpiel überbringen muſte, worauf der Friede zwiſchen beiden Reichen hergeſtellet ward a), zumal da man in Indien mit Enträthſelung des vorgelegten perſiſchen Spiels nicht ſo glücklich war, und ſich daſſelbe von Buſurdſchumhir erklären laſſen muſste. —

Wie im Schâhnâmè, ſo wird auch nun im Buche Mu'dſchiſât und andern gründlichen Schriften der Orientaler dieſe Geſchichte erzählet. Buſurdſchumhir des Nuſchirwân vornehmſter Rath und Viſir, wird durchgehends als ein glänzendes Beiſpiel eines weiſen und ſtaatsklugen Mannes und groſsen Geiſtes aufgeſtellet. Die Indier, ſagt Ssa'di in ſeinem Roſenthal, hätten an dieſem Miniſter keinen Tadel gefunden, als blos, daſs ihm die

---

a) Einige Schriftſteller ſagen daſs das Nerdſpiel damals erſt, ebenfalls durch den genannten Wiſir *Buſurdſchumhir* erfunden worden ſey, doch iſt aus andern Umſtänden und hiſtoriſchen Zeugniſſen vielmehr gewiſs, daſs dieſes leztere Spiel ein ſehr altes Spiel iſt, welches damals nur nach Indien übergepflanzet wurde. S. *Hyde* in *hiſtoria Nerdiladii*.

Natur eine etwas zu langſame oder ſchwehre Sprache ertheilet hatte. Dagegen habe er ihnen auf dieſen Tadel zurückgegeben, daſs es beſſer ſey mit Bedachtſamkeit zu ſprechen, als geſchwind zu reden und das Geſagte nachmals zu bereuen *b*).

---

b) D'Herbelot in ſeiner *Bibliotheque Orientale* hat alles was von dieſem merkwürdigen Mann in den Werken der Orientaler gerühmet wird unter einem umſtändlichen Artikel geſammlet, welcher in Tom. IV. (der Haager Ausgabe) erweitert worden iſt. Es wird meinen Leſern nicht unangenehm ſeyn, wenn ich dieſe Nachrichten in einem Auszuge hier beifüge. *Buzarge mihir* (Buſurdſchumhir) le Vizir de *Khorroës* ſurnommé *Nuſchirvan*, auquel ce prince donna ce nom, qui ſignifie en langue perſienne *celui que l'on affectionne beaucoup*, etoit fils de *Bakhtegbian* (Bachtegkian) et fut deſtiné par Nuſchirvan pour Gouverneur de ſon fils nommé Hormuz (Hormusd). Il s'acquita avec grand ſoin de cette charge, et s'apperçevant que le jeune prince aïant paſſé la plus grande partie de la nuit en fêtes et en divertiſſemens avoit accoutumé de donner les matinées entières au ſommeil il prennoit ſouvent la liberté de l'eveiller, et de lui faire l'eloge de la diligence qu'il diſoit être fort neceſſaire à un prince pour vaquer aux affaires de ſon état et pour le rendre toûjours victorieux de ſes ennemies. On dit que le prince ſe trouvant fatiqué des remontrances de ſon maitre, commanda un jour à ſes gens de l'aller attendre de grand matin, lorsqu'il ſortiroit de chez lui et de le devaliſer. Cet ordre aïant été

Wir haben bisher gehört, wie das Schachspiel aus Indien, seinem Vaterlande nach Persien übergegangen ist. Es geschahe dieses

ponctuellement executé, Buzurge mihir vint en
l'état auquel il se trouvoit chès le prince, qui
étant informé de ce qu'il lui éroit arrivé, lui dit
aussi-tôt: Si vous aviés été moins diligent, vous
auriés évité ce mauvais rencontre, mais le maitre
lui répondit sur le champ, que les voleurs avoient
été encore plus diligent que lui, ce qui étoit cau-
se que leur étoile avoit été plus heureuse que la
sienne. Il ajouta à sa réponse cette belle instruc-
tion, que la vigilance est le miroir de la lumière
céleste, le flambeau des sciences, le trésor de la
vertu et de la joïe, et enfin la clef des portes de
la victoire: Levés-vous donc, lui dit-il ensuite,
afin que le soleil du bonheur se leve sur votre
téte, et que le vent excité par la fraicheur du
matin, fasse couler dans votre ame la pluïe des
graces du ciel et des vertus de la terre.

On rapporte aussi, que ce grand homme s'etant
trouvé dans une conférence entre des filosofes
Grecs et Indiens devant le Roi *Khosroës*, ou y
proposa, quelle chose étoit la plus facheuse en
ce monde? Le filosofe Grec dit, que c'etoit une
vieillesse imbecille jointe à la pauvreté. L'Indien fut d'avis, que c'étoit la maladie du corps
accompagnée d'une grande peine d'esprit. *Buzurge mihir* s'expliqua pour lors en ces termes:
*Pour moi, je crois que le plus grand des maux, que
l'on puisse ressentir en ce monde, est de se voir pro-
che du terme de sa vie, sans avoir pratiqué la vertu.* Ce que les deux autres filosofes aïant enten-

bei Gelegenheit eines Krieges gegen die Baludſchen d. i. gegen die Staaten des vordern Indiens unter Regierung des perſiſchen Monarchen

du, ils revinrent à ſon ſentiment. Uu jour Nuſchirvan tenant conſeil, et ſes Miniſtres aïant tous dit leur avis, on s'étonna de ce qu'il ne parloit point: cependant il ſatisfit pleinement le Roi en lui diſant, que les Conſeillers d'état devoient être ſemblables aux Medecins, qui ne donnent point de reméde, ſinon à ceux qui en ont beſoin.

Une femme conſultoit Buzurge mihir ſur une affaire, et le filoſofe n'eutpa de réponſe à lui donner. La femme lui dit: puisque vous n'avés pas de reponſe à me donner, pour quoi êtes-vous dans la charge que vous occupés? Les appointemens et les bienfaits du Roi que vous recevés, ſon fort mal emploiés. Ie repartit: *Ie ſuis païé pour ce que je ſçai et non pas pour ce que je ne ſçait point.* Nouſchirvan déliberoit dans ſon conſeil d'une affaire de grande importance, et les Vizirs propoſoint chacun leur ſentiment. Le Roi avança auſſi ſon avis et Bouzurge mihir le ſuivit. On demanda à lui pourquoi il avoit préferé l'avis du Roi à l'avis des Vizirs? Il répondit: *Le ſuccès de l'affaire dont il s'agit eſt très incertain, et j'ai cru qu'il valoit mieux ſuivre le conſeil du Roi, afin d'être à couvert de ſa colère au cas que la choſe ne réuſſiſſe pas.* Hiermit begnüge ich mich, meinen Leſern wenigſtens einige Idee zu geben, in welcher Hochachtung die Perſon des *Buſurdſchumhir* bei den Morgenländern ſtehe, und wie viel ſie von dieſem groſsen Miniſter

chen Nuschirwan, wogegen die Perser das
Nerdspiel nach Indien brachten. Wir haben ferner gehört, dafs diese Epoche der Verpflanzung des Spiels nicht mit der Epoche der
Erfindung desselben zu verwechseln ist, u. s. w.
Ietzt ist uns noch die Frage über die eigentliche Erfindung des Spiels und das wahre Alterthum desselben übrig.

So gewifs es ist, dafs der indische Monarch
oder Belhera, unter dessen Regierung das
Schachspiel aus Indien nach Persien gegangen
ist, weder Balludsch nach Belhît geheissen
habe, so gewifs ist es, wenn wir die bekannte
hindostânische Regierungsgeschichte vor den Zeiten der Muhhammedaner zu Rathe ziehen, dafs es
vielmehr Partabchand gewesen sey, unter
dessen Herrschaft über Indien jene Geschichte
vorgefallen ist. Dieser Partabchand war
ein grosser General des indischen Monarchen
Ramdeo, der ein Zeitgenosse des persischen
Kaisers Firûs oder Perôs und seines Sohnes
des Khai Kobâd, der beiden nächsten Vor-

merkwürdiges zu erzählen wissen. Der Umstand,
dafs er an der Verpflanzung des vortrefflichen
Schachspiels einen so besondern Antheil erhalten
hat, ist in der That kein geringer Vorwurf zur
Erhaltung seines Ruhms gewesen; ob es gleich
unrichtig ist, wenn ihm einige Meinungen selbst
die Erfindung des Spiels haben beimessen wollen,

fahren des Nuſchirwân auf dem Thron von
Perſien (nämlich deſſen Vaters und Grofsvaters)
geweſen iſt. Ramdeo vom Stamme Rhator
regierte über Indien oder das Reich Kanûdſch
(Kanjacovdſcha auf indiſch) im 5ten Iahrhundert nach Chriſtus als ein weiſer und grofsmüthiger Fürſt. Er war, wie bereits ſeine
Vorfahren, dem perſiſchen Monarchenthron
tributär. Nach beſtandenen und mit ſiegreichem Arme beigelegten verſchiedenen innerlicher Unruhen ſeines Reichs, und durch Kriegsglück und gute Regierung erworbenen grofsen
Schätzen, behauptete er den indiſchen Thron
in gloreicher Pracht und Ruhe, bis er endlich
nach 54 jähriger Regierung (unſerer Zeitrechnung ums Iahr Chr. 500) ſeinen Vätern in die
unbekannte Welt folgete, von wannen niemand
zurückkehret. Er hinterliefs einen glänzenden
Ruhm grofser Thaten, ſo dafs nach den indiſchen Schriftſtellern unter allen Beherrſchern
Hindoſtâns wenige demſelben an Gröfse zu vergleichen ſind. Aber nach dem Tode dieſes
Ramdeo entſtund ein mächtiger Zwieſpalt
unter ſeinen hinterlaſſenen Prinzen, der bald
in Krieg und anarchiſche Zerrüttung ausbrach.
In kurzer Zeit waren die grofsen Schätze, die
er geſammlet hatte, zerſtreuet, und das ganze
Land war mit Verwüſtung bedecket. Dieſen
Zeitpunkt machte ſich nun der General des
Ramdeo, Namens Portabchand zu Nutz.

Er gewann bald das Vertrauen und die Liebe der Armee, marſchirte gegen die Reſidenz, nahm ſie ein, ſchafte die königliche Familie aus dem Wege, unterjochte ſich eine Menge der angeſehnten Fürſten des Reichs, theils mit Gewalt, theils durch Liſt und falſche Verheiſungen, richtete unter den Hartnäckigen ein fürchterliches Blutbad an, brachte dadurch endlich das ganze Reich unter ſeinen Gehorſam. Dieſer neue Beherrſcher des indiſchen Throns fieng endlich an, bei dem ununterbrochnen Laufe des Glücks, ſtolz zu werden, und ſtreubte ſich einige Iahre, den üblichen Tribut an das Haus Perſien zu zahlen. Auf dieſe Weiſe ward Nuſchirwan bewogen, mit ſeinem Heere gegen ihn aufzurücken, das dann die Länder am Indus Khabul und Pandſchab eroberte und plünderte, und ihn endlich nöthigte den verweigerten Tribut nach wie vor zu entrichten. Die fernere Geſchichte des Verhältniſſes beider Reiche gehört nicht hieher. Genug Partabchand iſt der Belhera, unter welchem die Geſchichte der Verpflanzung des Schachſpiels aus Indien nach Perſien und des Nerdſpiels aus Perſien nach Indien zuverläſſig vorgefallen iſt.

Vorausgeſetzt alſo, daſs das Schachſpiel bei dieſem Vorfalle, da es aus Indien nach Perſien übergepflanzt und durch Buſurdſchumhir (oder Borſu, Burſuja etc.

wie er auch genannt wird) glücklich enträthselt ward, in Indien selbst nicht erst erfunden, sondern bereits lange bekant war, müssen wir in das höhere Alterthum zurückgehen, um die Zeit zu finden, in der es eigentlich erfunden worden ist. Wie hiefs also der indische König oder Monarch unter welchem es zuerst bekannt ward? Wer war, der Erfinder? was war die Veranlassung seiner Erfindung?

Die schöne Einfalt und höchste Vollkommenheit des Schachspiels kann uns überzeugen, dafs ein grofser Kopf es auf einmal erfand, dafs es also nicht erst stuffenweis vervollkommnet, sondern ganz die Frucht des ersten Gedankens war, ob es gleich in der Folgezeit verschiedentlich erweitert und verschiedentlich modulirt worden ist. Aber wann und wie war dieses Spiel zuerst erfunden?

Das sinesische Schachspiel, welches seinen indischen Ursprung, bei aller Abänderung mit der es in Sina gespielt wird, nicht verleugnen kann c), wird von den Mandarinen in den Anfang der vollständigeren Geschichte gesetzet, welche die Sineser haben, also ohngefähr 200 Iahr vor Christus d). Hören

---

c) Hr. *Irwin* vermuthet daher vergeblich dafs dieses Spiel ursprünglich eine sinesische Erfindung sey. —

d) S. *Irwin's* Abhandlung darüber. (Vergl. oben p. 50.).

wir ferner die indifchen Urkunden, fo wird deffelben Spiels fchon in den älteften Gefezbüchern der Indier gedacht. Da kömmt in dem B'awifchja Purân die Unterredung vor, welcher ich oben (p. 49.) gedacht habe. Diefe Unterredung betrift nicht einmal das einfache und urfprüngliche Schachfpiel, fondern das neuere zufammengefetzte indifche Schachfpiel, das uns W. Jones bekannt gemacht hat. Die Gattin des Ravan Königs von Lanka heifst es in einer andern Stelle, die bei Jones aufgeftellt ift, erfand es, damit fie ihrem Gemahl durch ein Bild des Krieges angenehm die Zeit vertreibe, während dafs Rama im zweiten (indifchen) Zeitalter der Welt deffen Hauptftadt eng eingefchloffen hielt. —
Im Schâhnâmè wird die Erfindung des Spiels in das Zeitalter einer indifchen Königin, Namens Peritfchehre und zwar in'das Königreich Khafchemîr gefetzet. Ein König von Khafchemîr, Namens Dfchumhur habe feinen Bruder Mâi zum Nachfolger gehabt Mâi's beide Söhne Gkâo und Thalachand feien bei dem Tode ihres Vaters noch unmündig gewefen, und habe alfo deren Mutter Peritfchehre die Regierung geführet. Als die Prinzen aus den Iahren ihrer Minderjährigkeit herausgetreten, hätten fie fich beide beftrebet von der Mütter die Regierung zu erlangen. Die Mutter habe fie von einer Zeit zur andern,

beiden, jedem befonders, mit fchmeichelhafter
Hofnung hingehalten, bis endlich ein offen-
barer Succeffions - Krieg zwifchen ihnen entftanden, welchen die Mutter durch keine Zu-
redung und Befänftigung habe beilegen können. In diefem Kriege habe Thalachand
feinen Tod gefunden; worauf Gkâo das Reich
behauptet habe. Die Mutter habe diefen mit
bittern Vorwürfen beftrafet, und der unglück-
liche Ausgang der Begebenheit haben nachmals den Weifen des Hofes Veranlaffung gegeben, zum beftändigen Andenken das Schachfpiel zu erfinden, welches nichts anders als
eine Vorftellung des traurigen Kriegs zwifchen
Gkâo und Thalachand habe feyn follen.

Masf'ûdi's und anderer arabifchen und
neuperfifchen Schriftfteller ähnliche Erzählungen der Ueberlieferung vom Urfprung und von
der Veranlaffung des Schachfpiels ftehen oben
p. 87 - 89. Weiterhin haben wir auch die
Zeugniffe derer fchon aufgeftellet, welche uns
den König, für den diefes Spiel geftellet worden, oder vielmehr den indifchen Monarchen
(oder Belhera), unter welchem es erfunden
worden, Schahrâm, den Erfinder aber Ziza
Bin Daher nennen. Der letztere heifst anderwärts, mit einer kleinen Veränderung des
Namens, Nazîr Dahîr. So heifst es z. B.
in dem Wörterbuche Ferhengk Ssurûri
unter dem Worte Thalachand: „*Thala-*

chand ist der Name eines indischen Königes, welcher, von Feinden geschlagen, aus Betrübnis auf seinem von Elefanten getragenem Thronsitze den Geist aufgegeben hat. Seine Mutter war untröstlich über diesen Verlust ihres Sohnes. Einer ihrer geheimen Räthe aus der Zahl der indischen Weisen, Namens Nazîr Dahîr erfand daher das Schachspiel, das an ihrem Hofe eingeführt ward, um ihr die Schmerzen zu lindern, und sie durch einen angenehmen und zugleich zweckmäsigen Zeitvertreib zu trösten. Der berühmte Firdûsi hat hierauf folgenden Vers:

Der Mutter blutendes Herz entlastete dies Spiel
Des drückenden Schmerzes über König Thalachand.

Was wir nun aus allen diesen urkundlichen Nachrichten, Sagen und Erzählungen für unsern Zweck gewisseres herauszuziehen vermögend sind, dürfte in folgenden Sätzen bestehen.

Erstlich ist es, dem, was bereits abgehandelt ist zufolge, ausgemacht, dafs das Schachspiel beides, von Indien, nämlich von Indien disseits des Ganges, aus verpflanzet, und in eben diesem Indien erfunden worden ist.

Zweitens es ist erst im 6ten Jahrhundert der christlichen Zeitrechnung auf dem Wege durch die Länder Vorderindiens am Indusflusse nach Persien gekommen, darnach weiter nach Arabien und in die übrigen westlichen Länder. Es ist aber weit früher in Indien selbst erfunden, und auch schon lange vorher in die übrigen Theile Hinderasiens, besonders nach Sina übergebracht worden; ja sogar, laut der alten irländischen Chronik vom Jahr der Welt 3596 bis Christi 332, bereits vor dem 2ten christlichen Jahrhundert in Irland bekannt gewesen (S. oben p. 24.) *e*).

Drittens es ist nach dem einstimmigen Zeugnisse aller Sage davon aus Veranlassung einer merkwürdigen Kriegsbegebenheit erfun-

---

e) *Cabir - more* oder *Cathir - more* (d. i. *Cabir* oder *Cathir der Grosse* † anno 177. p. Chr. n.) heisst es in jener Chronik, (wie Th. Hyde mittheilt) *habe unter andern Schätzen seinem Sohne* Rotsio Falcio *und einigen Edlen fünf Spieltische (die man* Fichell *nannte) und fünf Schachbrete* Brannidab *(Brannaw) genannt testamentlich hinterlassen. Auch habe er seinem andern Sohne Crinthánn zehn dergleichen sehr künstlich gearbeitete Spieltische und zwei Schachbrete mit zierlichen Schachfiguren ausgesetzet; ihnen so ferner die Würde eines Oberaufsehers über die Spiele conferiret. Endlich aber dem* Macorbo, *Sohne des* Leogarius Binnbhuadhach *so andere Spieltafeln der Fechter und so Schachbrete bestimmt.*

den worden, und zwar der einem Sage zu folge in Khafchemir, der andern aber gemäſs in Lanka — urfprünglich zum Unterricht und zur Unterhaltung einer fürſtlichen oder königlichen Perſon in deren Hauſe jene Begebenheit ſich ereignet hatte. Es iſt zugleich wahrſcheinlich, daſs was in der einen, und zwar der älteſten Sage Lanka heiſset, in der andern aber für Khaſchemir erkläret wird, eigentlich ein und daſselbe indiſche Reich anzeige. Lanka bedeutet zwar ſonſt die Inſel Sseilân (Ceylon), allein es ſcheint in der That nicht, daſs man ſo tief in den Süden heruntergehen dürfe. Die Orientaler haben gewiſse Gegenden in Aſien, die von ihnen als irdiſche Paradieſe betrachtet werden. Ein ſolches Paradies iſt Khaſchemir, ein ſolches auch Sseilân. Leicht konnte alſo in den Erzählungen eins gegen das andre vertauſchet werden.

Viertens, die Perſonen, deren Geſchichte durch das neu erfundne Kriegsſpiel abgebildet ward, waren zween Prinzen Thalachand und Gkao, Söhne des Mâi und Enkel des Dſchumhur. Ihre Mutter, Königin und Vormünderin, wird Peritſchehre d. i. die Schöne mit Engelsgeſtalt genannt. Alle dieſe Namen ſind aus der perſiſchen Erzählung genommen und mehr perſiſch als indiſch; die wahren indiſchen Namen dieſer fürſtlichen oder königlichen perſonen dagegen bis izt unbekannt.

Fünftens, die aus jener merkwürdigen Familiengeſchichte eines indiſchen königlichen Hofes entlehnte Erfindung des Spiels geſchahe bald nach den Ereigniſſen ſelbſt an demſelben Hofe wahrſcheinlich unter des G k a o Nachfolger, und deſſen Gemahlin. Dieſer Regent oder König, unter welchem ſich die Erfindung zutrug, heiſst nach indiſchen einheimiſchen Urkunden Ravan und war zur ſelben Zeit von Rama bekrieget, welcher ſeine Hauptſtadt belagert hatte. Rama iſt ein in der alten Geſchichte Indiens ſehr bekannter Monarchenname. Das iſt nun ohne Zweifel derſelbe Rama, von welchem die orientaliſchen Schriftſteller reden, wenn ſie uns den Monarchen oder Belhera Indoſtâns nennen wollen, unter deſſen Regierung das Schachſpiel ausgeſtellet worden. Ganz richtig nennen ihn daher Ibn Chalikhân und Ssokeiker, wie wir weiter oben gehört haben, Schehrâm d. i. König Ram *f*).

Sechſtens, da wir die Regentenfolge Indiens aus den Hülfsquellen die wir haben noch

---

f) Wenn auch Ibn *Chalikban* dieſen *Schah - Ram* aus einem Miſsverſtändnis als einen perſiſchen König zu betrachten ſcheinet. Und daſs *Hyde's* Conjektur, *Bebram* zu leſen, zu voreilig war, iſt oben ebenfals erinnert worden.

zur Zeit blos ftückweis und mit vielen Lücken kennen, fo bindet uns nichts, den in der Gefchichte des Schachfpiels gedachten Rama gerade für einen der berühmten Ram'a der indifchen hiftorifchen Fabelzeit anzufehen, dadurch wir mit dem Alterthum des Schachfpiels bis ins' zweite oder dritte Zeitalter der indifchen Chronologie und alfo bei 2000 Jahr vor Chriftus hinaufzurücken genöthigt feyn würden. Vielmehr ift es wahrfcheinlich, dafs ein viel fpäterer Belhera oder Monarch von Indien den berühmten Namen Rama geführet habe g),

Siebentens, da gegen das zweite Jahrhundert nach Chriftus das erfundne Schachfpiel bereits nach dem entfernten Irlande gewandert feyn foll (S. oben p. 120.) und diefes nicht anders als auf einem langen Wege durch das Verkehr der aus dem Norden von Afien nach Europa übergegangenen Völker mit ihren afiatifchen Anherrn gefchehen feyn kann; da ferner eben diefe Erfindung fchon gegen 200 Jahr vor Chriftus nach Sina gekommen ift, auch in Indien felbft fogar das neuere zufammengefetztere indifche Schachfpiel in oben angeführter Urkunde bereits in dem Zeitalter des mythifchen Wjafsa und Jud'ifcht'ira d. i. im Anfang des letztern indifchen Weltalters, alfo

---

g) Wir finden ja denfelben noch in den Zeiten nach Chriftus in der indifchen Regentengefchichte wieder. S. oben p. 114.

wenigstens gegen 1000 Jahr vor Christus gedacht wird: so werden wir nicht beträchtlich irren, wenn wir, auf der Bahn der rechten Mittelstrafse, den eigentlichen Zeitpunkt seiner Erfindung und folglich die Epoche der obigen königlichen Personen und ihrer Geschichte und der monarchischen Regierung desjenigen Rama, von welchen wir geredet haben, zwischen 400 bis 1000 Jahre vor Christus annehmen. Und bei dieser Annahme muſs denn natürlich die Meinung des Elzafedî, welcher den indischen Monarchen, unter dem die Erfindung geschehen sey, in das Zeitalter des persischen Kaisers Ardschir Bâbegkân (Sec. III.) herabsetzet, (S. oben p. 91.) als ein Misverſtandnis zurückgegeben werden.

Achtens endlich, für den Erfinder des Spiels finden wir keinen andern Namen als Nazir Dahir oder Ziza Bin Dahir. Daſs dieser eigne Name zweifelhaft bleibet, ergiebt sich von selbst, weil er arabisch lautet, und doch vielmehr indisch klingen müſste.

Wir müssen blos von den künftigen Untersuchungen aus noch zur Zeit unbekannten indischen Urkunden und Nachrichten, über die acht Punkte, die ich gegenwärtig als mögliches Resultat entworfen habe, ein helles Licht erwarten. Vor izt sind wir nicht im Stande, etwas Befriedigendes mitzutheilen.

Da ich in dem bisherigen das wahre Alterthum und die wahre Geschichte der Erfindung unsers vortreflichen Schachspiels, so weit die Quellen reichen, aus einander zu setzen mich bestrebet habe, gleichwohl aber meinen Lesern hin und wieder andre ganz verschiedene Erzählungen und Annahmen darüber in neuern Büchern aufstosen werden, so ist es nothwendig, mit ausdrücklicher Anzeige das Anathema über dieselben zu sprechen, weil solche in den ächten Quellen und Nachrichten des Orientes nicht gegründet sind. Die scheinbarste aus den orientalischen Geschichten selbst entlehnte solcher falschen Erzählungen vom Entstehen des Schachspiels ist wol nachfolgende.

Als Nuschirwân in Persien regierte, sagt man, geschahe die Erfindung des Schachspiels *h*). Der Sohn des Nuschirwan, naments Ormusd oder Hormus *i*), seinem Vater an Güte des Herzens und weißen Entwürfen für das Wohl seines Staats ganz ähnlich, ward bald von seinem Vater als Mitregent erkohren. Die zahlreiche Priesterschaft, welche durch Nuschirwân in ihrem Einfluss in Staatsangelegenheiten sehr eingeschränkt worden war, suchte bei einigen Misverständnissen, welche zwischen Vater und Sohne entstunden, die Parthei des

---

h) Das ist aus dem obigen sattsam als falsch erklärt.
i) Daraus hat man sogar *Helmuth* gemacht.

Sohnes auf alle mögliche Art zu vermehren, und ihn endlich zu einer völligen Empörung zu bewegen, welche wirklich in den mittäglichen Provinzen des Reichs erfolgte. Da dieser Vorfall dem Nuschirwân sehr schmerzlich war, entschloſs er sich sogleich, die Regierung seinem Sohne ganz zu übergeben. Inzwischen diese Maasregel wurde von seinen treuesten Vasallen nicht gebilliget, als welche ihm vielmehr anriethen, dem Sohne mit gewaffneter Hand entgegen zu gehen, und die Empörer zu züchtigen. Da die Priester den Sohn ganz beherrschten, und alle kindliche Liebe in ihm zu ersticken suchten, war an keine Aussöhnung zu denken. Der Schâh, der sich nun zu einem wirklichen Angriff entschliessen musste, wünschte seinen verführten Sohn mehr in die Nothwendigkeit zu versetzen, sich ihm ergeben zu müssen, als einen gewaltsamen Angriff zu unternehmen, welchen nur Ströme von Blut auf beiden Seiten endigen würden, wovon der Ausgang ungewiſs und ihn für sich und seines Sohnes Leben besorgt seyn lieſs. Dazu kam noch die angenehme Nachricht zum Schâh, daſs sein Sohn befohlen habe, auf seine Gefangennehmung auszugehen, und seines Lebens zu schonen. Er ward also in seinem Entschluſs immer mehr bestärkt und unterhielt Tag und Nacht den Gedanken wie es möglich wäre, seinen Sohn so in das Enge zu treiben, und so einzuſchlieſsen, daſs er ihn gefangen nehmen, und auf die ihm wohlgefällige Art, ſo viel möglich ohne Blutvergieſsen, den ganzen Aufruhr ſtillen könnte.

Nachdem die nöthige Anzahl von Streitern nebſt erforderlichen Elefanten angeſchaft waren, wurde Kriegsrath gehalten, in welchem der Schâh ſeinen gutgemeinten Vorſatz den übrigen Feldherrn vorlegte, und dieſem Gemäs die Art und Weiſe, wie die Sache auszuführen ſey, anzugeben und den Plan des ganzen Verfahrens näher zu beſtimmen, ihnen allen dringend empfahl. Sie mit der Localität des Terrains vollkommen bekannt, auch von der Stärke die Gegenparthei und von den einzelnen Truppenarten ihrer Armee genau unterrichtet, verſuchten auf des Schâh's Rath, den Plan auf folgende gutgewählte Art zu entwerfen, als wodurch ſie glaubten die Art und Weiſe zu erforſchen, wie der gewählte Vorſatz ins Werk zu richten ſey.

Sie theilten ſich in zween Theilen, wovon der eine die Parthei des Schâh's, der andre die Parthei des Sohnes vorſtellen ſollte. Hierauf zeichneten ſie ſich die ganze Schlachtordnung mit Kreide auf ein Bret, und zwar ſo, wie ſie bei den Perſern üblich war, nämlich die dem Oblongo ſehr ähnliche Stellung, wie ſie noch bei den Tatarn im Gebrauch iſt, und ehemals noch vor und im ſiebenjährigen Kriege von den Ruſſen beobachtet wurde. Sie hatten auf beiden Seiten Figuren von Holz ausgeſchnitten, welche die Truppen vorſtellen muſsten. Beide Theile griffen ſich nun ſo an, und attakirten den König, bis durch einen Zug, welcher mit der Figur des Elefanten vorgenommen ward, Ormus eingeſchloſſen war.

Nach dieſem Vorgang ſollte nun der Plan entworfen und ausgeführt werden. Der Schâh Nuſchirwan glaubte des Erfolgs gewiſs zu ſeyn. Sie ſtellten alſo ihre Truppen und ſchritten zur Sache. Beide Partheien verfolgten im Ganzen, wie ſchon geſagt Einen Plan, in ſo fern er auf beiden Seiten auf die Gefangennehmung der Oberhäupter abzielte. Hierzu wurden meiſterhafte und künſtliche Stellungen der einzelnen Truppen, wie ſie leicht auf den Schachbrete können dargeſtellt werden, erfordert. Dieſe Stellungen waren auf die Occupation des Terrains, wo der König hielt, gerichtet, deſſen Aufhebung ſie bewirken ſollten.

Auf welche Art und durch welches Manöver der junge Schâh der als Haupt der entgegengeſetzten Parthei war, eingeſchloſſen, und wirklich ſich ſeinen Vater zu ergeben gezwungen ward, kann nicht mit Gewiſsheit ausgemittelt werden. Daſs aber in der That, nach dem von dem Kriegsrath entworfenen Plane die ganze Expedition ausgeführet ward, und zur

Freu-

Freude beider Partheien ohne vieles Blutvergieſsen geglücket iſt, deſſen iſt das nachmals darüber entſtandne Schachſpiel ſelbſt ein ſprechen-
des Monument. Man ließ, um das Andenken
an dieſen merkwürdigen Vorfall zu erhalten,
und nun auf andre Fälle ähnliche Pläne ausſin-
nen zu können, das ganze Territorium, welches beide Heere nach der angeführten Diſpo-
ſition des Treffens in Form eines Quadrats inne
gehabt hatten, auf ein viereckigtes Brett vorſtellen und abbilden und die verſchiednen Arten des Agirens der Truppen, d. i. die Gänge
und Züge der Truppen aufzeichnen, und für
die Truppen ſelbſt Figuren von Elfenbein ver-
fertigen, welche ſie bezeichnen ſollten. Der
Verſtand muſste da überall ſeinen Einfluſs zeigen, wie man bei einem Plan, den König in
Gefahr zu ſetzen oder mât zu machen, mit den
Figuren zu verfahren habe.

Lange blieb dieſes Spiel blos ein Uebungs-
und Unterhaltungsſpiel der Könige, welche
die Pläne ihrer Kriegsoperationen dem Verſtande zuerſt auf dem Schachfelde zu entwickeln
und deutlich zu machen, bemühet waren, bis
es endlich ſpäterhin überall unter der Nation
ſich verbreitete, und wegen des Reichthums
an Unterhaltung faſt von allen morgenländiſchen Völkern zum Lieblingsſpiel erwählet
worden.

Wahls Geſch. d. Schachſp.   I

Diese ganze Erzählung ist wie gesagt, falsch, zugleich wider alle Geschichte und selbst wider alles Kostum der persischen Geschichte. Ich habe sie blos der Vollständigkeit wegen beigefüget und brauche zu ihrer Widerlegung nichts hinzusetzen, da ich statt ihrer die wahre Geschichte des Spiels in den obigen umständlich auseinander gesetzet habe.

Noch ist uns zum Schluss des gegenwärtigen Abschnitts allein übrig, etwas über einen merkwürdigen aritmethischen Kalkül des Erfinders beizufügen. Man berichtet nämlich, dass der indische Erfinder des Schachspiels seinem Monarchen eine Belohnung für die Erfindung abgefordert habe, und dies auf eine sehr verdeckte Weise, daraus folgendes Exemplum progressionis arithmeticae erwachsen, da nämlich auf dem Schachbret die Zahlen seiner Felder fortschreitungsweise also verdoppelt erscheinen.

128	64	32	16	8	4	2	1
32768	19384	8192	4096	2048	1024	512	256
							etc.

32768 Körner ist der Berechnung nach das Getraide Maas, im Arabischen Kadahh genannt, dessen doppelt Gehalt das Maas ist, welches man im Orient Waiba nennet, und so ferner.

Nachdem nämlich, erzählen die orientalischen Schriftsteller, der indische Erfinder des Schachspiels seinem Könige diese schöne Erfindung dargereichet, erbat er sich von demselben eine sehr geringfügig scheinende Belohnung, die aber nach genauerer Erwägung viel zu grofs und wichtig befunden ward, als, dafs der Monarch im Stande gewesen wäre, solche zu gewähren. Die ganze Geschichte kömmt bei

Elzafedi im Kommentar über das Iamifche Gedicht des Thoghrâi vor. „Da der Erfinder, heifst es dafelbft, feinem Könige das Spiel dargebracht, und ihm daffelbe nach feinem Gange vollkommen erkläret hatte, befahl ihm der König, dafs er fich für feine Mühe und Anftrengung eine Gnade und angemeffene Belohnung erbäte. Er erbat fich alfo nur foviel Waizen, als Körner auf diefem feinem erfundnen Schachfelde berechnet werden könnten, wenn man auf dem erften Felde mit einem Korn aufange und die Felder denn weiter fortfchreite, fo dafs man bei jedem neuen Felde die doppelte Anzahl der Körner des vorigen Feldes nehme. Der König, welcher diefe Berechnung für etwas fehr unwichtiges anfahe, wollte ihm diefe Bitte verweigern, weil er fie ihrer Geringfügigkeit wegen dem Verdienfte felbft gar nicht angemeffen hielt. Indem der Bittende aber darauf beftand, gab er Befehl, dafs ihm fein Gefuch gewillfahret werde. Die Hofleute aber kamen bald mit der Vorftellung zurück, dafs diefe kleine Summe zu grofs werde, um folche abtragen zu können. Der König, der es anfangs nicht glauben konnte, bis mans ihm vorgerechnet hatte, gerieth zuletzt in ein Erftaunen, welches die Bewunderung über die Erfindung felbft weit überftieg. Der Kâdi Schemsf-eddin Ahhmed Ibn Châlecan fagt hierüber: Ich wollte anfänglich felbft

der Größe der Summe kaum Glauben beimeſſen, bis ein mich beſuchender Alexandriner mir
den Weg zeigte, der mir's ganz hell machte, indem dieſer Mann mir alles auf einem Papier
ausgerechnet vorzeigte. Nämlich wenn man
die Zahlen verdoppelt bis zu den ſechzehnten
Felde kommen 32768 Körner heraus. Die machen ohngefähr einen Kadahh k). Und die
Rechnung habe ich ſelbſt vollkommen richtig
befunden. Wenn man ſo ferner das ſiebzehnte
Feld von neuem mit der doppelt gerechneten
Zahl des vorigen Feldes beleget, und ſo immer weiter fortfähret bis zum zwanzigſten Felde, erhält man eine Zahl von Körnern, die
richtig ein Waiba füllen. Hernach gehts immer weiter von den Waiba's zum Erdab,
ſo ununterbrochen immer verdoppelt werden,
bis man in den vierzigſten Felde zu 174, 762
und $\frac{2}{3}$ Erdabs gelanget, welche Summe eine
Schôna (Scheuren) füllet. Wenn folglich

---

k) Das Gemäs *Kadahh* bedeutet Sesquimodium. *Waiba* iſt 22 bis 24 *Mudd* oder modios. *Mudd* iſt der
vierte Theil eines Maaſes welches die Araber Zá‘
nennen und iſt nicht überall ganz daſſelbe. Gewöhnlich ſetzt man es zu $1\frac{1}{3}$ Pfund oder zu
2 Pfund. *Golius* ſetzet aus dem Wörterbuche
Kamûsſ hinzu: quantum duabus manibus conjunc-
tis extenſisque capi poteſt (ein *Geufspel*). *Erdab*,
ein ſyriſches oder egyptiſches Gemäs wird gewöhnlich zu 128 Pfund gerechnet. Es iſt das
griechiſche Ἀρταβη.

die Schôna's ferner immer weiter verdoppelt werden müssen, bis zum funfzigsten Felde, so erhält man zuletzt die Summe von 1024 Scheuren. Und dieses Maas wird für eine Medîna (Stadt) gerechnet. Die Städte weiter verdoppelt bis zum letzten, nämlich vier und sechzigsten Felde, kommen schliefslich 16384 Städte heraus. Auf der ganzen Erde giebts vielleicht nicht mehrere Städte. So weit Ibn Châlecan. Ich setze hinzu. Das letzte Facit aus der steigenden Verdoppelung der Schachfelder ist 6 mal 18 tausend mal tausend; 5 mal 446000; 4 mal 744000; 3 mal 73000; 2 mal 709000; 551, 615.

18, 446, 744, 073, 709, 551, 615
 6   5   4   3   2   1

Wenn dieses in ein Quadrat zusammen gehäuft würde, würde die Länge desselben 600 Meilen betragen, und eben soviel die Breite, eben so viel die Höhe; nach Maafsgabe, dafs die Meile aus 4000 gemeinen Ellen bestehet, davon jede 3 mäfsige Spannen beträgt. Da ferner die Erdab nach egyptischen Maafse einen Cubikfufs hält, so wird ihr Gewicht 204 Rotl *l)* betragen, davon ein jeglicher 144 Drachmen

---

l) Der *Rotl* ist ein Gewicht, welches dem griechischen λιτρα entspricht, und bei den 'Arabern zu 12 Unzen gerechnet wird, in verschiednen Ländern Asiens aber mehr oder weniger hält. S. Casiri B. Esc. I. p. 281. *b)* 365 *b)*.

hält. Der Drachme aber ist 64 Getraide Körner. Weiter, wenn wir die Zahl eines jeden Schachfeldes ins Gevierte nehmen, so erwächst durch die Viertung die bestimmte Zahl desjenigen Feldes, dem die Geltung der Zahl jenes Feldes doppelt weniger eins ist. Z. B. viertet man den Inhalt des dritten Feldes, so erhält man den Inhalt des fünften Feldes; viertet man den Inhalt des fünften Feldes, so erhält man den Inhalt des neunten Feldes; viertet man den Inhalt des neunten Eeldes so erfolgt der Inhalt des siebzehnten. Dieses wiederum geviertet, kommt der Inhalt des vier und sechzigsten hervor. Nimmt man nun die Einheit davon, so bleibt die Summe übrig, die in allen Feldern bis zum vier und sechzigsten begriffen ist. Wenn wir vor dieser Subtraction der Einheit halbiren, erhalten wir den halben Assis (die Hälfte des Ganzen) das Facit des vier und sechzigsten Feldes. Auf diese Weise erfolget die Verdoppelung des Schachbretes in seinen Feldern auf fünffache Verfahrungsweise.„ —

Diesen selbigen Ursprung unsers Schachbretes in Rücksicht des dabei erfundnen Kalküls begreift auch der berühmte *Selenus Gustavus* kurz zusammen aus dem 'arabischen Commentator des Aristoteles Averroës von Corduba (der im 12ten Jahrhundert nach christlicher Zeitrechnung lebte) in der Stelle, woselbst er von der vervielfältigten immer wach,

fenden Analogie mit folgenden Worten redet:
„gleichwie man fagt, dafs ein gewiffer Mann von feinem Könige fich erbeten habe, dafs er zu feiner Belohnung ihm geben laffe eine Summe Getraidekörner, welche nach der Zahl der Schachfelder gevielfältiget worden. Obfchon der König diefe fcheinbar geringe Forderung anfangs abfchlagen wollte, fo erftaunte er doch am Ende, als es fich befund, dafs der Werth wirklich allzu hoch hinauslief." Hierauf berechnet nun Selenus felbft die Zahl der Körner, wie vorher der 'Araber gethan hat.

$$18,446,744,073,709,554,615.$$

Etwas anders wird inzwifchen diefelbe Gefchichte erzählet in dem Buche Mu'dfchifât p. 247. wo noch ein andres ähnliches Exempel hinzugefügt ift. „Als jener Weife in Indien das Schachfpiel erfunden hatte, liefs ihn fein König, der eine grofse Freude daran bezeigte, eine Gnade erbitten. Der Weife fagte: Ich verlange blos eine Summe Dirhem (Drachmen, kleine Silbermünzen) nach der ftuffenweifen Verdoppelung der Zahlen durch die Felder auf dem Schachbrete d. h. fürs erfte Feld eins, fürs zweite zwei, fürs dritte vier, und fo weiter. Der König gab ihm zu erkennen, dafs er diefer geringen Forderung nach zu fchliefsen fich fehr in ihm betrogen habe. Als aber der Weife wiederholt auf feiner erften

Bitte beſtund, ward ihm dieſelbe vom Könige gewähret. Jedoch wie die Schatzmeiſter die Sache vollziehen ſollten, fanden ſie ſolche unmöglich, kamen zum Könige zurück, und ſagten: Herr! dein ganzes Königreich reicht zu dieſem Geſchenk nicht zu. — Der König erſtaunte, muſste ſein Wort zurücknehmen und ſagte, daſs ihm dieſe Bitte des Weiſen noch gröſsere Achtung gegen denſelben erwecke als ſelbſt die Erfindung des ſinnreichen Spiels. — Dieſe Geſchichte hat einſt der Dichter 'Anzari in ein mit einem Wunſche verbundnes Lob an ſeinen Fürſten Mahhmûd verkehrt.

Groſser Fürſt, lebe 1000 Jahre in deinem Reiche
1000 Jahre dein Reich
Jedes Jahr 1000 Monden
Jeder Mond 100,000 Tage
Jeder Tag 1000 Stunden
Jede Stunde 1000 Jahre.,, —

Vierter Abſchnitt.
Das Schachbret und die Anzahl ſeiner Felder. Magiſcher Gebrauch deſſelben.

Der Schauplatz oder vielmehr das Feld, worauf das Schachſpiel geſpielt wird, iſt auf dem bekannten Bret- oder Damenſpiel und deſſen 32 weiſsen und 32 ſchwarzen kleinen viereckigten Rauten oder Feldern. Dieſes

Schachbret, auf Englisch Chefs-board hat im barbarischen Latein die Benennung Scaccarium erhalten. Zu Caxtons Zeiten nannten es die Engländer gemeiniglich Chequer oder Eſche'quer, ſo mit den franzöſiſchen Eſchecquier übereinkömmt. Letzteres ist aus Eſchéc entstanden.

In England hat von dieſem Schachbret der der königliche Schatz ſeit den Zeiten des königs Willhelm des Siegers, der ein groſser und geübter Spieler war, den Namen Exchequer erhalten. Man leitet dieſen Gebrauch eigentlich von den Normannen her. Aber hierüber kann ich Kürze halber auf dasjenige hinweiſen, was Thom. Hyde davon beigebracht hat, im Anfang ſeines §. 3. de Scaccario.

Die älteſte Weiſe das Schachſpiel zu üben, ſcheinet wol eigentlich nicht unſer übliches Schachbret geweſen zu ſeyn, ſondern vielmehr ſtatt deſſen ein dazu in vier und ſechzig Felder unterſchiedner gewebter Teppich. —

Die Schachteppiche, deren man ſich ſtatt des ſpäterhin gebrauchten Bretes bedienet hat, ſind im Orient noch itzo am gebräuchlichſten. Beſonders findet man ſie noch durchgängig in Indien, wo dieſes Spiel zuerſt erfunden worden iſt. Aber, wie geſagt auch im übrigen Aſien, 'Arabien, Perſien etc. Die neueſte Nachricht hierüber ſteht bei Niebuhr Reiſeb. Th. I. p. 171. „Anstatt eines mit koſtbaren

Holze eingelegten Bretes der Europäer, bedienen sie sich eines Tuches, auf welchem die Vierecke von Laken von verschiednen Farben genähet sind, und in demselben werden auch die Schachsteine nach aufgehobnem Spiele verwahret„ Von den Indiern wird daher eine gewisse Art gestreiften oder gewürfelten Zeugs Schitrundschi genannt, wie ich oben bereits erörtert habe, weil ihre Gausape d. i. ihr gestreifter Teppich zum Schachspiel damit Aehnlichkeit hat. Man kann auch noch bemerken, dass in Indien, besonders vor Zeiten, oftmals auf solchen Teppichen gespielt ward, die blos in die Queer gestreift, aber nicht kreuzweise in Würfel durchschnitten waren. Dieses Spiel erfordert ein genaues Augenmaass der Spieler, indem sie die Figuren rücken, aber es kann sehr wohl auf diese Art vollendet werden. Doch im erforderlichen oder beliebichen Fall pflegt man alsdann die kreuzstriche durch die Queerstreifen solcher Teppiche auch wohl mit Kreide oder Röthel zu bezeichnen.

Die 'Araber und Perser nennen das Schachbret oder den Schachteppich auf welchem sie spielen Ruk'a Schathrandsch d. i. Frustum vel Portio Corii vel Panni. Bei Ekteri in seinem Wörterbuch wird Ruk'a durch Schathrandsch Bîsi d. i. Pannus Schanthrangicus erkläret. Die 'Araber nennen es dahero auch oftmals Bisât Schathrandſch d. i. Stragulum Schathrangicum (Schachteppich) weil es gewöhnlich aus einem leinenen Zeuge beſtehet. Ferner heiſst es Nitha' oder Natha' Schathrandſch auf perſiſch aber Piſteri Schatranſch d. i. Schachſpieldecke, Stratum Schathrangicum. Zuweilen iſt es von Leder und heiſst dann auf perſiſch *Piſter adimin* Stratum coriacium. Dieſes Leder iſt mit einer Kohle oder Kreide, Röthel etc. liniirt.

Dem bisher beigebrachten zu folge ſind alſo die älteſten und noch jetzt üblichen Schachfelder entweder blos geſtreifte Zeuge und Teppiche, oder kreuzweis liniirte Leder. Aber man hat ferner auch regelmäſsig gewürfelte Tücher oder Teppiche, theils mit gemahlten oder gefärbten, theils mit gewebten oder geſtickten oder aufgenäheten bunten Würfeln. Dieſes merkt von den Türken ſchon Cluſius an. Hernach finden wir ſolche Teppiche auch bei den Amerikaneru, wie aus Pet. Martyo zu erſehen, welchen Guſtavus Selenus anführet. Im Orient pflegt man ſolche Schachteppiche oft zugleich zum Schachſpiel und auch zu andern Gebrauch zu führen, nehmlich ſich darauf zu ſetzen, oder ſich deſſelben ſtatt des Speiſetiſches zu bedienen, wie dieſes denen nicht fremd vorkommen wird, die mit den Sitten des Orients vertraut ſind.

An die Stelle der noch üblichen Schachteppiche traten bereits früher die Schachbrete, wie wir fie in Europa gebrauchen. Sie find auch im Orient fchon feit alten Zeiten neben den Teppichen in Gebrauch gekommen.

Ein folches Schahbret, Scaccarium oder Tabella luforia ift mehrentheils aus Holz verfertiget. Die Spanier nennen es dann Tablero Axedrèz, die Perfer aber Tachtei Schatrengk die Türken Schathrandfch Tachtafsi d. i. die Schathrandfch oder Schachfpiel-Tafel. Bei Bernard de Parigi findet man noch die türkifche Benennung Tfchaprâslü Tâchta d. i. Tabella teffalata. Zuweilen fagt man auch fchlechthin Tachta d. i. die Tafel. Die Türken pflegen auch wohl ihr Schachquadrat mit feinen Würfeln compendiös auf der Stelle zu machen, indem fie es in den Sand auf dem Erdboden, oder mit Dinte aufs Papier entwerfen. Daran fitzen fie nun mit kreuzweis unterfchlagenen Beinen und fpielen oft den ganzen Tag ohne diefes Zeitvertreibes müde zu werden.

Das Schachfpielbret oder der Schachteppich mit feinen 64 Feldern wird bei Arabfchades das Regnum Schatrangicum genannt. Sonft heifst es bei den Morgenländern auch Dafcht d. i. das Feld, Schachfeld, campus, planities, ferner 'Arza d. i.

Latifundium f. fpatium planum et vacuum aedificiis aut collibus, undequaque cinctum, oder Tale fpatium in medio aedificii nämlich: Atrium apertum — das offene Feld, der Hof etc. Von dem perfifchen Worte Dafcht haben die Syrer das Schachbret Taſt genannt, was auch Tas ausgefprochen wird.

Die Gröſe des Schachbrets iſt im Orient fo verfchieden als bei uns. Der Chalif Almamun hatte eins von zwo Ellen in die Länge und zwo Ellen in die Braite, d. i. zwo Ellen ins Gevierte.

Die Felder des Schachbretes heiſsen im 'arabifchen Bujût — im perfifchen Châneha, im türkifchen Euler, — d. i. Häufer oder Zelter. Die Türken fagen auch oft Tfchapräsler d. i. Würfel, Vierecke. Bei Abn 'Efra heiſsen fie מהלקות Machalakot! d. i. Abtheilungen, desgleichen מסלית Mefillot d. i. Dämme, Wälle, Schanzen.

Die Form des Schachbretes iſt gemeiniglich ein Viereck in die Länge und in die Queere in acht Abtheilungen durchfchnitten, welche 64 wechfelsweife fchwarz und weiſs unterfchiedne Würfel bilden, wie einem jeden Lefer folches fchon aus dem Damenfpiel bekannt iſt, welches auf demfelben Brete gefpielt wird, auf welchem das Schachfpiel zu fpielen iſt.

Das Schachbret der Perser in Indien, wovon ich auf der Kupfertafel no. a. das Schema dargeftellet habe, ift an fich dem gewöhnlichen völligen gleich. Es hat aber gewiffe Felder die von den übrigen durch kreuzweis gezogne Striche unterfchieden find, welches zu defto mehrerer Verfchanzung des Königs als der Hauptperfon im Spiele dienen foll. Denn der König kann, nach den dortigen Gefetzen diefes Spiel zu fpielen, in diefen ausgezeichneten Feldern zur Zeit der Bedrängung feine Freiftatt nehmen, dafs ihm der Feind entweder gar nicht oder doch durch fchleinige Umfchweife beizukommen im Stande ift.

Statt des Vierecks hat man auch im Orient ein rundes Schachbret im Gebrauch gehabt, deffen Arabfchades im Leben Timurs gedenket, dafs er ein folches bei diefem feinen Helden gefehen habe. Er nennt es Schathrandfch Madûr d. i. das runde Schathrandfch. Da er fich darüber nicht weiter erkläret, auch kein Schema davon geftellet hat, fo wiffen wir nicht eigentlich wie daffelbe weiter befchaffen gewefen. Uebrigens aber foll nach eben diefen Schriftfteller Timûr noch zwei andre Formen des Schachfpiels erfunden haben, die er Schathrandfch Thavîl d. i. das länglichte Schachfpiel und Schathrandfch khebîr d. i. das grofse

Schachspiel nennt, davon das erstere wiederum nicht genauer beschrieben worden ist.

Dem sogenannten grosen Schachspiel des Tamerlan oder Timûr wird im Verfolg ein eigener Abschnitt eingeräumt werden, daher wir es hier füglich übergehen können.

Es ist oben schon erinnert, daſs das Schachbret gemeiniglich aus Holz gemacht ist. Daſs aber auch andre Materien dazu geschickt sind, braucht keine weitere Erörterung. In Ermangelung eines solchen Bretes spielen die Morgenländer oft auf dem blossen Erdboden, indem sie die Felder in den Sand entwerfen, oder solche mit Kreide oder Röthel und andern dergleichen färbenden Stoffen auf den Boden zeichnen. Oft geschieht dieses auf den Papier mit Dinte. S. Ob. Auf diese Art finden wir, daſs die Reisenden auch in der Wüste und überall auf dem freien Felde Schach spielen, indem sie statt der Schachfiguren die ersten besten stückchen Holz oder Kiesel etc. erwählen.

Ludwig XIII. König in Frankreich besaſs ein Schachquadrat, welches wie ein Küssen mit Wolle ausgestopfet, und auf der Oberfläche mit Streifen kreuzweis abgetheilet war. Die Schachsteine, mit denen er auf diesem Küssen spielte, hatten unten am Boden Stacheln, welche in das Küssen eingriffen, daſs sie fest stunden,

den, und er auf diese Weise vermögend war im Wagen Schach zu spielen.

Eines kostbaren Schachbrets aus Jaspis und Chalcedonier gemacht erwähnt Du Fresne in seinem Glossario.

Ich habe mir vorgesetzet zum Schluſs dieses Abschnitts auch noch etwas über den magischen Gebrauch zu sagen, den man von dem Schachbrete und seinen Feldern verschiedentlich gemacht hat. Die Orientaler haben mancherlei witzige Combinationen ersonnen, aus denen auf dem Schachquadrate allerhand bedeutende Zahlen-Consonanzen resultiren. Wer hierinne Meister ist, kann sich bei ihnen eine gewisse Achtung erwerben, die für sehr ehrenvoll gehalten ist. So ein Schema wird Wakf genannt, und die Kunst desselben 'Jlmelwakf, d. i. Wissenschaft der Zahlen-concordanz oder Zahlen-Harmonie. Man erhält durch diese Kunst gewisse Buchstaben und Wörter, in denen gewisse Mysterien verborgen liegen. Es erwachsen durch dieses Kunststück allerhand astrologische Spielwerke, indem die Astrologen dergleichen Tabellen, gröſsere und kleinere, für jeden Planeten zu entwerfen verstehen, als z. B. Uebereinkunft der Zahl 3 in 3 für den Saturnus, 4 in 4 für den Jupiter, 5 in 5 für den Mars, 6 in 6 für die Sonne, 7 in 7 für die Venus, 8 in 8 für den Merkurius, 9 in 9 für den Mond. Es werden nämlich darunter Tabellen verstanden, deren Quadratur so viele Felder von allen Seiten gerechnet begreift. Und zwar gereicht es bei den Arabern zum Lobe dieses Spiels, daß die Disposition der Schachbretfelder glücklich zusammentreffe mit der Tabelle des Merkurius, welche, gleich der der übrigen Planeten, bei den Astrologen heilig geachtet ist; diese Concordanz aber ist die Concordanz der Zahl 8 in 8. Dergestalt daſs, wenn ein auf glückliche Aspekten des Merkur gestellte Tabelle einem Metall-Blech eingegraben wird, dieses von himmlischen Kräften beseelet und gleichsam beschwängert geglaubt wird, da es denn demjenigen, der es an sich träget, Reichthum, Gedächtniſs und Verstand ertheile, und den Seegen alles übrigen, was dem Merkurius gutes beigemessen ist. Dagegen eine auf ungünstige Aspekte des Planeten in das Metall gegrabene solche Sculptur das Gegentheil bewirken soll. Das Schachbret also das mit der Concordanz der Zahlen bezeichnet ist, giebt ein Quadratum octonarium in se ductum, in welchem, nach der Berechnung der Felder 64 einzelne Zahlen enthalten sind, auf jeder Linie von allenthalben hin 8; auf jeder Seite so wie von einer Seite zur andern und im Durchmesser 260 herauskommen; die ganze Summe der Zahlen aber 2080 begreifet. Hier ist das Zahlschema selbst.

8	58	59	5	4	62	63	1
49	15	14	52	53	11	10	56
41	23	22	44	45	19	18	48
32	34	35	29	28	38	39	25
40	26	27	37	36	30	31	33
17	47	46	20	21	43	42	24
9	55	54	12	13	51	50	16
64	2	3	61	60	6	7	57

Fünfter Abschnitt.

Namen und ursprüngliche Gestalt der Schachfiguren nebst nachmaliger Abänderung derselben, und von der Materie dieser Figuren oder sogenannten Steine. Auch magisches Spiel damit.

Die Schachsteine oder eigentlicher zu reden die Figuren, mit welchen unser Schachspiel gespielet wird, seit seinem ersten Ursprung her, haben bei uns Europäern im Allgemeinen den, Namen Schachſteine, Schachfiguren, Schache, Eſchecs oder Eſchéz, Cheſs etc. erhalten. Man ſehe oben S. 68. 71. wo zugleich der etymologiſche Grund dieſer Benennungen erörtert worden. Die Engländer nennen dieſe Schachſteine gemeiniglich Cheſsmen (Tſcheſsmen Schach-Männer) oder auch nur ſchlechthin the Men (die Männer, die Leute). Die Irländer ſagen Bran d. i. ein König, ein Schach, oder Fear bran d. i. ein Königsmann, einer von den Leuten des Königs.

Bei den 'Arabern heiſst die ganze Schacharmee, das ganze Corpus der Schachfiguren zuſammengenommen, Eldſchunûd d. i. die Armee, die Heerſchaar, die Soldaten, oder Eldſcheiſchân d. i. die beiden Heere, namentlich Eldſcheiſs elâbjadh das weiſe Heer und Eldſcheiſs elaſswad das ſchwarze Heer.

Die einzelnen Steine heiſsen bei den 'Arabern bald Kitha' elſchathrandſch d. i. die Stücke des Schachſpiels, bald Edwât dſchathrandſch d. i. die Marken oder Zeichen des Schachſpiels, bald Efrâd elſchathrandſch d. i. das Zeug des Schachſpiels, die Theile des Schachſpiels, bald Eſchchâz elſchathrandſch oder auf perſiſch tanhâi ſchathrandſch d. i. die Perſonen des Spiels, wie die alten Griechen zu reden pflegten τα πρωσωπα του παίγνιου — bald Efsbâb elfchathrandfch d. i. Geräthfchaften des Schachfpiels, oder Alât elfchathrandfch d. i. Werkzeuge des Schachfpiels. Die beiden letzten Benennungen begreifen zugleich das Schachbret mit in fich.

Wenn die Schachfiguren der Morgenländer eine bildliche Form haben, fo erhalten fie gemeiniglich den Namen, welchen ihnen nach der Auslegung mehrerer muhhammedanifchen Gefezgelehrten fchon Muhhammed in feinem Kûr'an gegeben, nämlich Enzâb d. i. Bilder, Statüen. Hiermit find die Namen Temâfsîl d. i. Bilderchen, Puppen, oder wie fie perfifch fchon im Schâhnâmé genannt find Peikhér (Geftalten, Figuren, Bilder) gleichgeldend.

Wenn die Figuren aus Holz gefchnitzt oder gedrechfelt find, hiefsen fie bei den Neugriechen Xyla d. i. Hölzer. Die allgemeine Benennung Steine aber hömmt ihnen in einer doppelten Hinficht zu. Einmal pflegen viele Orientaler, befonders die Türken, welche die Bilder haffen, mit Bedeutungslofen oder ungebildeten Stücken von Holz, Elfenbein, oder Metall, ja wol gar mit blofsen natürlichen Steinen Schach zu fpielen, dergleichen daher in der türkifchen Sprache Schathrandfch Thâfchlar, bei den Perfern Muhrahâi Schathrandfch d. i. Schachfpiel-Steine, und eben fo bei den Neugriechen Pfifi ψηφη heiſsen. Und das Wort Muhra d. i. Stein, in dieſer Bedeutung gebraucht ſchon Firdûſsi in ſeinem Schâhnâmè. Dann fürs andre iſt dieſe Benennung von alters her der Kürze wegen für alle Arten von Spielfiguren gewöhnlich worden, weil dergleichen in den älteſten Zeiten entweder wirklich ungebildete Stücke waren, oder doch, wenn ſie auch etwas bezeichneten, gemeiniglich nur rudi Minerva, wie man zu ſagen pfleget, gearbeitet wurden.

Deſſen ohngeachtet aber war die urſprüngliche Geſtalt der Figuren des Schachſpiels ungezweifelt die bildliche, als welche ſchon die Sache ſelbſt, der Zweck der Erfindung dieſes Spiels nämlich und der Geiſt ſeines Ganges mit ſich bringet. Denn es ſollte dieſes Spiel eine anſchauliche Darſtellung des damaligen Feldzugs und der Art Krieg zu führen ſeyn. Und es bedarf dieſe Sache keines weitern Beweiſes, da alle Nachrichten dahin übereinſtimmen und die Geſchichte des Spiels, benebſt den Benennungen, die den einzelnen Figuren noch itzt geblieben ſind, die Urſprünglichkeit der bildlichen Geſtalt der Schachſteine über allen Zweifel erheben.

Es iſt wahr, daſs die Schachſteine, die eigentlich Milites luſiles genannt werden können, von je her bei den verſchiednen Völkern, die dieſes Spiel geübet haben, eine ver-

schiedne Form erhalten haben, nicht blos in
Rückſicht der einzelnen Stücke, ſondern wirklich auch im Allgemeinen. Die Fantaſie der
Künſtler und Spielenden fand hier bald anfangs
ein unſchuldiges Feld, auf welchem ſie ſich mit
ihrer dichteriſchen Kraft verbreiten durfte:
doch waren es immer Bilder die man ſich
ſchuff, und auch ſelbſt die unbildlichen
oder bedeutungsloſen Steine die man
ſtatt derſelben einzuführen anfieng, waren in
den ältern Zeiten, ſo wie noch heutzutage
nicht ganz ungeformt, und verleugneten
ihren Urſprung nicht.

Je nachdem man nun dem urſprünglichen
Koſtum der Erfindung des Spiels, und dem Prototyp mehr oder weniger getreu verblieb, je
nachdem näherte man ſich dem anfänglichen
Zweck der Erfindung oder entfernte ſich von
dieſer hiſtoriſchen Wahrheit. Und hiernach iſt
die Richtigkeit der Darſtellung in Abſicht
der bildlichen Geſtalt der Schachfiguren im
Allgemeinen und im Beſondern bei den
ältern Völkern ſowol, als bei uns Neuern zu
beurtheilen.

Da es verdrüſslich fallen würde in Rückſicht dieſer bildlichen Geſtalt der Schachfiguren älterer und neuerer Zeiten zu genau
ins Kleine zu gehen, ſo begnüge ich mich,
blos dasjenige beizubringen, deſſen ich um
das Ziel einer männlichen Beſtrebung nach

Vollſtändigkeit zu erreichen, nicht überhoben ſeyn kann.

Wie die Schachfiguren ausſehen, und gemeiniglich gedrechſelt werden, mit welchen wir Europäer jetzt zu ſpielen pflegen, und die bei uns bereits ſeit geraumer Zeit ſo üblich ſind, daſs weiſs ein jeder, der dieſem Spiel ergeben iſt, und kann auch der Anfänger ſich an jedem Orte bald davon unterrichten, ſo daſs es hierüber weder einer nähern Beſchreibung noch eines Kupfers bedarf. Je weiter wir aber in die Zeiten hinaufgehen, je mehr Verſchiedenheit treffen wir hierin an, bis wir ſie endlich in derjenigen Geſtalt erblicken, in welcher ſie die erſten Erfinder des Spiels gebrauchten.

Ich habe die vornehmſten bekannten Abänderungen der **bildlichen** Geſtalt dieſer Schachfiguren, im Allgemeinen ſowol, als im Beſondern auf der dieſem Werkchen beigefügten Kupfertafel dargeſtellt, unter den Nummern *c* bis *s*.

Die Nummer *c* zeigt die Geſtalt der Figuren des einfachen Schachſpiels wie ſelbige bei den Engländern üblich waren, zur Zeit des **William Caxton** von Weſtmünſter, der ſolche in ſeinem gegen das Jahr 1480 ausgeſtellten Buche über dieſes Spiel in Holzſchnitt dargeſtellet hat. Jedoch hat derſelbe Verfaſſer hernach auch dieſe Figuren in ihrer ſprechenden

Geſtalt abbilden laſſen, — einen König, eine Königin, einen Richter, einen geharniſchten Ritter, einen ungewafneten Reuter, und einen Bauer — woraus man alſo ſiehet, daſs damals bei ſeiner Nation, ſo wie jederzeit bei den verſchiednen Völkern, die Schachfiguren bald mehr oder weniger g e b i l d e t und mehr oder weniger bedeutend und anſchaulich gebraucht wurden. Die auf dem Kupfer dargeſtellten ſind die u n g e b i l d e t e r n. Auch der Schwabe W e i c k m a n n hat uns eine ähnliche doppelte Art die Schachfiguren zu bilden, aufbehalten. Merkwürdig in dieſer Art iſt auch der Apparat von Schachfiguren, welcher als Reliquie aus der Verlaſſenſchaft Kaiſer K a r l des G r o ſ s e n in dem Schatze von S t. D e n y s bei Paris aufbewahret wurde, nun aber ſeinen andern Verwahrungsort gefunden haben wird, wo er nicht etwa bei den letztern Unruhen ganz verlohren gegangen iſt. Sie waren der Beſchreibung zu folge vollkommen bildliche Figuren, ein König, eine Königin, zwei Schützen etc. Der Verfertiger hatte ſeinen Namen J o ſ e f N i k o l a i arabiſch unter die Figuren gezeichnet damit man glauben möchte, dieſes Spiel ſei im Orient ſelbſt verfertiget worden, hatte aber nicht bedacht, daſs mit dieſer Täuſchung auch zugleich das orientaliſche Koſtum in Hinſicht der Geſtalt und Bedeutung ſolcher Figuren übereinkommen müſſe. —

Die Orientaler selbst bedienen sich der schlichten Schachformen, statt der ursprünglich bei ihnen gewöhnlichen vollkommen bildlichen, wie solche von den ersten Erfindern aufgestellet worden sind, oder überhaupt bloßer Steine oder roher Stücke, nur entweder im Fall der Noth oder der Bequemlichkeit, oder aber aus Religionsvorurtheil. Der leztere Fall findet bei den Türken und Arabern statt, bei welchen in der Regel die vollkommen bildlichen, anschaulich bedeutenden oder sprechenden Schachfiguren nicht geduldet sind. Die Perser dagegen haben gewöhnlich die ursprünglichen vollkommen bildlichen, weil sie als Anhänger der Sekte Schi'a keinen Anstoß daran nehmen *m*). Auf der

---

m) S. oben p. 20. die Anmerkung. Man weiß, daß *Muhhammed* alles aufgeboten hat, um jede Art von Abgötterei unter seinem Volke zu steuern. Eben das war der Punkt, weswegen er mit dem Stamm der Koreischiten und andern herumziehenden arabischen Stämmen in immerwährendem Streite lag. Er erlaubte seinen Anhängern daher nicht einmal thierische Gestalten zu mahlen, oder sonst einige Bilder, auch nur zur Zierde anzuwenden oder zum Vergnügen zu haben. Alles dies damit solches nicht irgend einen Anlaß zur Idololatrie geben möchte. Nun war *Muhhammed* geboren im 40 oder 42sten Jahre des persischen Kaisers *Nuschirwan* zu dessen Zeiten das Schachspiel aus Indien nach Persien übergepflanzt ward,

Tafel no. *d* fiehet der Leſer dergleichen Schachſteine, wie ſie bei Türken und 'Arabern und
auch bei denen unter den erſtern lebenden Griechen üblich ſind, abgebildet.

Da ferner auch die Indier, nicht zwar
aus Religionsprincip ſondern aus Bequemlichkeit und Erſparniſs der Kunſt, neben den uralten vollkommen bildlichen Figuren ihre ungeformten oder vielmehr willkührlich geform-

---

von Perſien aus aber um eben dieſe Zeit nach
'Arabien übergieng. Dieſes Spiel muſste alſo in
'Arabien ſchon bekannt ſeyn, da *Muhhammed* mit
ſeiner Geſezgebung auftrat. Er wird demnach
allerdings bei ſeinem Verbote aller Bilder und
bildlichen Figuren auch die *bildlichen* Figuren
des Schachſpiels mit eingeſchloſſen haben. Dieſem Schluſs zu folge erlauben ſich bis auf den heutigen Tag die Türken und alle Rechtgläubige von
der ſtrengen Parthei das Spiel nur mit kleinen
Blöcken oder ungeformten Stücken, nicht leicht
aber mit vollkommen gebildeten Schachfiguren
zu üben, und ſie beobachten dieſes mit groſsem
Eifer. Die *Muhhammedaner* der nicht ſo ſtrengen
Parthei dagegen, als nämlich die Indiſchen oder
Mogoliſchen, und die Perſer, ob ſie gleich im
Allgemeinen das Verbot der Bilder zum abgötti-
ſchen Gebrauche als heilig anerkennen, unterſcheiden den blos unſchuldigen Gebrauch derſelben und ſpielen nicht nur das Schachſpiel mit Bildern, ſondern tragen auch kein Bedenken Bilder
auf Münzen und in Büchern und überhaupt zum
Schmucke zu haben.

ten und unbedeutfamen Steine haben, fo habe ich auch diefe Art unter no. *e.f.g.* gegeben *n*). Sie find nach ältern Originalen kopirt. No *e* erhielt Thom Hyde durch feinen Freund *Fraunce* (Seelforger die der englifchen Handlungskompanie in Bombay) und es waren diefelben aus dem Holze Mifswâkh (von einem Baum aus deffen korkartigen Fleifch die dortigen Einwohner ein Zahnpulver zubereiten pflegen) gefchnitzet. Die folgenden No. *f* und *g* erhielt Hyde ebenfals unmittelbar aus Indien und zwar aus Sfurât von dem Esq. Don. Sheldon, einem Mittglied der englifchen Handlungscompagnie. Beide waren ganz von Elfenbein, die erften aus ganzen und veften Stücken, die letztern aber inwendig hohl Jene waren bunt mit Gold gefprengt und lackirt, die eine Hälfte der Schachparthei roth, die andre grün. Diefe dagegen waren blos lackirt ohne Gold, ebenfals aber die eine Hälfte oder Parthei roth, die andre grün. Inwendig waren fie, wie eben gefagt ift, hohl und mit kleinen metallnen Kügelchen in ihrer Höhlung, auch an den Seiten mit ziemlich kleinen

---

n) Ich habe diefe Nummern *c — g* unverändert, und blos nach verjüngtem Maasftab, aus *Hyde* entlehner, und erinnere dabei blos, dafs ich verfichern kann, dafs eben diefe Geftalten, *d — g* nämlich noch jetzt eben fo bei den Türken, Arabern Indern gefehen werden.

Schalllöchern verfehen, damit fie klapperten, wenn man fie fchüttelte, welches man bei diefer Art Steine alsdann zu thun pflegt, indem man einen Stein der Gegenparthei gefangen nimmt.

Als ein Beifpiel von den bildlichen oder nach vollkommen anfchaulichen und bedeutenden Geftalten ausgearbeiteten Schachfiguren, dergleichen ähnliche wie mehr erinnert worden, diejenigen waren, welcher man fich bediente, als man diefes Spiel kaum erfunden hatte, fiehet man auf der Tafel die No. h — f. Diefe Schachfiguren erhielt Hyde von dem oben belobten Don Sheldon. Sie waren von Elfenbein fehr fauber und künftlich gearbeitet, die eine Parthei des Spiels weifs, die andre dunkelroth gebeitzt, beide zierlich vergoldet und lackirt. Dergleichen findet man nun noch itzt befonders bei den Perfern.

Laffen fie uns nun die fämtlichen Figuren des gemeinen und älteften Schachfpiels, deren auf jeder Seite 16 find, nach Name, Bedeutung und urfprünglicher d. i. bildlicher Geftalt in der Reihe durchmuftern. Die 16 der einen Parthei werden von den 16 der andren Parthei der Farbe nach unterfchieden, fo dafs die einen weifs, die andren roth, oder fchwarz find, oder die einen grün, die andren roth u. f. w. nach willkührlicher Veränderung.

Von den 16 Schachperfonen ftellen 8 die Anführer des Kriegs vor und heifsen gemeiniglich Officiere, die 8 übrigen find gemeines Fufsvolk und heifsen gemeiniglich Bauern. Unter den 8 Officieren aber find blos die 2 Hauptperfonen, der König und die fogenannte Königin einzeln; die übrigen beftehen aus dreien welche doppelt vorhanden fein müffen. Alfo nun erftlich von den 2 Hauptperfonen, und alsdann von den drei Officieren und zuletzt die Bauren.

I.

Die zwei Hauptperfonen.

1. Der König, als die Perfon um welcher Willen das Ganze in Bewegung gefetzt wird, und von deren Glück oder Unglück alles abhängt. Die Engländer nennen ihn King, die Franzofen Roi, die Italiener Rè, die Spanier Rey, die Schweden Konung, im Lateinifchen zu Kaifer Karl des Grofsen Zeiten ebenfalls alfo, nämlich Rex, im Schwäbifchen bei Weickmann Konig, auf ruffifch Korolle oder auch Zârie oder Tfchâr, polnifch Krôl, dänifch Konge. Im Morgenlande, bei Arabern, Perfern und Türken fagt man Schâh, wovon der Name Schach bei uns abftammet. Auch die Inder kennen diefen

Namen aus dem Perſiſchen. Die Türken und Tatarn aber, wenn ſie die Schachfiguren in ihrer eignen Mundart benennen ſagen dafür Kân, welches in der alten tatariſchen Sprache eben ſo viel bedeutet als König, daher noch jetzt der zuſammengeſetzte Herrſchername Châkân ſehr gebräuchlich iſt; ſonſt ſagen ſie aber auch wol Krâl, ein Wort das ſie von den Pohlen entlehnt haben. Die Malaien behalten wie die Inder, wenn ſie in ihrer Sprache benennen, den Königs- oder Fürſtentitel Radſcha oder Raja bei. Die Juden pflegen ihn Melec zu nennen, und eben ſo zuweilen die 'Araber Malc.

Dieſer König oder Schâh wird nach ſeiner urſprünglichen Bedeutung vorgeſtellt als ein orientaliſcher König, insbeſondre aber als ein alter indiſcher oder perſiſcher Monarch. Sein Standort heiſst das Kaſtell oder die königliche Burg, das königliche Gezelt etc. In dem Spiel, deſſen Figuren auf der Kupfertafel unter no. ▓▓▓s dargeſtellet worden, ſitzet er nach indiſcher Weiſe (S. no. h) auf einen Streitelefanten in ſeinem tragbaren Kaſtell (Kal'a auf 'arabiſch und im neuperſiſchen und indiſchen, woraus man in einigen lateiniſchen Urkunden der Mittelzeit Fala geſchaffen hat, weil der Buchſtab *K* bei den Mauritaniſchen 'Arabern die Geſtalt des *F* bei den übrigen 'Arabern hat). Die Perſer nennen ein ſolches

Kaſtell, welches in Indien auf den Elefanten geſetzt wird, Tacht Pîl d. i. den Elefanten-Thron. In der Schanſkritſprache Indiens dagegen heiſst es Sing-haſsan d. i. Pallaſt, Luſthaus, oder Gaiaſſan d. i. vom Elefant getragnes Haus. Sonſt aber heiſst es im indiſchen auch Mikdember und iſt eine Art eines viereckigten hölzernen Thurms, der innen und auſsen prächtig gemahlt und ausgeziert iſt. Oben iſt ein ſolcher Thurm ordentlich mit einem gemahlten Dach bedecket, daſs auf vier kleinen Säulen oder Pfeilern ruhet, aber abgenommen wird, wenn es in den Krieg gehet. Mitten in einem ſolchen Elefantenhauſe iſt ein kreisförmiger Seſſel, daſs ſich mehrere Perſonen in die Runde darauf ſetzen können, und der deswegen gemeiniglich Hhausa (d. i. die Ciſterne) genannt wird. Hier ſitzet der König allein darin.

Er iſt auf indiſche Weiſe bekleidet und hat auch einen indiſchen Turban auf dem Haupte, welcher auf indiſch ●●●ára, und im perſiſchen Schára genannt iſt. Vor dem König, auf dem Nacken des Elefanten ſitzet der Pilbân d. i. derjenige, der den Elefanten dirigirt. Ein ſolcher Mann, wird, wenn er in dieſer Charge dem König bedient iſt, aus einem edleren indiſchen Geſchlechte gewählet, ſo Nairo und Mahâbet heiſſet. Er regiert die

Ele-

Elefanten mit einer krummen eifernen Ruthe, oder einem Stabe, der oben mit einem krummen Haken bewafnet ift und Gketfchbâkh, perfifch Gketfchèkh, Gkeshèkh, Gkefhe, oder auch Angkès, oder Angkèfh heifet, von den Stammwort gkefh oder gketfch, welches krum, gebogen bedeutet. Die Perfer nenen das Inftrument fonft auch Tfchengk d. i. den Haken, und wie es aus den Wörterbuche Ferhengk Ssururi zu erhellen fcheinet auch wohl Cûb (d. i. den Stecher.)

Hinter den Könige fizt einen ähnliche Perfon, welche zu diefen Aufzuge gehöret. Sie ift der Schirmträger. Denn wenn das Dach des Kaftells abgenommen worden, läffet fich der König vor den Strahlen der Sonne durch einen Sonnenfchirm fichern. Ein folcher Schirm, Parafol heifst bei den Perfern Ssâibân d. i. der Schattenmacher, auch Afitâbgkâr d. i. der die Strahlen der Sonne auffängt. Die neuere Mundart Ifpahans benennt ihn Fifchùkh und die türkifche Sprache Gkölgke gkidèn (Schattengeber.) In der gemeinen hindoftanifchen Sprache heifst er Sserbâjan Malaifch Pâjongh. Im Schanfkrit, der älteften bekannten Mundart Indiens. Atapawarana (der Befchattende) oder auch mit den Beinamen Ataputtra d. i. für die Edlen und Vornehmen. In dem figurirten Schachspiel aus den Zeiten Karl des Grofsen (S. oben 153.) ist der **König** mit dem Scepter als auf feinem Throne vorgestellt.

2. Die **Königin**, die 2te Hauptperson des Spiels ist diefer Benennung zu folge eine **weibliche Perfon**, und als eine folche ist fie durch Europa von allen Zeiten her in diefem Spiel anerkannt. Sogar die europäifchen Juden pflegen diefe Perfon **Malkha** zu nennen. Auf englifch **Queen**, französifch **Reine**, **Vierge** oder **Dame**, italienifch **Dama** oder **Regina**, fo auch zu Karl des Grofsen Zeit im lateinifchen **Regina**, im fpanifchen **Dama**, im fchwedifchen **Drottning**, dänifch **Dronninge**, ruffifch **Korolewna** oder **Krala** polnifch **Krôlwa** (bei beiden letztern auch oft **Lâba** d. i. die Alte).

Die Europäer haben diefe Figur fälfchlich zur **Dame** oder **Königin** gemacht, welches dem Geift der Sitten des Orients, dem Koftum von ganz Afien gerade zu entgegen ift. Es wäre daher zu wünfchen, dafs wir anfiengen diefe weibliche Perfon aus unferm Spiele gänzlich zu verbannen, weil fie auf keine Weife hineingehöret, und dafs wir diefer Figur diejenige Würde wieder gäben, welche fie von Alters her in den Ländern feiner Erfindung behauptet, wovon fogleich mehreres gefagt werden foll.

Im ganzen Orient ist diese zweite Hauptperson des Schachspiels männlichen Geschlechts. Wie ist man also wol in Europa auf das Gegentheil verfallen und wie hat dieses hier so allgemeinen Beifall erhalten können? Ohnezweifel wollte man in Europa, als das Schachspiel dahin übergepflanzt war, daſſelbe dadurch galanter machen, daſs man den Staatsminister des orientalischen Spiels in eine Dame oder Königin verwandelte. Und da dieses den Sitten der europäischen Regierungsverfaſſung nicht entgegen war, so fand es nach und nach allgemeinen Beifall. Gemeiniglich setzt man die Veranlaſſung zu dieser unschicklichen Reform nach den Zeiten der Kreuzzüge, und schreibt die Schmeichelei den französischen Rittern zu. Allein schon das figurirte Schachspiel von Kaiser Karl des Groſsen Zeiten (S. oben 153.) hat eine Königin, die mit einer Krone geschmückt auf einem etwas niederern Throne sitzet als der König.

Ich habe gesagt, daſs im ganzen Orient, seit der ersten Erfindung des Spiels diese zweite Hauptperson darinne als männlichen Geschlechts betrachtet wird. Wir werden sie also in der Folge ebenfalls von diesem einzig richtigen Geschichtspunkt aus betrachten und die Königin ihrer bisherigen ungerechten angemaſsten Regierung willen aus Vollmacht der Nation der Guillotine übergeben.

Ihr orientaliſcher Name iſt **Fers** und **Ferſân** (auch **Ferſîn, Ferſâna**) oder **Veſir**. Die Türken heiſsen ſie **Begklerbegk**, die Malaien **Panghlîma**, welches beides einen **Statthalter, Heerführer, oberſten Feldherrn** bedeutet. Daſs ſie das im Spiel ſelbſt wirklich vorſtellen ſoll, ergiebt ſich nicht nur aus dem Zweck der Erfindung deſſelben und aus dem ganzen Geiſt des Verfahrens der Spielenden, ſondern auch aus den älteſten Benennungen dieſer Figur, denn der 'arabiſche Name **Weſîr** bezeichnet den nächſten Befehlshaber nach dem König, einen erſten Staatsminiſter und Feldherrn, und der weit ältere und urſprünglich perſiſche **Fers, Ferſân** etc. will daſſelbe beſagen.

Fers iſt nicht blos bei den Perſern gebräuchlich geweſen und noch gebräuchlich zu ſagen, ſondern auch frühzeitig finden wir Spuren von dieſer urſprünglichen Benennung im Abendlande wo dieſelbe doch ſchon längſt ganz verdrungen iſt. **Aben 'Eſra** hat es, der Engländer **Lygdat** kennt es, und die engliſch lateiniſchen Skribenten der ältern Zeiten pflegten **Ferzia** oder **Fercia**, ein neues Wort daraus zu machen, womit man einen **Bauer** des Spiels meinte, welchen man bis in die Stelle der ſogenannten Königin hinaufgefördert hatte, da er denn nach den Regeln des Spiels zum Fers (zur fogenannten Königin) erhoben werden mufste. Pedro de Alcala fpricht es Firiç oder Furçîn aus, und überfetzt es in feine Sprache Cavallero noble.

Man hat über diefe ältefte Benennung Fers, Fersâna, Fersân oder Fersîn mehrere Vermuthungen ans Licht gebracht. Im innern Aethiopien um die Gegenden des fogenannten Mondgebirges findet fich den Nachrichten der 'Araber zu folge ein wildes Thier, das dort Fers genannt wird. Der nubifche Geograf befchreibt daffe be in der Stelle, wo er von den Quellen des Nils handelt. Er fagt, die Beftie heife auch Elsumúrruda, fey fehr giftig, fo dafs in der ganzen Welt kein ftärkeres, hitzigeres und penetranteres Gift gefunden werden könne, und der Geftalt nach gleiche das Thier einem Affen. Er erzählt hierauf weiter, wie die Einwohner dem Gifte des Thieres nachtrachten und durch welche Kunftgriffe fie daffelbe fangen und es hernach dem Könige von Sindfch und andern benachbar-Reichen verkaufen. Von diefem Thiere haben einige gemeint, wäre der Fers in Schachfpiel benannt worden. Allein diefe Vermuthung hat ganz und gar nichts für fich und wiederlegt fich fo zu fagen von fich felbft.

Fers ift wie bereits angedeutet worden, die abgekürzte Form von Fersin oder Fersân (auch **Fersâna**), welche vollständige und ursprüngliche Form sich in des **Ferdufsi Schâh nâmè** vorfindet. Die perfifch arabifchen oder perfifch türkifchen Wörterbücher erklären es durch a) **homo fapiens, fciens, doctus, eruditus f. fcientiis imbutus intelligens, gnarus.** b) Durch **incomparabilis, cui nullus eft fimilis.** c) Durch **Magnas, aliquis ex magnatibus, Dominus fapientiae, fortunatus, aeftumabilis.** In einem englifch-perfifchen Wörterbuche, was in Indien gefchrieben war und **Thom Hyde** befafs, ift es durch das perfifche Wort **Hufchmend** d. i. **prudens, circumfpectus** erklärt. Alle diefe Bedeutungen ftimmen mit den Praedikaten überein, deren im Orient der **höchfte Rathgeber, erfte Minifter** oder **oberfte Feldherr** des Königs würdig befunden werden mufs. Dahero kömmt es, dafs auch im **Schâh nâmè** die **Magnates Regni** gemeinhin **Fersânegkân** (Pluralform von **Fersân** oder **Fersâne**) genannt find z. B. **Fersânegkân Tûrân** die **Magnates regionis Turân.**

Ganz wohl getroffen alfo überfetzte ein griechifcher Priefter, den **Hyde** frug, das **Fers** durch Επιτροπος του Βασιλεως d. i. **Comiffionarius Regis, Procurator Regis, Curator negotiorum Regiorum.** Einen folchen klugen nnd weifen Mann, der das Ruder des Ganzen mit führen helfen mufste und dem die wichtigſten Geſchäfte in Kriegs- und Friedenszeiten aufgelegt waren, hatten die perſiſchen und indiſchen Monarchen zu allen Zeiten um ſich. So ein Mann war z. B. Artabazus, deſſen Curtius Rufus im dritten Buche ſeiner Geſchichte Alexanders gedenket. Fidum conſiliarium nennt er ihn, qui omnibus imperatoriis fungebatur officiis; hortari, monere ut imperata faciant, Milites. Dieſer Mann war zugleich der Generaliſſimus der Armee, der im Orient heutzutage Mîr dſchumla d. i. πανδεσποτος, ſſipehsſâlâr d. i. Ἀρχιστρατηγος, Ssipehbud oder Sserdâr (vollſtändiger Sſerdâri leſchkher) d. i. Praefectus exercitûs, auch Sseri leſchkher oder Sser'asſkher d. i. Caput exercitûs (zuweilen Sser'asſkher bâſchâ d. i. Primus exercitûs Dux) geheiſsen wird.

Der Fers im Schachſpiel iſt alſo nichts anders als der erſte Staatsminiſter und höchſte Rathgeber des Königs, Regis prudentiſſimus Conſiliarius und zwar weil hier Krieg geführt wird, der General en chef, oberſte Feldherr der Armee, Summus Dux oder Archiſtrategus — der andere der Würde nach nach dem Könige ſelbſt. Die Spanier ſagen in ihrer Sprache, die viel 'arabiſche und perſiſcharabiſche Wörter aufgenommen hat, Alférez oder Alfereç (nach andrer Schreibart auch Alféres oder Alfiéres) auch die Italiener haben daher ihr Alféro oder Alfiéro. Beide deuten dadurch noch jetzt einen Kriegsbeamten an, aber nicht mehr in der urfprüngiich orientalifchen Bedeudung, fondern den welchen wir den Fahnenträger Vexilliferum f. Militiae pedeſtris Signiferum nennen, die Perfer aber 'Alamdâr d. i. der die Fahne oder Standarte hält, oder Emîr 'alam d. i. Vexilli magiſtrum, die Türken Bairakdâr oder Ssandfchakdâr —

Llamamos fagt Covarruvias ein fpanifcher Schriftfteller in feinem Wörterbuche Alférez communmente al que encomienda el Capitan la Vandera, la qual inftituyeron de muchos figlos atras los hombres, para que las Companias fe adunaffen, y acudieffen todos los de ella á un lugar; competia el Capitan traer la Vandera, mas por que ha de acudir a diverfos minifterios fuftituye al que llamamos Alférez, el qual ha de eftar fubordinado a el, y no moverfe fin orden y mandato fuyo, y los demas que militan debaxo de aquella Infignia la han de feguir, y afsi les davan todos eftos nombres *Signifiros, Vexilliferos, Primipilarios, De-*

169

ces, Tuvieron los Romanos difirentes infignias, a las quales refponden nueftras Vanderas: y la principalera la del Aguila, como fi dixeffemos agora, el Guion o Eftandarte Real: y los que llevan efta Infignia, fe llamaron *Aquiliferos*. Podria tener alguna fimilitud con el que la Ley de la partida 16. lit. 9. part. 2, llama Alférez mayor, de quien dize. E el mifmo deve tener la Sèna, cada que el Rey huviere Batalla campal. Allein neuerer Zeiten ift beim fpanifchen Militär Alférez fowol der Fahnenträger als der Lieutenant. Und fo wie bei den Spaniern und Italienern, wie man aus dem Angeführten erfiehet, Alférez oder Alfiéro im Kriegsftande nicht mehr diejenige Würde bezeichnet, die bei den Orientalern darunter verftanden ward, fo haben fie auch hierinnen im Schachfpiel eine Abänderung getroffen und verftehen darunter den zweiten Officier nach dem König. S. w. u.

Von dem Namen der 2ten Hauptperfon des Schachfpiels Fers, Fersîn, Fersân oder Fersâna leitet die arabifche Mundart ein Zeitwort Farsan welches einen zur höchften Würde oder überhaupt zu Anfehn befördern bedeutet, und in der fünften Konjugation tafarfan paffive: zu höchfter

Würde oder zu Anfehn befördert werden, in die Höhe kommen, zu Anfehn gelangen.

In dem indifchen figurirten Schachfpiel des Thom. Hyde (S. oben 157.) fitzet der Fers auf einem gepanzerten Pferde und unterfcheidet fich von den übrigen durch die Rîfcha oder Feder auf dem Turban. In der Hand hält er einen entblöfsten Säbel, von der Art wie ihn die Inder und Perfer unter dem Namen Curda oder Mahland zu führen pflegen — auf der rechten Seite hat er einen Caman oder Bogen, auf der linken den Terkhêfch oder Köcher mit Pfeilen. (S. die Tafel no. *i*.)

II.
Die drei Officiere,
welche in jeder Reihe gedoppelt vorhanden fein müffen.

1. **Der Läufer.** Unter diefen Namen ift er bei uns Europäern, vornämlich uns Deutfchen allgemein bekannt. Sonft nannte man ihn auch wol den Hund, welches die unfchicklichfte Benennung von der Welt war, und daher auch billig ganz aufser Gebrauch gekommen ift. Bei den Engländern wird er der Bifchoff genannt, bei den ältern Franzofen hiefs er der Prifter oder auch der Narr

(Fol), im Lateinischen zu Kaiser Karl des Grofsen Zeit Sagittifer, im schwedischen der Elefant, eben so im ruffischen Slône, welches einen Elefanten bedeutet, die Pohlen sagen Póp (der Pope, Priester), die Dänen Biscop oder Bisp (der Bischoff). Der Bischoff ist ohne Zweifel in das Europäische Schachspiel mit eben dem Rechte und unter ähnlicher Veranlassung eingeführt worden als die Königin. Das war bei der Macht und dem Einflufs der Hierarchie in den Abendländern beinahe auch nicht anders zu erwarten. Unschicklich und lächerlich mufs uns nun freilich diese Sache vorkommen, weil wir nicht einsehen können, was ein Bischoff oder Priester in der Armee machen soll. Allein vor Zeiten, besonders in den Zeiten der Kreuzzüge (denn älter scheint die Stelle des Bischoffs oder Priesters im Schachspiel nicht zu seyn, da dieselbe zu Kaiser Karls des Grofsen Zeiten noch nicht vorkömmt) war das Verhältnifs anders, wie ein jeder aus der Geschichte weifs.

Dafs die Franzosen den Narren eingeführt haben, ist aus einem blofsen Mifsverständnifs hergekommen, weil sie die orientalische Benennung Fil nicht verstanden, und sie mit Fol verwechselten. Doch könnte es auch gar wol sein, dafs aus Veranlassung der Aehnlichkeit beider Töne Fil und Fol, einer einmal den Einfall gehabt hätte, den Hofnarren des Königs auch in diesem Spiele wichtig zu machen.

Der Sagittifer im Spiele Kaiser Karl des Grossen, der sich mit gespannten Bogen schussfertig bezeiget, der schwedische, russische Elefant, und der spanische und italienische Alférez, Alfiéres, Alfiére, Alfiéro oder Alfino, im englischen des Caxton ebenfals, schon Alphyn so wie bei *Lygdat* Awfyn oder Alfyn genannt, stimmen mit der orientalisch ursprünglichen Idee in Betreff dieses Officiers besser überein.

Die Orientaler nämlich, Inder, Perser, Araber, Türken, Malaien etc. haben an der Stelle des Officiers, von dem wir handeln den Elefanten. Er heisst Persisch und arabisch Pil oder Fil, (und so kömmt der Name dieser Figur schon im Schâhnâmè des Firdussi vor) türkisch und tatarisch Jeghân, indisch Hâtehi, malaisch Gkâdscha.

Fil oder Pil d. i. der Elefant, syrisch Filo, äthiopisch Nage und indisch auch Nag (d. i. Berg, wegen der Grösse eines solchen Thieres *o*)) hat bei den mancherlei orientalischen Völkern eine Menge Namen, welche

---

o) Dahero pflegen auch die Syrer den Elefanten einen *Fleischberg*, die Araber das *Fleischbeiß* oder die *Fleischmasse* zu nennen.

hier zu sammlen überflüssig sein würden. Doch wollen wir bemerken, dass die Anzahl der Namen dieses Thieres besonders in den indischen Sprachen sehr ausgebreitet ist. Hatehi und Nag sind eben angeführt. Der gewöhnlichste Name eines Elefanten im indischen aber ist sonst Barî oder Brî. Die vornehmste, die in Schanskrit üblich sind, sind folgende.

 Hústy d. i. Celeriter currens, der Läufer *p*)

 Matàng d. i. Fortis, der Starke, der Stärkste der Thiere

 Curry d. i. Fac totum. Der alles vermögende

 Cudsche d. i. Tonitru, der Donnernde wenn er brüllt.

 Warran d. i. In aqua generans, der seine Brut im Wasser erzeugt. *q*)

 Kunger d. i. Belluarum maxima

 Nâg d. i. Mons (S. weiter oben)

 Dunty d. i. Longis dentibus praeditus

---

p) Gerade so, wie wir den Offizier des Schachspiels, welcher als *Elefant* vorgestellt war, noch izt benennen. —

q) „Der Elefant, sagt der arabische Schriftsteller *Calcaschendi*, ist ein *wasserliebendes Thier, das auch im Wasser sich fortpflanzet, aber im fliessenden und nicht stehenden Wasser.*"

Davîpa d. i. Ferox,
Wîrada d. i. Craffis membris
praeditus.

Die Spanier, welche vieles aus den Schatze der arabifchen Sprache entlehnt haben, fchreiben den Namen des Elefanten zuweilen Arfel oder Arfil, wie Pedro de Alcala anmerket richtiger nach der caftallanifchen Mundart Alfil und 'arabifch Fil. Der fchon oben angeführte Covarruvias in feinem fpanifchen Wörterbuche verwechfelt unter andern diefen Namen mit Firiz, Firz oder Alfirz welches er aus dem Pader Guadix anführt, und der Name der zweiten Hauptperfon diefes Spiels ift (S. oben). Aber es ift diefe Verwechfelung des Namens der zweiten Hauptperfon des Spiels mit dem Namen des erften der drei Officiere nach den 2 Hauptperfonen, tiefer gewurzelt. Denn der Spanier und Italiener ihr Alférez, Alféreç, Alféres, Alfiéres, Alféro, Alfiére, Alfiéro (S. oben) welches unfern Läufer oder den Elefanten bezeichnet, ift fichtbar aus Fers entftanden.

Von dem Worte Pîl, Fîl oder mit dem Artikel der 'Araber Alfîl nannte Jacob de Ceffolis diefe Schachfigur die beiden Alphios. Hernach haben die Italiener aus Alfil ihr Alfine und die Engländer Alfyn, Alphyn, oder gar Awfyn gemacht. S. oben.

Kircher im Lexico Copt.-Arabico setzet dem arabischen Worte Fil in der Bedeutung eines Elefanten das coptische Wort Delfinos bei, welches aber nach Hyde's Bemerkung Elfinos heifsen follte. Wahrscheinlich ift auch das griechische Wort Ελεφας von dem persisch-arabischen Pîl oder Fîl abzuleiten. Eben fo das Schendefîn der Juden der Mittelzeit, welches einen Elefantenzahn bezeichnet, und eigentlich Schen de Fîl heifsen follte. Denn Schen bedeutet Zahn und D ift die Nota Genitivi im aramäischen. Man mufs diefes nicht mit dem perfifchen Sendefîl d. i. grofser ungeheurer Elefant verwechfeln. Diefes Wort ift gemein persisch und aus Sende und Fil zufammen gefetzt. Aber das alte Sandapila kömmt mit jenem überein. So benannten die Alten anfangs eine Art Betten, Sofas, Sänften oder Bahren von Elfenbein, die lectos eburatos, oder auch Vehicula eburata und Feretra eburata. — Hernach alle und jede ähnliche Betten, Sofas, Sänften oder Bahren der Vornehmern, wenn fie auch nicht von Elfenbein gemacht waren. Auf einer folchen Sandapila die nur fchlecht war, wie fie dem gemeinen Mann gegeben wurde, wenn fein Körper zu Grabe getragen ward, wurde nach Suetonius, der Kaifer Domitian, den die Verfchwornen ermordet hatten, dahin getragen. Aus welcher Stelle man ersiehet, daſs die Alten ſolche Sandapilas von verſchiednem Werthe in Gebrauch hatten. Uebrigens findet man von den Lectis eburatis bei den Ebräern im Targum von Jeruſalem und des Jonathan Ben Uſiel bei der Stelle Genes 50. 1. wo Joſef ſeinen Vater auf einem ſolchen elfenbeinern Bette zu Grabe tragen läſſet, und Amos 6. v. 4. Palläſte von Elfenbein Pſalm 45, v. 9.

Einige haben den Namen Elefant nicht aus dem perſiſchen oder arabiſchen, ſondern vielmehr aus den ebräiſchen ableiten wollen, wo Elef einen Ochſen bedeutet. Sie haben ihre Etymologie mit dem neuern Sprachgebrauch der Italiener beſchönigen wollen, welche den Elefanten Bòs Luca zu nennen pflegen. Allein dieſe ſonderbare Benennung hat ohne Zweifel einen ganz andern und zwar einen ziemlich ſpätern Urſprung. Leitete ſie ſich aus dem Ebräiſchen, ſo würde ſie im Orient ſelbſt, wo die Juden zu Hauſe ſind wieder zu treffen ſein, welches jedoch nicht iſt. Im ganzen Orient iſt vielmehr keine Spur anzutreffen, daſs man in den dortigen Sprachen und Mundarten den Elefanten einen Ochſen zu benennen oder unter das Ochſengeſchlecht zu rechnen pflege. Die Ebräer erhielten ihr Elfenbein von auswärts her, und da der Elefant bei ih-

ihnen nicht einheimisch war, so fehlet ihrer Sprache auch der Name für dieses Thier. Nur zwei Länder nähren bekanntlich das Elefantengeschlecht, Indien und Hhabeffinien, wie Calcaschendi sagt, d. i. das südliche Afrika und das mittlere Asien.

Die Gewohnheit der Völker in diesen Ländern, den Elefanten zum Streite zu benutzen, ihn im Kriege zu gebrauchen, ist sehr alt. Curtius beschreibt diese Art Krieg zu führen schon umständlicher, so viel er darüber Nachricht geben konnte. Die Thiere werden zuvor zahm gemacht.

Von einem solchen Elefantenkriege hatten die Araber vor Muhhammeds Zeit eine eigne Zeitrechnung oder Epoche wonach sie ihre Jahre zählten. Die Epoche, welche die Zeitrechnung der Flucht zunächst voraus ging hiess die Epoche des ungerechten Kriegs (Elfidschâr) nämlich zwischen den Koraischiten und Kaisfiten, zween arabischen Stämmen, die Feindseligkeiten gegen einander hatten. Muhhammed selbst war in diese Streitigkeiten verwickelt. Diese Epoche erhielt den eben gedachten Namen deswegen, weil die Krieger während den heiligen Monathen der Araber, wo eigentlich niemand Waffen führen durfte, gegen einander zu Felde zogen. Zwanzig Jahr vor dieser Epoche des ungerechten Kriegs nun ging die obgedachte Elefantenepoche vorher, 'am elfîl, das Elefanten Jahr. In diefem Jahre, von welchem hernach gezählt ward, kamen nämlich nach der Erzählung der 'arabifchen Schriftfteller die Elefantenvölker aus Afrika herüber nach 'Arabien Mecca zu erobern, da denn Gott Thaira abâbîl, d. i. grofse fliegende Heere gegen fie gefandt habe. Diefe wunderbaren Vögel, erzählt man, hätten die Feinde mit einem Platzregen von kleinen Steinen verfolgt und die 'Araber wären vermittelft diefer göttlichen Hülfe in Stand gefetzt worden, diefelben zurückzutreiben, dafs fie unverrichteter Sache fich entfernen müffen. Im fyrifchen Kalender wird diefer Einfall der Elefantenherrn ins Meckhifche auf den 2ten des Monathes Tamûs d. i. Julii gefetzt.

Der perfifche Gefchichtfchreiber Chondemîr erzählt, da wo er von dem 'arabifchen Könige in Jemen (dem glückfeligen 'Arabien) aus dem Stamme der Hhamjaren handelt, dafs Abraha der dritte, mit dem Beinamen Elfchram (Nafo-fciffus), weil er gefehen, dafs die Wallfarthen nach der heiligen Stadt Mecca fo fehr einträglich feien, unter dem Namen Kolaifs einen andern prächtigen Tempel in feiner Refidenzftadt Zan'â habe erbauen laffen. Die Meccaner hierüber ungehalten hätten in einer Nacht durch einen gewiffen Menfchen

Namens Nofail die Mauern des neuerbauten Tempels überall mit Koth bewerfen laſſen. Als Abraha aber dahinter gekommen, habe er einen Geſandten an den hhabeſiniſchen Kaiſer abgeſandt und ſich den weiſsen Elefanten Mahhmud erbeten. Der Kaiſer habe ihm dieſen auch überſendet und dazu noch eine Menge andrer Elefanten, vornehmlich aber ſtreitbarer Elefanten und alles was zu einem Elefantenkriege erforderlich war. Abraha habe die Gelegenheit ſogleich benutzt und ſei mit ſeinem Elefantenheere gegen Mecca zu Felde gezogen. Da habe ſich nun das oben erwähnte Wunder zugetragen, und die Elefantenarmee ſei glücklich zurückgeſchlagen worden.

Dieſe ganze Geſchichte wird ſonſt in andern Büchern der arabiſchen und perſiſchen Litteratur noch weit umſtändlicher erzählt. Es kommen aber in der Liſte der alten Könige von Jemen mehrere des Namens Abraha vor, nämlich der 17te in der Reihe, der Dul Menâr Abraha und der 40ſte welcher Abraha Sohn des Zabâhh mit dem Beinamen Scheibetelhhamd heiſst. Einer davon könnte derſelbe Abraha ſein, deſſen Hiob Ludolf (in ſeinem Werke über die Geſchichte Aethiopiens) gedenket, indem er uns belehrt, daſs ein Abraha und Atſbeha, zween Brüder, lange vor dem Abraha elafchram. (S. oben.) gelebet haben. Und in der That lange nach jenen beiden finden wir in der jemenifchen Regententafel, erft unter der Nummer 46 den Abraha, der wegen einer erhaltnen Gefichtsnarbe den Beinamen elafchram erhielt und bei den arabifchen Schriftftellern aus Veranlaffung oberzählter Gefchichte Zâhheb elfîl d. i. Herr der Elefanten genannt ift. Er war unter der hhabefsinifchen Oberherrfchaft in Jemen Fürfürft oder Vicekönig. Die Regententafel der jemenifchen Könige, wie fie uns Pocock in feinem Specimen Hift. Arab. liefert, fcheinet nach Hyde's Angabe aus Verfehen der Abfchreiber fehlerhaft zu fein, indem diefer dritte Abraha von andern Schriftftellern als diefelbe Perfon mit dem dort angegebnen zweiten Abraha (Sohn des Zabâhh) vorgeftellt wird, und an der Stelle des zweiten Abraha Sohn Hharis angegeben ift. Nach Hyde's fernerer Bemerkung foll der dritte Abraha mit dem Beinamen Herr der Elefanten, der Abramus König der Homeriten fein, deffen *Procopius* B. I. cap. 20. gedenket. Denn eben diefer befeindet von Aethiopien aus das Land Jemen mit Ueberfall und wird hin und wieder Abraha elhhamjari (der Hhamjare, Homerite) genannt, weil ihm die Beherrfchung der Hhamjaren in Jemen übertragen war.

Die Ankunft der Elefanten in Arabien bei der oberzählten Veranlassung geschahe 17ten Monaths Muhharrem, und ihre Rückkehr 25sten Monaths Scha'bân, im Jahr des persischen Kaisers Chosru Anuschirwân 42. gerade in demselben Jahre da *Muhhammed* geboren ward. Ihr Anführer war Abraba Sohn Zabâhh, König oder Fürfürst von Jemen aber ein Hhabessinier von Geburt, wie Beidavius und andre Commentatoren des Kur'an (über das Kapitel Alfîl sattsam dargethan haben.

Doch damit wir endlich von dieser langen Ausschweifung zu unserm Zweck zurückkommen, so wollen wir noch einiges von den Elefanten in Rücksicht ihres Gebrauchs im Kriege hinzufügen. Solche Elefanten werden von einem Menschen regiert, der ihnen auf dem Nacken sitzet. Das Werkzeug, womit er sie treibt und leitet ist des Tschengk, eine Art krummer Haken S. oben S. 161. Von dem hölzernen Kastell, was auf ihrem Rücken aufgestellt wird, dessen ebenfalls oben S. 159. f. bereits mit mehrern gedacht ist, kann man des Barri Relation von Kosch in schina nachlesen, auch Fludd in den Recreationibus mathematicis Kap. 14. — 1 Maccab. VI. 37. wird erzählt, dass ein solcher Elefantenthurm 32 Menschen gefasset habe, ohne den Indier, welcher das Thier regierete. Eben daselbst wird

zugleich das Mittel angegeben, wodurch man
solche Elefanten in Wuth zu bringen pflegte,
daſs ſie auf die Feinde losgingen. Das beſtund
darin, daſs man ſie mit dem Saft der Weintrau-
be oder Maulbeeren beſprützete. Dergleichen
Antipathien des Elefanten kommen nun bei
den morgenländiſchen Schriftſtellern mehrere
vor. Calcaſchendi Tom. II. p. 304. (wie
Hyde citirt) hat folgendes.

„Man hält dafür, daſs der Elefant eine un-
überwindliche Antipathie gegen die Katze habe,
und durch ihren Anblick ſogleich in die ſchnel-
leſte Flucht geſetzt werde. Auch die Stimme
des Schweins ſoll er verabſcheuen, und
man ſoll dadurch ein ganzes Kriegsheer von
Elefanten in die Flucht ſchlagen können.
Eben ſo iſt ihm eine Art Wanzen feindlich,
indem dieſe ihn in die Haut ſtechen und im
Stande ſind ihn raſend zu machen. Man ſiehet
ihn auch beſtändig die Ohren ſchütteln, um
die Mücken abzutreiben. Er ſoll übrigens bei
ſeinem Laufe alſo leiſe auftreten, daſs man ihn
nicht leicht kommen höret etc.„

Mit ungemeiner Leichtigkeit ſchwimmet
der Elefant ſelbſt durch die ſchnelleſten Ströme,
wie dieſes ſchon Hannibals Elefanten in der
Rhone bewieſen haben. Inzwiſchen hat ihn
zum Gebrauche im Kriege, der bei den Alten,
ſo berühmt und furchtbar war, indem man dieſen Thieren wie bereits geſagt iſt, ganze Thürme

mit Mannschaft auf den Rücken setzte, sie mit Panzerdecken versahe und ihre Seiten mit Sensen bewafnete, welche ganze Glieder der feindlichen Armee wegnahmen, die Erfindung des Schiefspulvers untauglicher gemacht, da diese Thiere beim Feuer und Dampf scheu werden, und gegen ihre eignen Heere wüten würden.

Aufser den eigentlichen Elefanten soll es nach der Beschreibung und Abbildung im Buche Mu'dschifât noch ein andres ähnliches Thier in Indien geben, das die Perser Ssunbâd nennen. Es hat dieses Thier nach der Abbildung einen kürzern Rüssel als der gewöhnliche Elefant, und die Hauer oder aus der untern Kinnlade herausragende Zähne stehen ganz gerade aufwärts als bei dem Eber. Die Erzählung von diesem Thiere gehet, dafs das Junge was die Mutter im Leibe trägt sobald es zu seiner gehörigen Reife gekommen den Kopf aus den Mutterleib herausziehe, um Nahrung zu nehmen, und zuletzt nach einigen Tagen, wenn es sich stark genug fühlet ohne die Mutter zu bestehen, mit einemmale und plötzlich aus dem Mutterleibe herausschlüpfe und die Flucht nehme. Denn, sagt man, so es die Mutter zu sehen bekäme, würde dieselbe es mit ihrer Zunge lecken wollen, und es, da die Zunge dieser Thiere unsanft scharf und stachelicht ist, beschädigen oder töden. Ich kann in neueren Nachrichten der Naturforscher nichts von diesem sonderbaren dem Elefanten ähnlichen Thiere auffinden und doch scheint es, als ob die Nachricht und Abbildung davon wenigstens nicht ganz ungegründet sein könne. Doch dies alles im Vorbeigehen. Wir beschäftigen uns ja jetzt nicht mit der Naturkunde des Elefanten, sondern mit einer der Figuren unsers Schachspiels, die, weil sie von den Elefanten entlehnt war, die natürlichste Veranlassung zu der bisherigen nach Hyde's Vorgang hierinnen begangnen Ausschweifung geben muste.

In dem mehr angeführten indischen Schachspiel mit figurirten Steinen ist der Läufer oder Elefant (S. Tafel no. *k*) als zum Streit gerüstet dargestellt (Elephas cataphractus) und nach dem Ausdruck der Perser 'Alamdár i. e. Vexillifer, reutender Fahnen oder Insignienträger. Auf seinem Nacken regiert ihn mit den krummen Hakenstocke sein Aufsitzer, hinter welchem der Rücken der Bestie mit einer Decke und drauf mit einem erhabnen Altar, oder tischförmigen Tabulat beladen ist. Vorwärts ragen an den Seiten des Tabulats zwei Spitzen oder Zinnen in Gestalt einer länglichen Raute in die Höhe, welche wahrscheinlich Lanzen vorstellen sollen, deren man sich bedienet, um den Feinde zu begegnen, falls derselbe Miene machen wollte, die Fahnen oder Insignien zu erbeuten. Hinterwärts sind die

Fahnen selbst aufgerichtet. Das Tabulat oder Kastell der Fahnenträger pflegt also erhaben zu sein, damit man überall sehen möge. Die Fahnen im Kriege sind gewöhnlich von Seide, dahingegen die Ehrenfahnen der Grossen im Staate (so bei den Türken Tûgh heissen) aus einem am langen Stabe bevestigten, weissen oder gefärbten Ross - oder Kuhschweif, davon man besonders lange Exemplare aus Tibet erhält, bestehen.

2. Der Springer, Ritter oder Reuter. Bei den Engländern heisst er Knight, französisch Chevalier oder Sauteur, italienisch Cavallo, spanisch Cavallero, schwedisch Lopare (Läufer, da sie hingegen den vorigen, als den eigentlichen Läufer Elefant nennen) russisch Kônie (das Pferd, dass Ross) r) polnisch Rycerz (der Reuter) dänisch Ridder. In dem Schachspiel Kaiser Karl des Grossen hiess er auf lateinisch Centaurus und war als ein Monstrum halb Mensch und halb Pferd vorgestellt.

Nach dem arabischen heisst er Farass, persisch Asp und Ssuwâr oder Ssuwâra, indisch Cahûra, malaisch Cûda, türkisch und tatarisch Ât oder Ûi auch Jûnd oder

---

r) *Kónie* bezeichnet ein tatarisches Pferd aus dem Nogair Lande, das edelste Ross, das man in Russland kennt.

Camẽnd. Die Juden ſagen Sūsſ (Pferd) oder Faräſch (Reuter).

Der Reuter ſitzt auf einem gepanzerten Pferde und ein ſolcher Panzer oder Roſsharniſch, wie er in den ritterlichen Zeiten gebräuchlich war, heiſst im perſiſchen Pergkeſtuwân. Abgebildet ſehen dieſes die Leſer auf der Tafel no. I, aus dem indiſchen figurirten Schachſpiel des Hyde. Der Ritter hat ein gezucktes Schwerdt in ſeiner Hand; zur rechten iſt er mit dem Bogen, zur linken mit den Köcher verſehen.

3. Der Thurm oder Roch. Engliſch Rooke, oder Roke, franzöſiſch Roc oder Tour, (auch Chateau, Schloſs, Kaſtell), italieniſch Rocco, Torre oder Kaſtello, ſpaniſch Roque, polniſch Roch (Rok ausgeſprochen) däniſch Rock oder Elefant.

Elefant wird dieſer Stein auch bei uns Deutſchen zuweilen, ingleichen im Lateiniſchen des Schachſpiels Kaiſer Karl des Groſsen genannt. Nach den ächt orientaliſchen Gebrauch aber iſt der Elefant der weiter oben angeführte ſogenannte Läufer. Die Ruſſen nennen ihn Lôdia oder Lôdya d. i. das Schiff. Von dieſer letztern Benennung werden wir im Abſchnitt vom zuſammengeſetzten Schachſpiel der Inder wieder hören.

Der älteſte Name Roch iſt aus den perſiſchen und indiſchen ſelbſt, wo dieſe Figur

Roch oder Ruch benannt ward. Perſer,
'Araber Türken und Tatarn, Inder uud Malaien
etc. haben ſie bis auf den heutigen Tag bei
behalten. Collektiviſch ſagen die Araber, weil
die Figur wie ſich von ſelbſt verſteht doppelt
iſt, Richâch d. i. die beiden Roch. Die Juden ſchreiben Rôk oder Rûk und ſo hart iſt
das Wort auch meiſtentheils bei den Europäern
geſchrieben und ausgeſprochen, wie wir bereits erſehen haben.

Ueber die eigentliche Bedeutung des Namens Roch oder Ruch hat man vielerlei Meinungen geäuſsert und ſelbſt die neuern orientaliſchen Schriftſteller nach Muhhammed haben
hierüber ungegründete Muthmaſsungen und
Annahmen beigebracht.

Sehr weit über die Scheibe trift Sáu-
maiſe, wenn er den Namen aus der Latini-
tät der letzten Zeiten ableitet, da es von dem
franzöſiſchen Roche d. i. Felſen abſtamme.
Was ſoll ein unbeweglicher Felſen in einem
Schlachtfeld, wo alles beweglich und alles
Handlung iſt? Und wie ſollten die Inder und
Perſer, welche dieſen Namen urſprünglich ſeit
Erfindung des Spiels gebrauchten, denſelben
von den Franzoſen entlehnt haben? — Doch
wir werden uns bei einer ſolchen loſen Vermuthung, die jeder ſelbſt zu wiederlegen im Stande iſt nicht länger aufhalten.

Der Quelle näher find diejenigen getreten, welchen ein bekannter fabelhafter Vogel beigefallen ift, der in der Nähe von Indien auf den Infeln jenfeits Madagascar haufen foll. Von diefem Vogel ungeheurer Größe fagt Firufabâdi, dafs er den Rhinoceros packt und ihn als einen Raub mit in die Luft nehme. Ob ich gleich die Exiftenz eines folchen ungeheuren Vogels nicht glaube, fo habe ich doch die Scene, wie er das Nafshorn überfällt, aus einer alten Abbildung auf der Tafel no. 1 um der Curiofität willen wiederholet. Die Eier, die der Vogel leget follen der indifch perfifchen Fabel zu folge fo grofs als ein Berg fein Er foll die gröfsten Schiffe aus dem Meere holen etc.

Andre erklären das vermeintliche Thier des Namens Ruch für ein Thier aus dem Säugegefchlecht, und berufen fich dabei auf das Koftum des Spiels, weil es einen Krieg darftelle, wo man von Vögeln keinen Gebrauch machen könne.

Abu'lhhafsen ein afrikanifcher Araber befchreibt in feiner Geografie das vierfüßige Thier, das in den Gegenden um die Quellen des Nils gefunden werde und Ruch heifse. „Dort jagt man, fagt er, den *Ruch*, ein grofses wildes Thier, von der Höhe und Breite eines Ochfen. Es hat vier Füfse, wie Kameelsfüfse, zween Köpfe von Wolfsgeſtalt. Rück- und vorwärts kann es gehen, drehen aber oder wenden kann es ſich nicht, weil es nur Einen Knochen hat, der ohne Gelenke iſt; es kann alſo auch den Kopf weder links noch rechts bewegen. Es frißt mit beiden Mäulern und leeret durch Eine Oeffnung aus, die ſich in der Mitte ſeines Bauches befindet. An den Seiten hat es wie Flügel, die es im Laufen in die Höhe richtet, ſtehend aber niederläßt. Die Einwohner der dortigen Gegenden, von Hhabeſſinien und Nubien, jagen es und eſſen es dann. Sie jagen es mit der Rohrflöte. Sie graben nämlich eine Grube, in welcher ſich einer mit der Rohrflöte verbirgt. Wenn nun der *Ruch* den Ton der Flöte höret, gehet er dieſem nach, und fällt darüber in die Grube, da ihn denn der Jäger abfänget„ Eben dieſelbe Erzählung hat auch Ahhmed elmohhalli in ſeiner Erdbeſchreibung, und haben ſie andre mehr. Das dabei befindliche Gemählde hat ganz die Geſtalt eines Kameeles nur daß der Höcker fehlet, hat an den Seiten gegen die Schulterblätter rothe Fittige, und das Thier hat die Farbe des Kameels. Die Köpfe ſind aber neben einander gezeichnet, da hingegen die Beſchreibung ſie von einander abtrennt. Jeder fiehet nun freilich dafs auch diefes afrikanifche Thier zur Fabel gehört, wenigſtens ſo wie es befchrieben und abgebildet wird. Sollte auch wol ein ſo entferntes afrikaniſches Thier füglich als ein Gegenſtand des in Indien erfundnen Schachfpiels betrachtet werden können?

In dem perfiſchen Wörterbuche des Hálimi wird der Ruch für den Rhinoceros (das Nafshorn) ſelbſt genommen, welches im perſiſchen ſonſt Kherkh oder Kherkhedân heißt und vor das Einhorn der Alten gehalten wird. Diefes Einhorn verfolge den Elefanten, welchen es mit ſeinem Horne anbohre, da denn aber das Fett des Elefanten durch den Kanal des Horns dem Thiere in die Augen dringe und ſolches blende. Aber auch dieſe Erklärung hat wenig Wahrſcheinlichkeit.

Andre Orientaler behaupten, daſs der Ruch des Schachſpiels auf jedem Fall ein Thier ſei, das Menſchen und Päckerei zu tragen im Stande ſei. Der Meinung iſt unter andern auch Ssokeiker von Damaſskus, einer Stelle zu Folge, die Hyde anführt. Der Ruch wird da als ein ſchnelles Thier betrachtet. So zählt es auch der Verfaſſer des perſiſchen Romans Juſſuf und Suleicha unter die flüchtigen Laſtthiere, darauf man auch reitet.

Diefes Thier nuh wird von dem Priefter Dfchurdfchâni in den Buche Mefalic Memâlic in einem eignen Abfchnitt oder Kapitel, was vom Ruch überfchrieben ift, näher befchrieben und charakteriftirt. „Das Thier, heifst es, foll wie ein Kameel geftaltet fein, aber zween Höcker oder Buckel haben. Es fei überall giftig, fodafs auch kein andres Thier fich in einen Kampf mit ihm wage oder fich ihm zu nahen getraue. Alle vielmehr follen fich vor feinen Klauen, feinem Speigel, und feinen Mifte hüten. Auch werde ihm jedes Thier, das es zu Geficht bekomme ohnfehlbar zur Beute. In Abficht feiner Schnelligkeit könne man es dem Winde vergleichen." Aber fo befinden wir uns fchon wieder im Gebiete der Fabel. Inzwifchen erhellet aus der ganzen Erzählung doch foviel, dafs diefes Thier kein andres fein foll, als der Dromedar.

Es ift aus Livius bekannt, dafs der Dromedar oder das Kameel mit zween Höckern von alten Zeiten her im Kriege gebraucht worden ift, und auf diefe Weife würde fich diefes Thier mit feinem Treiber allerdings für die Bühne des Schachfpiels fchicken. Dabei hat fich nun auch Hyde beruhiget.

Turkisch heißt der Dromedar, recht nach der obigen Beschreibung, Jel deve ist d. i. das Windkameel, persisch Sehutur bâd pâi d. i. das Kameel mit windschnellen Füſsen. Es ist ein magres Thier aus dem Kameelgeschlecht, ganz zur Schnelligkeit gebaut, kann wochenlang den Durst ertragen; ist unermüdet Tag und Nacht, und ruhet selten durch den Schlaf aus, nimmt mit weniger Kost vorlieb, und kann von seinem Treiber mit wenigen Bissen gesättiget werden, die er ihm aus einem Sacke darreichet; macht alle Tage wenigstens 100 ꞌarabische Meilen.

Die ꞌAraber nennen die Dromedare Rawâhhil d. i. Reisethiere. Eine Varietät davon, die in Persien zu Hause ist, heißt persisch Bucht oder Bocht; collektivisch sagt man nach dem ꞌarabischen Bochâti. Olearius hat noch die Benennung Bughur, welche er vielleicht aus Bucht entstanden. Sonst haben die ꞌAraber auch die Namen Dſchemâſa, Kirmil, und Hedſchîn.

Zuletzt erörtert nun Hyde noch die Aussage des Indischen Schriftstellers Andſchu, des Verfaſſers des Ferhengk Dſchihangkiri. Dieser leugnet die Existenz des Ruch als Thiers überhaupt ganz weg. „Ruch sagt er ist ein bekanntes Thier das aber so wenig in der Natur vorhanden ist, als

der

der berichtigte Vogel Greif.,, — Diesen Schriftsteller zu folge hätten die Inder also ein fabelhaftes Thier in ihr Spiel eingeführt.

Uebrigens ist die Idee des Dromedars, die Hyde vertheidigt auch in dem indischen Schachspiel befolgt, dessen Figuren auf der Kupfertafel abgebildet find. S. no. *m*. Zu beiden Seiten hängen vor dem Treiber der es reitet, die Feldpauken, die der Aufsitzende mit den Knöppeln rühret. Die Orientaler pflegen sich dieser Feldmusik in ihren Kriegen zu bedienen, auch in Friedenszeiten die Pauken gegen Abend in den Städten zu schlagen, zum Zeichen dafs die Thore zugemacht werden sollen.

Das Schachspiel aus den Zeiten Kaiser Karl des Grofsen hat die Stelle der beiden Roch mit zween Elefanten, die Thürme auf den Rücken tragen, besetzt. Von diesen Zeiten her schreibt es sich, dafs wir noch jetzt zuweilen die Thürme sagen.

„Für das Wort *Roch*, sagt Hr. Jones, würde man im Neuperfischen vergeblich eine Ableitung suchen. Denn in allen jenen Stellen der Dichter, eines Firdufsi und Dschâmi, wo *Roch* einen Helden oder Fabelhaften Vogel bedeuten soll, bedeutet es wie ich glaube nichts anders als Wange oder Antlitz.,, — Das klingt paradox, aber in mehrern Stellen ist es wahr. So zum Beispiel in der Stelle welche Hyde aus Dſchâmì (dem Verfaſſer des Romans Juſſuf und Zelîcha) anführet. Er überſetzt ſie wörtlich.

    Milleni viri cupreſſorum, Picearum et Pinorum
        inſtar
    Jasmineo |vultu, Jasmineo odore, Jasmineo pec-
        tore
    Procedebant: dixiſſes equidem hoc fuiſſe novum
        Ver
    Ruchis deportatum e regione in regionem,

Es iſt die Beſchreibung einer egyptiſchen Proceſſion, und ſollte vielmehr alſo überſetzt ſein.

    Als tauſend Jünglinge gleich Cypreſſen, Buxbäu-
        men und Edeltannen
    Gleich Jaſminen ſtrahlend, duftend, lieblich und
        köſtlich
    Daher ſchritten: hätte man meynen mögen der
        junge Lenz
    Wende von Ort zu Ort ſein holdes Angeſicht.

Dieſelbe Bedeutung ſchicket ſich auch für eine berühmte Stelle in Schâhnâmè des Dichters Firduſsi, wo ein alter Krieg zwiſchen den Iraniern und Turaniern (Perſern und Skythen) unter der Benennung des Gefechts der Duâsdeh Roch d. i. der zwölf Roch geſchildert wird. Der Held Ferîbors, Sohn des perſiſchen Monarchen Khei-Khâuſs führte dieſen Krieg gegen Khelbâd den Sohn Wîſa an, und erlegte ſelbſt 12 Roch und ſogar den Anführer Khelbâd. Dagegen erlegte

der Turanische Held Gkurâsa den iranischen
Helden Ssiâmekh. Diese Geschichte fällt
vor die Zeiten des Kyrus. Die 12 Roch
können dabei schlechthin zwölf Angesich-
ter i. a. zwölf Personen bedeuten, indem
die Einrichtung des Gefechtes so getroffen wor
den, dafs je sechs und sechs Mann gegen einander zu kämpfen hatten. D'Herbelot indessen erklärt die 12 Roch durch zwölf Helden, douze preux chevaliers — und
Hyde durch zwölf Roch, den Roch als
fabelhaftes Thier betrachtet.

Was unser Spiel belangt, so scheint keine
von allen bisherigen Bedeutungen recht auf
den Roch darinne zu passen. Thurm? aber
Thürme sind unbeweglich und Elefanten damit belastet, wie es in Indien gebräuchlich,
haben wir schon vorher. Elefant aus eben
dem Grunde nicht. Ein Vogel kann im
Kriege gar nichts schaffen, und von der Mi-
schung der Fabel mit der Wirklichkeit haben
wir bei allen übrigen Figuren kein Beispiel.
Bei dieser würde es also zu singulär sein. Das
Dromedâr und der Held wären die einzigen Wesen, die hier statt finden können, jenes
hauptsächlich als Packthier, nur dafs es als
waffenloses Thier nicht wol die Stelle eines
Hauptofficiers vertreten kann. Der Held
wäre zu allgemein, da ja allen übrigen schon

diefes Prädikat gebührt und jedes fich doch charakteriftifch von den andern unterfcheiden foll.

Was foll daher Roch in unferm Schachfpiele denn nun eigentlich nach dem Sinn feiner Erfinder bedeutet haben? Glücklicher Weife finden wir die Antwort in dem Sprachgebrauch der Inder felbft. Da fagt man nach dem Genius der Schanfskritfprache *Rat'h* oder in Bengkalifcher Ausfprache *Rot'h* für Roch, und diefes Rat'h oder Rot'h bedeutet den *Streitwagen*.

Alfo hätten wir nun auch die drei Officiere, welche in unferm Spiele nach den 2 Hauptperfonen unterfchieden find, gemuftert, und fo die fämtlich vornehmern Figuren welche, wenn wir fie richtig nennen wollen, heifsen müffen: 1) der König oder Schâh, 2) der Minifter, Statthalter, Feldherr oder General, 3) der Elefant oder Fahnenmeifter 4) Der Springer, Ritter, Reuter, Rittmeifter, oder vielmehr Anführer der Kavallerie. 5) Der Streitwagen. Und nun

III.
Die acht Bauern oder Fufsmänner,
welche den acht vornehmern Figuren untergeordnet find.

Bauern heifsen fie feit alten Zeiten bei uns deutfchen Spielern, bei den Schweden (Bonder) und bei den Dänen (Bonde). Bei den übrigen Völkern aber find fie fchicklicher Fufsmänner, Fufsvolk genannt. So lateinifch feit der Zeit Kaifer Karl des Grofsen, nämlich Pedes, im italienifchen Pedone, (auch Pedina oder Fante), franzöfifch Pion oder Pieton, fpanifch Peôn, englifch Pawn oder Paune, rufnfch Péfchkie, polnifch Piefzck oder Tfchlôp, — im Perfifchen unter eben diefer Bedeutung Piâdeh, woraus die 'Araber Beidak gemacht haben. Die Türken, Malaien und Indier beftimmen diefen Fufsmann näher. Die Türken fagen Kûl d. i. Sklav, oder Tfchâgkèr auch Zaudâfch d. i. Fufs-Soldat, Kriegsknecht. Die Inder ebenfalls Tfchâgkèr und die Malaien Orangh prángh oder Orangh Bâprângh auch Pongáva d. i. Kriegsmann.

Das 'Arabifche Beidak macht im Plural oder vielmehr in collektivifche Form Beiâdik. Die Juden begreifen diefe Schachfiguren unter der Benennung Rôgel d. i. ebenfalls Fufsmann, und im Plural Rágle. Die neuen Orientaler aber pflegen noch zuweilen das Wort Schâthir zu gebrauchen, welches Läufer, Eilbote bedeutet, und in der That nicht wol ſchicklich iſt, um ſoweniger da der Bauer oder Fuſsmann im Schachſpiel nicht ſchnell ſondern langſam fortſchreitet.

In dem Schachſpiel Kaiſer Karl des Groſsen waren die Fuſsleute oder Pedites als Soldaten mit dem Schwerdt umgürtet und ein Gewehr *s*) auf der Schulter vorgeſtelt. In dem Schachſpiel des Hyde, das er aus Indien bekommen, ſ. die Tafel no. *n. o. p. q. r. s.*, hat jede Hauptperſon und jeder Officier, wie es nach der urſprünglichen Idee der Erfinder eigentlich ſein ſoll, ſeinen eignen Fuſsmann oder ſeine Mannſchaft, gleichſam ſeine Kompanie oder ſein Regiment.

1. Der Fuſsmann des Königs oder Schâh's. Er ſtellt die Leibgarde des Monarchen vor, iſt mit Bogen und Pfeilen gerüſtet und ſchuſsfertig. Sein Name iſt

---

s) Entweder dieſes ſtellte etwas anders vor oder wenn es ein *Feuerrohr* ſeyn ſollte, ſo wäre, wofern die ganze Reliquie nicht aus jüngern Zeiten iſt, der Gebrauch der Schieſsgewehre und des Pulvers ſchon damals von Indien und Sina aus, woſelbſt dieſes lange vor den Zeiten des *Baco* und *Schwarz* erfunden worden in Europa bekannt geweſen. Man könnte aber auch an ein *Werkzeug zum griechiſchen Feuer* denken.

daher im Perſiſchen Khemândâr d. i. der den Bogen trägt, der Schütze.

2. Der Fuſsmann des Feldherrn oder Fers. Er bezeichnet gleichſam das erſte der Regimenter, den Stab. Die Figur iſt ein Trompeter, welcher dem Feldherrn zu Gebote iſt, wenn er zum Anmarſch oder Rückzug blaſen laſſen will. Er heiſst der Bûkdâr d. i. der die Trompete führt, oder Nufîr ſen der die Trompete bläſst, der Trompeter.

3. 4. Die beiden Fuſsmänner der Fahnenmeiſter oder Elefanten. Sie halten eine Fahne oder auch eine Lanze, welche Berchâdſsh, Berdſcha oder Khetâra genennt wird.

5. 6. Die beiden Fuſsmänner der Reuterei ſind mit einem Schemſchîr oder kurzen Säbel und einem kleinen Handſchilde, Ssipèr bewaffnet.

7. 8. Die beiden Fuſsmänner der beiden Roch. Sie ſind als Tofengtſchi d. i. Musquetiers vorgeſtellt, Leute die ein Feuergewehr führen. Ein ſolches Feuergewehr heiſst im perſiſchen, arabiſchen und indiſchen Tofengk (ſyriſch Fengk) Bundûk oder Mochhala. Der erſte Gebrauch ſolcher Feuerröhre ſcheint über die Zeiten der Erfindung des Schieſspulvers, welche doch im Orient weit älter iſt

als bei uns, in die alten Zeiten der Bekanntfchaft mit dem fogenannten griechifchen Feuer hinauszugehen.

Endlich finden die Lefer unter der no. 5 auf der Tafel noch einen überzähligen Fufsmann, gerüftet mit einem Schilde und einer Art von Keule, der vielleicht das Mufter diefer Figuren fein foll wenn fie alle achte ohne Unterfchied als uniform dargeftellt werden follen.

Die Materie, aus welcher die fämmtlichen Schachfiguren gebildet werden, ift nach Willkühr und Gebrauch zu allen Zeiten verfchieden gewefen. Das ältefte Material fcheint Holz und Elfenbein zu fein. Beides wenigftens haben die Indier im Ueberflufs und das erfte unter mannigfaltiger Abwechfelung der verfchiednen Arten. So ift auch das Schachfpiel, deffen im Schâhnâmè erwähnt wird, aus Ebenholz und Elfenbein. Die Isländer bedienen fich ftatt des Elfenbeins gemeiniglich der Zähne des Meerpferdes. Geringe Leute im Orient bedienen fich auch des Bleies und Zinnes zum Material ihrer Schachfteine. Dagegen haben wir auch Beifpiele, dafs fehr koftbare Materialien zu diefem Behuf angewendet worden find. So gedenket z. B. der perfifche Gefchichtfchreiber Medfchdi, dafs der Kaifer Chosru Pervîs fich eines Schachfpiels bedienet habe, in welchem die eine Hälfte der Schachfiguren aus dem Edelftein **Hyacinth** und die andere aus dem **Smaragd** gefchnitten gewefen. Und ein andrer Schriftfteller meldet uns, dafs ein jeder Stein diefes Spiels bei 300 arabifche Dukaten gekoftet habe.

Du Fresne in feinem **Gloffario** findet in den Akten der Benediktiner Schachfteine von **Kryftallen** erwähnt — ferner ziehet er aus einem Arreft des pariefer Parlaments von 1320 ein Schachfpiel an, deffen eine Hälfte aus Steinen von **Jaspis**, die andre aus Steinen von **Kryftall** beftunden.

Das Schachfpiel Kaifer Karl des Grofsen hatte **elfenbeinerne** Figuren.

Was nun fchliefslich das magifche Spiel belangt, das man mittelft der Figuren des Schachfpiels erfonnen hat, fo gründet es fich darauf, dafs es gerade fo viel Steine oder Figuren find, dafs aus einer gewiffen Lage derfelben ein gewiffes beluftigendes Loos entfpringet, was jedoch auch mit jeden andern den Schachfteinen ähnlichen Dingen von verfchiedner Farbe erreicht werden kann.

Elzafedi erzählet nämlich alfo. Ein Schiff mit Chriften und Muhhammedanern befetzt, war bei einem entftandnen Seefturme in Gefahr feiner Laft wegen unter zu finken oder zu fcheitern. Das Schiffsvolk traf alfo die Uebereinkunft unter fich, dafs man lofen wollte. Wen nun das Loos träfe, der müffe fich gefallen laffen, zur Erleichterung des Schiffs ins Meer geworfen zu werden. Der Schiffspatron alfo, ein verfchlagner Gauner, ein Türke, fchlug vor, es fey billig dafs das ganze Volk vorher überzählet und in eine gute Ordnung geftellet werde, worauf man denn jedesmal den 9ten Mann hinauswerfen wolle. Der Vorfchlag ward angenommen. Der Perfonen waren 30. Und fo ereignete es fich durch die liftige Art des Türken, die Zählung anzuftellen, dafs alle Chriften die im Schiff waren, hinausgeworfen wurden und alle Muhhammedaner übrig blieben. Die Zählung nämlich ging alfo:

●○○●●○●●●○●●○●○○○?○○●●●●●○○○

Von den vier weifsen anzufangen und fo immer fortzuzählen, welches dem Gedächtnifs zu Hülfe zu kommen nach den Worten بهبا جا ابيجا بيا (DaHBADfchA ABaBDfchA BaBA prakticirt wird, indem der Buchftab D die erften vier weifen (Muhhammedaner) der Buchftab H die folgenden fünf fchwarzen (Chriften) anzeiget u. f. w.

Es ift übrigens diefes ganze Kunftftück auch unter uns längft bekannt, z. B. alfo, dafs man 30 Soldaten, welche defertirt find, und von denen 15 geftraft werden follen, fo ftelle daſs man die 15 retten könne, denen man Gnade erweiſen möchte, indem man ſie in Einer Reihe fortzählet und allezeit den neunten verwirft.

Da ſtellt man denn die 30 nach der Ordnung der Vocalen des folgendes lateiniſchen Verſes und giebt auf die Ziffern wohl acht, die bei einer jeden der 14 Silben zu ſtehen kommen.

Populeam virgam Mater Regina tenebat
4 5 2 1 3 1 1 2 2 3 1 2 2 1

Man ſtellet zuerſt vier von denen hinter einander, die man retten will, ſo denn fünfe von denen, die man ſtrafen will, zwei von denen, die man retten will, u. ſ. f. Man muſs aber den Vers auswendig wiſſen, und auf die Vokale deſſelben acht haben, ſo daſs man bei *a* die Zahl 1, bei *e* die Zahl 2, bei *i* die Zahl 3, bei *o* die Zahl 4 und bei *u* die Zahl 5 aufſtellet.

Sechſter Abſchnitt.

Stellung und Anordnung der Figuren. Gang derſelben.

Von den vier und ſechzig Feldern auf dem Schachbrete, wovon zwei und dreiſsig weiſs und zwei und dreiſsig ſchwarz oder braun zu ſein pflegen, werden auf jeder Seite sechszehn Felder mit sechszehn Figuren besetzt, so dafs von den zwei und dreifsig Figuren oder Steinen, die Hälfte auf jeder Seite zu stehen kömmt, folglich noch zwei und dreifsig Felder frei bleiben, welche zum Kampfplaze bestimmt sind.

Die beiden kleinen Armeen nun gegen einander in Schlachtordnung zu stellen, setzet man die acht vornehmen Figuren auf die erste Linie des Spielbretes, und zwar setzet solche jeder Spieler nach seiner Seite zu. Der eine Spieler mit den weifsen Figuren nämlich setzet den König oder Schâh mitten in der Reihe auf die weifse Feldung, gleich daneben den Feldherrn oder Fers (fälschlich die Königin genannt) auf die schwarze Feldung, zu beiden Seiten sodann die beiden Läufer oder Elefanten, darnach denen zur Seite auf beiden Enden die beiden Springer oder Reuter, diesen beiden zur Seite endlich die beiden Roch oder Streitwagen, welche letztere also auf die äufsersten Felder der ersten Linie zu stehen kommen.

Eben also macht es der andre Spieler auf der gegengesetzten Seite des Schachbrets. Er stellet den Schâh mitten in seiner Reihe in die schwarze Feldung, daneben den Fers auf die weifse Feldung, dann zu beiden Seiten die beiden Elefanten, denen zur Seite die Springer, diesen aber die Roch.

Diefe beiden Linien, die mit den acht vornehmen Perfonen befetzt find, werden als die Hauptforce angefehen und deswegen befindet fich in ihrem Centrum der Hauptgegenftand des Spiels, der König.

Zunächft vor der Linie der vornehmen Perfonen des Spiels werden von beiden Partheien fodann die acht Bauern oder Fufsmänner aufgeftellt, fo dafs vor jedem Officier einer zu ftehen kömmt. Sie dienen gleichfam zur Vormauer und den übrigen zur Befchützung.

Roch.	Spring.	Elef.	Fers.	Schah.	Elef.	Spring.	Roch.
Bauer.	Bauer.	Bauer.	Bauer.	Bauer.	Bauer.	Bauer.	Bauer.
Bauer.	Bauer.	Bauer.	Bauer.	Bauer.	Bauer.	Bauer.	Bauer.
Roch.	Spring.	Elef.	Fers.	Schah.	Elef.	Spring.	Roch.

Der König oder Schâh ift in diefem Feldzug mehr als Zufchauer gegenwärtig und hat das Kommando dem Fers oder General der Armee überlaffen. Sein Marfch ift dahero fehr gravitätifch von Feldung zu Feldung. Er kann gerad aus, überzwerch, vor und hinterwärts rücken, fo weit ihm das Feld offen ift, aber nicht anders als mit einem einzigen Schritt auf jeden einzelnen Zug. Ein fchritt aber ift in diefem Spiel die Fortrückung von der einen Feldung auf die zunächft angränzende.

Eine conventionelle Ausnahme von dem Befagten tritt bei der allererften Bewegung des Königs ein, ob wol diefe Ausnahme nicht von allen Spielern anerkannt wird. Wenn nämlich dem König noch nicht Schah geboten worden ift und er fich zum erften Male von feiner Stelle beweget, auch folche Bewegung freiwillig gefchiehet, fo gehet derfelbe, wenn es feinen Abfichten gemäs ift und er keine Figur im Wege findet, gerad oder überzwerch über drei Felder auf einmal, und diefes wol gar in einer folchen Cirkelrichtung als die Springer zu nehmen pflegen. S. u.

Der Fers oder Feldherr geht ebenfalls gerad und überzwerch von Feld zu Feld, fo weit man will, und der Weg offen fteht. Er nimmt auch, wenn es ihm gut dünkt die feindlichen Figuren mit fich, welche er in feinem Wege findet und ftellet fich an ihren Platz. Alles ohne Einfchränkung vor und hinterwärts. Er wird deswegen von den meiften als das befte Stück betrachtet, den König zu befchützen und den Feind anzugreifen. Denn er ift allen übrigen Figuren in ihren Operationen gleich, den Springer ausgenommen d. h. er vereiniget den Gang und Schlag der Bauren oder Fufsmänner, der Roch, und der Läufer; nur, dafs er den besondern Gang des Springers nicht nachahmet. —

Der Elefant oder Läufer durchläuft jedesmal die Felder nach den Spitzen oder Winkeln zu rückwärts und vorwärts aber niemals seitwärts, und dieses thut er nach Belieben und Absicht ein oder mehrere Schritte auf einmal. Der weiſse Läufer ist demnach genöthigt auf den weißen, der schwarze auf den schwarzen Feldungen zu bleiben. Der Läufer der auf dem schwarzen Felde stehet kann anders nicht als in ein anderes schwarzes Feld überzwerch fortrücken, jedoch darf er auch auf einmal so weit gehen, als er in seinem Pfade keine Hinderung trift, was er aber von feindlichen Figuren antrift das nimmt er weg, wenn er seinen Vortheil dabei findet. Welcher Läufer auf dem weißen Felde stehet, der gehet überzwerch auf dem weißen, gleich wie der andre auf dem schwarzen Felde, und ist allein der Unterschied dabei, daſs der eine allezeit auf dem weißen, der andre allezeit auf dem schwarzen Felde bleibet.

Der Springer weicht in seinem Gange von allen übrigen Figuren ab. Und dies ist sehr füglich so geordnet, da er allein die rechte Kavallerie vorstellet. Alle übrigen dürfen auf kein besetztes Feld springen. Er hingegen übergehet jedesmal ein Feld oder überspringt es, daher er auch seinen Namen erhalten hat.

Er gehet von schwarz auf weifs und umgekehrt von weifs auf schwarz, vor und rückwärts. —

Sein Sprung ist von drei zu drei Feldern, von dem ersten an zu zählen, da er abspringt, bis einschliefslich auf das letzte darauf er springet, nämlich von dem schwarzen Felde bis auf das weifse und von dem weifsen bis auf das schwarze, nicht in gerader Linie noch überzwerch wie der Läufer oder Elefant, sondern in Form eines halben Cirkuls, also dafs er über die im Wege stehenden Figuren wegspringt.

Alle seine Züge von seinem jedesmaligen Standpunkt aus in Betrachtung zu ziehen, ist das wichtigste Geschäft des Spielers. Denn besonders zu Anfang des Spiels ist diese Hauptfigur vermögend vortheilhafte Streiche zu versetzen. Deswegen wird sie sehr geachtet und gebraucht eine kleine Armee durchzudringen oder auch gar bis an den feindlichen König zu gehen, denselben anzugreifen und manchmal Schah und mât zu machen. In dieser Rücksicht ist es rathsam, die Springer gleich anfangs zu benutzen, weil ihre Macht sich in diesem Zeitpunkt besser als gegen das Ende des Spiels beweisen kann — nachdem es schon ausgemacht ist, das zwei Springer allein den König nicht mât machen können, wenn sie keine andre Figuren mehr zur Hülfe haben.

Die

Die beiden Ruch gehen von allen Seiten, und ihr Gang ift am leichteften zu behalten. Sie gehen von allen Seiten, jedoch nur in gerader Linie und von Feld zu Feld, oder auch foweit als fich der Weg leer und offen findet; da fie denn nach Belieben des Spiels und Erfordernis des Plans, was fie von feindlicher Seite unterwegs antreffen, wegnehmen oder fchlagen können, gleich den andern Figuren in ähnlichen Fällen.

Gemeiniglich find die Roch auf den beiden äufserften Enden der erften Linie in des Königs Quartier, gleichfam zu deffen und feiner Officiere Befchützung gefetzet, fo dafs man fie nicht anders gebraucht als wenn erft unterfchiedliche Attaquen und Niederlagen gefchehen find.

Sie fchlagen jedesmal die Seite, niemals die Spitze des Feldes, gehen und fchlagen rückwärts und vorwärts gerade aus und von den Seiten einen oder zwei Schritt und fo weiter, je nachdem es der Spieler nöthig erachtet. Hieraus folgt alfo, dafs der Roch fich von hinten von vorne und von den Seiten, nicht aber nach dem Winkel zu vertheidigen könne.

Die acht Bauren oder Fufsmänner, welche auf die zweite Linie, vor eine jede der oberwähnten vornehmern Perfonen, aufgeftellet worden, marchiren zum erftenmale, wenn

Wahl, Gefch. d. Schachfp. O

sie nämlich ihren erften Schritt ins Feld thun, wenn man will bis über zwei Felder; nachmals aber gehen sie ihren Gang blos Schritt für Schritt, in gerader Linie von Feld zu Feld, und nehmen dabei alles hinweg, was ihnen von feindlicher Seite von Feld zu Feld NB. vorwärts und in der Zwerchlinie begegnet, den gerad vor fich können fie fowenig fchlagen als rückwärts. — Sie gehn alfo gerade aus, fchlagen aber nach dem Winkel oder nach den Ecken zu, ebenfalls nur einen Schritt, von weifs auf weifs, von fchwarz auf fchwarz.

Siebenter Abfchnitt.
Die Regeln des Schachfpiels oder die Rechte der Spieler und Kunftausdrücke des Spiels.

Den Plan und Zweck diefes Buchs gemäs darf der geneigte Lefer in diefem Abfchnitt nichts mehr als die allgemeinen Verfahrungsregeln erwarten, wobei dem Spieler der Zeitpunkt ihrer Befolgung in fpeciellen Fällen überlaffen bleibet. Denn da unfere Abficht vornehmlich auf die Gefchichte des Schachfpiels hingerichtet ift, die Theorie deffelben aber in fo vielen andern theils ältern, theils neuern Werken umftändlicher und forgfältiger abgehandelt worden ist, als es hier zu thun der enge Raum und die Beschränktheit dieses Werkchens gestatten würde, so dürfen wir den Scharfsinn der Leser nicht weiter vorgreifen, und zweifeln keinesweges, dafs derselbe mittelst fleifsiger Lesung der besten Theorien über dieses Spiel und durch immer mehr Uebung und Nachdenken sich in kurzer Zeit zu einem guten Spieler zu bilden im Stande sein werde.

Die Manier Schach zu spielen und es gut zu spielen, mit Worten darzustellen, ist an sich schwehr, weil so vieles auf des Spielers eignes Genie ankommt und dieses schöne Spiel seiner Natur nach in so hohem Grade ein freies Spiel ist; wie viel weniger liefse sich etwas vollständiges in diesem einzelnen Abschnitte erwarten. Es ist also billig, wenn ich desfals auf andre Werke zurückweise.

Aus allen was bisher gesagt worden ist und noch gesagt werden wird erhellet klar, dafs das Schachspiel grofse Vorsicht und Nachsinnen erfordere, und dafs man dabei allein auf die Ehre zu rechnen habe in einem so scharfsinnigen Spiele zu siegen. —

Diejenige Weise wie dieses bewerkstelliget wird, diese Art zu kriegen und zu überwinden geschiehet ganz im Geiste des Alterthums, und man mufs sich die Maasregeln, die dabei genommen werden und die Anstalten, welche dabei fichtbar find, aus dem Gebrauche der Vorzeit erklären und zwar aus der Manier auf welche die Inder und Perfer zu Felde zu ziehen und ihren Krieg zu vollenden pflegten. Das haben wir zum theil fchon in den vorigen Abfchnitten deutlich gefehen, zum theil aber werden wir es in diefem Abfchnitt gewahr werden.

Die Stellung der Truppen war bei diefen Völkern ganz verfchieden von der unfrigen; denn fie hatte ihren Grund in der damaligen Art Krieg zu führen felbft. Mann für Mann wurde geftellt, und deren körperliche Stärke war es faft allein, was entfcheiden mufste. —

Die Schlachtordnung war auf beiden Seiten gleichmäfsig, weil kein Theil mit einer andern bekannt war, und alfo nicht leicht von der gewöhnlichen abwich.

Im vordern Treffen d. h. in der erften Reihe ftanden die fchweren Infanteriften, welche, aus der mindern Volksklaffe genommen, zu Fufse dienten und mit Wurffpiefen verfehen waren. Sie fingen das Treffen an und durften nach den Kriegsgefetzen durchaus nicht zurückweichen. Die Gefchichte der perfifchen Kriege weifet nur felten Beifpiele auf, wo ein wirklicher Rückzug erfolget ift.

Diefe Fufsvölker hatten ihre eigne Exercitia, von denen fie im Treffen nicht abweichen durften. Wenn fie einzeln agirten waren fie nicht gefährlich aber defto furchtbarer in gefchlofsnen Reihen, Im Grunde aber waren fie von den Heerführern eben fo wenig gefchont als noch izt die Bauern auf dem Schachbrete. Man trieb fie auf den Feind los, und fuchte fich ihrer fo früh als möglich zu entledigen, ohngefähr wie es noch izt die Schachfpieler mit den Bauern zu machen pflegen.

Belohnungen, welche ihnen wiederfuhren, wenn fie das feindliche Terrain erreicht hatten, beftunden darinne, dafs fie in der zweiten Ordnung, der eigentlichen regulären Truppen angeftellt wurden.

Die andre Art der Truppen, die auch die zweite Ordnung in der Schlacht, und hier ebenfalls die zweite Reihe formirten, waren gleich hinter den vorigen geftellt. Sie beftanden aus den Edlern und Vornehmern der Nation, welche alle militärifche Ehrenftellen im Staate bekleiden konnten. So verfchieden ihre Verrichtungen und ihr Dienft im Felde war, fo verfchieden war auch die Art ihrer Aktion im Kriege und der Gebrauch, den man von ihnen machte.

Sie dienten alle fämmtlich zu Pferde oder doch wenigftens nicht zu Fufs, fondern reitend oder auffitzend, obwol fpäterhin auch einige zu Fufs als commandirende Anführer in dem vordern Infanterietreffen angeftellt wurden. Noch jetzt macht bei den orientalifchen Völkern, bfonders auch bei den Perfern und Indern die Reuterei die Hauptstärke der Kriegsmacht aus; welches doch bei allen europäischen Nationen gerade umgekehrt ist. —

Die zweite Linie also bestund in Reuterei, welche aus den Edlen der Nation die nicht ganz freiwillig dienten gestellt wurde. Der König selbst war an ihrer Spitze und befand sich beim Anfange einer Aktion im Mittelpunkte der Linie. Er war natürlicher Weise Oberfeldherr, der alles übersah und ordnete, und nicht anders unmittelbaren Antheil am Treffen nahm, als wenn es die äusserste Noth erheischte.

Des Königs Leibgeneral oder Grosvezier, dirigirender Feldherr der Armee, welcher seinem König zur linken Seite hielt, hatte die thätige Ausführung und Vollstreckung der königlichen Befehle im Treffen zu besorgen. Dabei ging aber seine Instruktion vornehmlich auch dahin, den Schâh bei einem etwanigen Einfall in die Flanke gehörigen Beistand zu leisten. —

Die Geschichte der alten Welt giebt uns über diesen merkwürdigen Umstand den besten Aufschluss. Denn da wird fast bei allen Völkern die herrschende Idee angetroffen, dass die Könige Lieblinge der Götter seien. Und diese Idee hatte, wie leicht in die Augen fällt, ihren Grund in den Religionsbegriffen dieser Nationen. Zu jeder wichtigen Handlung, besonders aber auch zu ihren Kriegsexpeditionen war der Beistand der Gottheit nöthig, welcher vor jeder Unternehmung von den Priestern nach gewissen oft sehr abergläubischen Erforschungen angedeutet wurde. Wurde nun die Expedition nach Wunsche vollendet, so schrieb man dieses der unmittelbaren Mitwirkung der Gottheit zu, welche auf eine so sichtbare Weise ihren Wohlgefallen gezeiget habe. Neuer Muth und Verfolgung der Feinde war hierauf die natürliche Folge dieser Vorstellung, indem man sich aus diesem geäusserten Wohlgefallen den fernern Beistand des Göttlichen Wesens versprach: so wie hingegen Unglück auf dieser und Glück auf der feindlichen Seite die Idee erzeugte, dass die mächtige Gottheit zürne, den Feinden den Sieg verleihe, und deshalb die einzige Rettung in der Flucht zu nehmen sei.

Die Inder und Perser geben von dieser dem Alterthum beigemessenen Denkungsart das sprechendeste Beispiel, in dem z. B. der Kaiser Julian von den Persern in einer Schlacht getödet wurde, wodurch die Römer sogleich in Schrecken geriethen und ihnen das Schlachtfeld überliefsen.

Wenn also der Schah oder der Feldherr und eigentliche Führer der Schlacht tödlich verwundet oder bei einem starken Einfall gefangen war, so hatte sich nach der Meinung dieser Nationen ein Unglück ereignet, welches den Sieg der Feinde andeutet. Insonderheit, wenn der König, welcher von ihnen als Stellvertreter und Liebling der Gottheit angesehen wurde, umkam oder gefangen ward, so vermochte sie dieser allgemeine Schreck zu einer gänzlichen Flucht, wodurch denn der Verlust der Schlacht vollends unvermeidlich gemacht wurde. Wenn der Feldherr fiel oder gefangen ward, so finden wir, daſs sie noch nicht alle Hoffnung aufgaben, sondern daſs das Corps der Edlen seinen Muth verdoppelte um seinen Verlust zu ersetzen und daſs sie oft noch den Sieg davon getragen haben.

Der König war die heilige Person, von deren Gegenwart alles abhieng, aber auch aus eben diesem Grunde den muthigsten Angriffen, und den listigsten Anschlägen zu seiner Aufhebung und Gefangennehmung ausgesetzet war. Es war dahero Kriegsmaxime geworden, mehr auf die Erhaltung des Königs bedacht zu sein, als auf den anführenden König der feindlichen Parthei einzudringen, um nicht den eignen König in Gefahr zu setzen, oder gar zu verlieren. Es wurde die ganze Führung der einzelnen Truppen in dem Treffen, welche stets dem Leibgeneral des Königs anvertraut war, jedesmal nach der guten Vertheidigung des Königs beurtheilet. Um aber die ganze Thätigkeit des gesammten Treffens nicht blos auf seine Erhaltung zu richten, und darüber das ernſtliche Angreifen auf die feindlichen Truppen und auf den feindlichen König, als wodurch der Sieg befördert werden ſollte, und welches der Hauptzweck der Schlacht war, aus den Augen zu verlieren; nahm der König jedesmal eine ſichere Stellung und zwar den Mittelpunkt der zweiten Linie ein. Nächſtdem aber konnte er nach der Kriegsgewohnheit, wenn die umſtehende Reuterei nebſt ſeinem Leibgeneral oder Fers den Angriff unternahm, wodurch gemeiniglich groſse Oeffnungen entſtanden, mithin für ihn keine Sicherheit mehr in der genommenen Poſition war, ſeinen Poſten verlaſſen und hinter die auf den Flügeln poſtirten Streitwagen retiriren.

In dieſer kurzen Schilderung ſehen wir als in einem Spiegel die ganze Weiſe, auf welche Schach geſpielt wird.

Im vorigen ſechſten Abſchnitt haben wir bereits die allgemeinen Geſetze erörtert, welche die Anordnung, ingleichen den Gang der Figuren und die Art wie eine jede ſchlagen kann, betreffen. Wir wollen dieſe erſten Grundſätzen von den Schachfiguren und deren Gebrauch auf dem Brete alſo hier nicht wiederholen.

Ich habe hier und im vorigen Abſchnitte des Schlagens gedacht und vorausgeſetzt, daſs man dieſen techniſchen Ausdruck aus andern ähnlichen Spielen, z. B. dem Damenspiel kennen werde. Ich muſs hier deſſen ohngeachtet noch beſonders erinnern, daſs das Schlagen oder Wegnehmen der feindlichen Steine auf dem Schachbrete ſich ganz anders verhält, als auf dem Damenbrete, womit die Anfänger des Schachſpiels gewöhnlich zuerſt bekannt werden. Auf dem Schachbrete nämlich wird immer die Stelle, wo man eine Figur geſchlagen hat, mit derjenigen beſetzet, (oder vielmehr von derjenigen eingenommen) mit welcher oder durch welche jene geſchlagen iſt; dahingegen bei dem Damenſpiele immer überſprungen wird. —

Da ſich der Fall ereignen kann, wie das gewöhnlich iſt, daſs eine Parthei, weil ihr die Gegenparthei zu viel weggeſchlagen hat, zu ſchwach wird um das Spiel fortzuſetzen, ſo entſteht hier gleich bei Erörterung des Schlagens im Schachſpiele, die wichtige Frage: **wie viel Figuren muſs man ſeinem Gegner zu ſeinem Spiele laſſen?** — Es ſind hierüber ſowol bei Orientalern ſelbſt, als bei uns Europäern verſchiedne Meinungen die ſich ſchwer vereinigen laſſen.

Einige haben die Anzahl der feindlichen Figuren, die man jedesmal ſchonen müſſe auf einen Officier und zween Bauren geſetzet, mit der Bemerkung daſs ſie nicht geſchlagen wer-

den dürften, felbft aber das Recht zu fchlagen
ausüben könnten.

Andre verwerfen diefes und richten fich
nach den allgemeinen militärifchen Gefetzen,
nach welchen es erlaubt fei, feinen Feind zu
fchlagen, wo man ihn nur wittere. Es könne hierbei, fagen fie weiter, nichts beftimmt
werden, weil fonft durch pofitive Gefetze das
Schachfpiel aufhöre, eine freie Operation des
Verftandes zu fein. Ueberdies müffe es dem
Spieler frei ftehen, feinen Feind fo klein zu
machen, als er wolle. Dies ift die Maxime,
nach welcher befonders die Türken zu fpielen pflegen.

Man entfcheide felbft nach eigenem Gefühl,
welche von beiden Meinungen den Vorzug
verdiene. Die erftere ift, dünkt mir ganz der
edlen Grofsmuth der indifchen und perfifchen
Nationen würdig. Der Sieg dabei ift theurer,
aber defto ruhmvoller. — Dagegen erfordert
es in Rückficht der andern, eben fo wenig Ge-
fchicklichkeit und Nachdenken als es im
Grunde Ehre bringt, auf diefe Art Meifter zu
werden. Freilich fcheint die grofsmüthige
Schonung der erftern etwas zu unbedingt zu
fein, weil man fich fchlagen laffen foll, ohne
wieder fchlagen zu können. Allein wenn der
Gegner auf feiner Seite auch wieder fo billig
ift, nicht ohne Noth zu fchlagen, und vielmehr
das Schlagen fo weit ihm möglich ift zu vermei-

den, so fällt die Schwierigkeit größtentheils wiederum weg. Daher auch der berühmte Filidor auf dieser Seite zu entscheiden scheint. Inzwischen will ich den Vorschlag eines neuen Schriftstellers nicht ganz übergehen.

Er sagt, er wolle den Schachspielfreunden einen andern Vorschlag thun, den sie vielleicht ihres Beifalls nicht unwerth halten möchten. Ueberall sei eine gründliche Operation des Verstandes auf dem Schachbrete anzuwenden, weil hierauf gleichsam alles Interesse welches das Schachspiel gewährt, beruhe. Daher glaube er, daß man nach solchen Grundsätzen zween Officiere und drei Bauren als die Anzahl der auf beiden Seiten zu conservirenden Figuren annehmen müsse, um das Spiel seinen höhern Regeln gemäs fortzusetzen. Sie würden sich also gleich sein können oder der eine werde in Rücksicht auf die verordnete Zahl von fünfen um einige Figuren stärker sein. Sie seien aber nicht unbedingt zu conserviren, sondern ihre Erhaltung müsse auf folgende bedingte Art beabsichtigt werden. Sobald sie dem König zur Subsistenz dienen und nicht angreifen oder selbst schlagen wollen, sondern nur ohne Deckung sind, müsse man sie verschonen; im andern Fall aber, wenn sie ohne Deckung (welches doch billig nicht geschehen solle) den Gegenkönig angreifen, sei es widersinnig hier an Schonung zu denken.

Wir gehen nun in unsern Vorhaben weiter. Jeder Spieler muſs billig den Zweck des Spiels vor Augen haben, und in dieſem Zwecke lieget der allgemeine Plan des Spielenden. Auf dieſen Zweck, gründen ſich alle Regeln, die der Spielende beim Schachſpiel zu beobachten hat. Der Zweck des Spiels aber iſt die Occupation des feindlichen Königs, oder welches einerlei iſt, das Sch â h m â t machen deſſelben. Dieſes tritt ein, wenn der feindliche König ſo eingeſchloſſen iſt, daſs er von dem Standpunkt aus, welchen er hat, aufgehoben werden kann. Zu dieſem Entzweck müſſen alſo alle Figuren in Bewegung und Thätigkeit geſetzt, dieſe aber wiederum nach einem Plan geleitet und beſtimmt werden.

Um planmäſsig zu ſpielen muſs der Spieler auf folgende Punkte bedacht ſein.

1. Daſs er ſo früh als möglich alle Officiere in Bewegung ſetze.
2. Daſs er mit den erſten Zügen nur defenſiv zu Werke gehe.
3. Daſs er ſeinen König gehöriger Weiſe vorſchanze.
4. Daſs er mit der Hauptforçe auf die Stärke des Gegners eindringe, dieſelbe ſoviel als möglich unwirkſam zu machen oder ſolche zu zerſtören.
5. Daſs er, wenn es ihm gelungen wäre dieſes zu bewirken, dem König mit einem

dritten Corps, das von dem vorigen ganz abgesondert stehen muſs, zuletzt Schâhmât mache.

In dieser Hinsicht muſs der gute Spieler stets nächst dem seinigen das Spiel des Gegners in Betrachtung ziehen, und dabei sich selbst aufs beste decken, damit er keinen Mann ohne Ersatz, d. h. ohne mit gleichem Verluſt des Gegners, verliere.

Er muſs also das Verfahren des Gegners mit aller Aufmerksamkeit beobachten, um gegen die Angriffe desselben nicht nur die erforderlichen Maasregeln treffen, sondern auch um sich dadurch in Stand setzen zu können, die fehlerhaften Züge des Gegners zu seinem Vortheil zu benutzen. Seine Hauptabsicht muſs immer dahin gehen, seinem Gegner soviel Terrain abzugewinnen, als möglich, oder, was einerlei ist, den Gegner in seiner Wirksamkeit so einzuschränken, daſs er seine Stärke fast gar nicht gebrauchen kann.

Ueberhaupt muſs sichs ein guter Spieler angelegen sein lassen, und sich zur Regel festsetzen, daſs er die Züge der Figuren von ihrem jedesmaligen Standpunkt aus nicht nur gehörig überschaue, sondern auch in voraus berechne. Eine solche Berechnung der eignen und der feindlichen Züge weiſs ein geübter Spieler auf drei, vier und mehrere folgende Züge anzustellen. Und so muſs es sein; denn dieses Spiel ist auf das Nachdenken des Verstandes gegründet. Insonderheit sind die Gänge des Springers bedachtsam nachzuspüren, um nicht Schah und Fers zugleich in Gefahr gesetzt zu sehen.

Der König muſs, wie oben bereits erinnert worden, gleich Anfangs wol verschanzt d. h. in gehörige Sicherheit gesetzt werden. Setzt er seinen Tritt fort und es trüge sich zu, daſs er eine feindliche Figur auf seinem Marsch träfe, welche es gewagt hätte, sich ihm bis in die Feldung zu nahen, welche die seinige, darauf er stehet angränzet, so kann er solche wegnehmen und sich an deren Stelle postiren. Nach der Schicklichkeit und den Gesetzen dieses Spiels darf aber ein König dem andern nicht zu nahe rücken oder ihm Schah bieten. Dieses ist wenigstens den ursprünglichen Grundsätzen der Erfinder dieses schönen Spiels gemäs und wird im Oriente unverletzlich beobachtet. Daher ist das Scacco di Re, was die Italiener kennen sehr unschicklich und dem Geiste des Spiels ganz zuwider. Die Handlung des Königs, welche man rochiren nennt, werden wir weiter unten kennen lernen. Ich bemerke hier nur noch das, daſs in Betreff der Verschanzung und Sicherstellung des Königs, die Inder und Perser in diesen Gegenden gewisse Felder auf dem Schachbrete ausersehen haben, worinne der König als in vollkommner Freistatt seine

Zuflucht nehmen kann. Diefe Afýla find auf ihrem Schachbrete vor den übrigen Feldern durch einen kreuzweifen Durchgang ausgezeichnet und find ihrer an der Zahl 16. Man fehe die Kupfertafel no. *a*.

Die beiden Läufer thun dem Spieler grofse Dienfte, wenn er folche gut zu gebrauchen weifs, infonderheit aber zu Ende des Spiels. Einige nehmen an, dafs der Läufer, wenn er bereits fo glücklich gewefen, dafs er fünf Principalfteine gefchlagen, im Fall der Fers verlohren gehet, an deffen Stelle erhoben werden müffe, und alfo wenn er fich gut hält, hoffen könne Fers zu werden. Solches foll nach Olearius (perfifchen Rofenthal p. 84.) bei den perfifchen Spielern Gebrauch fein. Indeffen in der Stelle des Ssa'di (Rofar. cap. 7.) wobei der Commentator diefe Bemerkung zur Erläuterung machet, ift die Rede nicht von den Läufer fondern von den Bauern. Denn das Original hat ausdrücklich Piâdeh d. i. Fufsmann.

Die beiden Springer find in hauptfächlichften Werthe, wenn es Anfangs oder mitten im Spiele zum Angriff kommt, und werden dagegen zu Ende weniger gebraucht. Ihr vortheilhafter Gang und die Natur ihrer Beftimmung bringt es mit fich, dafs fie befonders zu Anfange des Spiels gute Streiche verfetzen, eine

klei-

kleinere Armee durchzudringen auch gar bis an den feindlichen König zu gehen, denselben anzugreifen und zuweilen Schach und mât zu machen. Dahero es sehr rathsam ist, diese Figuren gleich anfangs in Thätigkeit zu setzen, weil alsdann ihre Macht sich besser als gegen das Ende des Spiels erzeigen kann, nachdem es schon ausgemacht ist, daſs zween Springer allein den König nicht mât machen können.

Die beiden Roch werden vornehmlich in der Mitte des Spiels, wenn schon unterschiedliche Ausfälle und Niederlagen geschehen sind, gebraucht, und sind zuweilen besonders gegen das Ende des Spiels von grossen Nutzen. Denn sie rücken das Schachfeld der Länge und der Breite nach in gerader Linie durch.

Die Bauren oder Fuſsmänner muſs der Spieler so weit vorwärts bringen, als seines Gegners Spiel es erlaubt und die Comprehension derselben durch ein Reservecorps befördern. Aus diesem Grunde muſs er sich vor dem Dubliren der Bauern hüten, vornehmlich auf den Flügeln. Pion dublé sagt Filidor, pion mort. — Diese Bauren können durch ihre Tapferkeit Officiers werden: wenn sie mit Gefahr ihres Lebens nämlich die letzte Linie des Schachbretes, welches die erste des Gegentheils ist, erreichen und gewinnen, so erwerben sie sich dadurch, den Fundamentalgesetzen dieses Spiels gemäs, die Würde eines Officiers, so daſs hernachmals ihr König ſich ihrer eben ſowol in ſeiner Armee bedienen kann, als er zuvor von den beſten Figuren, die er vielleicht in der Schlacht verlohren, hat Gebrauch machen können; ſollte es auch ſelbſt der Fers oder Feldherr gewesen sein, welcher ihm für einen ſolchen bis an die äuſserſte Linie vorgedrungnen Bauer muſs wieder gegeben und auf dieſes Bauern eingenommenes Feld in deſſen Statt zurückgeliefert werden, desgleichen auch mit andern Figuren, die bereits verlohren worden, geſchehen muſs.

Alſo wenn ein Bauer oder Fuſsmann bis in das letzte Feld des Feindes gedrungen iſt, ſo verwandelt er ſich in den Officier, deſſen Platz er erobert hat; nur folgende Ausnahme muſs bemerket werden. Nämlich der Fers und ſein Feld wird allemal mit dem Fers beſetzt; iſt dieſer indeſſen noch vorhanden, ſo hat der Roch den nächſten Rang, nach dem Roch, wenn dieſer ebenfalls noch vorhanden, der Springer, nach den Springer der Läufer oder Elefant. Iſt, wenn der Bauer das Feld eines feindlichen Officiers, auſser dem Fers erreichet, dieſer Officier noch vorhanden, ſo erbittet ſich der Spieler, welcher den Bauren zog, einen von denen zur Seite ſtehenden nach Belieben.

Diefes find wenigftens die Regeln in Betreff der Erhebung der Bauern, welche neuerer Zeiten allgemein anerkannt und feftgefetzet worden. Und wenigftens in Indien find fie ihrem welentlichen Inhalt nach feit alten Zeiten her giltig. Das Hauptavancement eines Bauren bleibt aber allezeit die Erhebung deffelben zum Fers. Die Perfer nennen diefe Erhebung Ferfin fchuden (das Fers werden) und die 'Araber haben von daher fogar eine eigne Zeitwortform gebildet, nämlich teferfan S. oben S. 169. So wie das Spiel bei den Perfern und andern Orientalern gehet, erhält ein jeder Bauer der in der Reihe der Vornehmern der feindlichen Parthei vorgedrungen ift, in welches Officiers Feldung es auch fei, allemal die Würde des Fers, in fo ferne der Fers unter welchem er gedient hat, d. i. der Fers feiner eignen Parthei allhereits in Gefangenfchaft gerathen ift und alfo das Schlachtfeld verlaffen hat. In diefem Fall mufs der Gegner den weggenommenen Fers gegen den bis in die erfte Reihe vorgedrungnen Bauer wieder ausliefern, da er dann in feine vorige Würde wiederum zurücktritt Wenn aber der Fers noch nicht verlohren ift, fo pflegt man den vorgedrungnen Bauer auch wohl fo lange in feinem erbeuteten Poften zu laffen bis etwa der Fers noch künftig unglücklich sein sollte, da ihn denn der Bauer zu erretten im Stande ist.

Was in Europa bei einigen Spielern gebräuchlich ist, alle vorgedrungnen Bauern nämlich, (wenn mehrere hinter einander so glücklich sind) uneingeschränkt zur Würde der sogenannten Königin erheben zu lassen — da sichs denn zuweilen ereignet, dass 2 oder 3 Feldherrn auf einer Seite zugleich vorhanden, — das ist ganz abgeschmakt, ganz wieder den Geist und Zweck des Spiels.

Unter den Kunstausdrücken, welche bei dem Schachspiele gebräuchlich sind, kennt man einige schon aus dem Damenspiele und andern ähnlichen Spielen. Von daher weiss jedermann schon, was rücken oder ziehen, Ruck, Zug bedeutet, nämlich propellere s. milites promovere. Die Perser gebrauchen das Zeitwort *ránden*. Eben so ist der Ausdruck decken s. beschützen, sichern etc. suos defendere persisch *poschiden*, bekannt; ingleichen der Ausdruck wehren (abwehren) oder jagen (vertreiben, sich vom Halse schaffen) pellere, abigere, abstrudere, amoliri et alienos impedire, persisch *defa khirden* — wenn der Spieler eine feindliche Figur die ihm beim nächsten Zuge schaden könnte, die Flucht zu nehmen nöthiget. —

Ausdrücke, welche im Schachspiele allein gehört werden und daher von andersher nicht schon bekannt sein können, auch aus sich selbst nicht so gleich erklärbar, sind, sind S ch a c h, Schach bieten, Schachmat oder mat, Rockiren, und Todspiel machen.

Schach oder besser *Schâh* wird als eine Benachrichtigung zur Aufweckung gebraucht, welche man aus Respekt dem feindlichen Könige wenn er in Gefahr ist und jetzt von einer Figur schachsweise angegriffen wird, zu leisten schuldig ist; damit sich derselbe so viel als möglich beschützen, das Feld verändern, die feindliche Figur selbst wegnehmen, oder sich durch einige der seinigen decken lassen könne. Denn geschähe solches nicht, so wäre er mât, seine Armee geschlagen und das Spiel verlohren. So oft der Spieler sich genöthigt siehet, seinen Gegner durch das Wort S c h â h oder Schach aufmerksam zu machen, so sagt man er bietet Schach. So erfährt der Anfänger also was *Schach bieten*, sagen will. Er hüte sich aber, wenn er dem wahren Geiste des Schachspiels gemäs handeln will, vor unnöthigem Schachbieten, weil dieses jene aktive Einheit zerstöret und nur zu seinem Verlust gereichet. Nur alsdenn ist das Schachbieten regelmäsig und rathsam, wenn man dadurch seinen Gegner zu nachtheiligen Zügen zwingen kann. —

Es giebt aber dreierlei Arten von *Schach.* Die erste heisst das einfache Schach oder

Schâh, da der König sich beschützet indem er von seinen Figuren gedecket wird, oder da er sich aus dem Felde, in welchem er angegriffen worden, in ein andcres begiebt, oder die Figur, welche ihm Schâh bietet wegnimmt.

Die andre Art des Schâh ift diejenige, welche den König gleichfam erfticket, wenn er fich nämlich ohne Gewaltthätigkeiten eingefchloffen findet, alfo dafs er fich weder rühren noch wenden kann, ohne Gefahr zu laufen, genommen zu werden, wenn ihm auch feine Figuren fehlen, fich durch folche zu decken, und er alfo gezwungen ift, um einen Vertrag zu bitten, welcher denn gemeiniglich fo eingerichtet wird, dafs der Verlierende die Hälfte desjenigen, warum man fpielet bezahlen mufs; oder, wenn kein Preis des Spiels gefetzt ift, wie gewöhnlich, dafs der verlierende Theil nur als halbüberwunden angefehen wird.

Die dritte Art ift Schâh und mât, wenn endlich der König folchergeftalt angegriffen wird, dafs er fich nicht regen oder bewegen, oder fich mit einigen feiner Figuren decken kann. In folchem Falle wird er Schâh mât, und ift das ganze Spiel verlohren.

Bei Meiftern des Spiels, wenn beide Spielende gleich ftark find, trift es fich gröfstentheils, dafs der Sieg unentfchieden bleibet. Ein folches Spiel nannte man fonft gewöhnlich Tafel oder Bret, Tabula, im perfifchen

Táchta, weil der Sieg dann gleichsam dem Brete übrig gelassen ist. S. Gustav-Selen. p. 116.

Es giebt auch eine Art Spiel, da der König der einen Parthei zuletzt allein übrig ist und sich in einem Winkel als in seiner Freistatt eingeschlossen zurückgezogen hat. Hat er sich bis dahin salviren können, so kann ihn der Feind nichts mehr anhaben und er wird wegen dieser meisterlichen Retirade von den mehrsten als Sieger des Spiels betrachtet. Die Engländer nennen dieses Fools Mate.

Bei den Persern und übrigen Orientalern war es in ältern Zeiten hergebracht, dafs der Schâh bietende zugleich gehalten, jederzeit diejenige Figur dabei zu nennen, womit er Schâh bietet. Z. B. es wäre mit dem Fers, so hiefs es Schâh Fers; mit dem Springer und Fers zugleich, so hiefs es Schâh Afp Ferfîn, mit dem Läufer, so hiefs es Schâh Fîl etc. Von diesem Gebrauch hat sich wenigstens bis in die neuesten Zeiten noch das Schâh roch erhalten, wenn mit dem Roch ein Schâh geboten wird. Eine merkwürdige Anekdote von solchem Schâh roch, welche Hyde anführt, liefst man in der Geschichte Tamerlans bei den byzantinischen Schriftsteller Ducas (dem Enkel des Michael Ducas aus dem Anfang des 15ten Jahrhundert). S. *Hyde de* Shahiludio p. 128. - 130. Dieselbe Ge-

ſchichte aber wird bei 'Arabſchades, wie
Hyde daſelbſt erörtert, ganz anders erzählet.

Nach *Ducas* habe nämlich Tîmûr
(oder Tamerlan, wie wir ihn gemeiniglich zu
nennen pflegen) die Stadt Schâhrochia nach
dem Vorfall alſo genannt, da ihn ſein Sohn,
mit dem er eben im Spiel begriffen, mit dem
Roch Schâh mât gemacht, und dieſes zur ſelben Zeit, als man ihm den gefangen genommenen Bajazet în ſein Zelt gebracht habe.

Richtiger iſt die Erzählung des Ibn
'Arabſchâh. „*Timur* ſagt er, liefs am
diſſeitigen Ufer des Ssihhun (des Ja-
xartes) eine neue Stadt erbauen, und
führte von ihr aus, eine Schiffbrücke
über den Fluſs hinüber. Dieſe auf
der Ebne gelegene Stadt nannte er
Schâh rochia und ertheilte derſelben dieſen Namen zugleich in demſelben Augenblick, da er auch ſeinen
Sohn *Schâh roch* heiſsen liefs, wozu
folgendes die Veranlaſſung gab. *Timur* liefs die Stadt erbauen, ohne im
voraus etwas über ihren Namen zu
entſcheiden. Da traf es ſich denn,
als die Stadt fertig war, dafs ihm zu
einer und derſelben Zeit, gerade als
er über dem Scachſpiel begriffen in
ſeinem Zelte ſafs und ihm ſein Gegner mit dem Roch Schâh mât machte,

ein doppelter Bote Nachricht brachte, der eine, dafs die Stadt erbauet fei, der andre, dafs feine damalige Favorit Ssukhanin mit einem Prinzen entbunden fei, welches beides ihn fo überrafchte, dafs er fogleich Veranlaffung nahm, das merkwürdige *Schâh roch* des Spiels fowol durch den Namen feines Sohnes als durch den Namen der neuerbauten Stadt zu verewigen.„

Aus dem Orient hat fich die Gewohnheit, beim Schâhbieten zugleich den Stein zu nennen, mit welchem es gefchiehet, auch nach Europa übergepflanzt. Wenigstens geben die Italiener Beweife davon wenn fie in ihren Wörterbüchern die Ausdrücke Scacco - Rocco, Scacco - Dama, Scacco di Cavallo etc. auch Scacco - Tabola aufführen. Das letztere, Scacco - Tabola ift, wenn der Spieler ohne es zu bemerken eine feiner Figuren fo ftellet, dafs er eigentlich Schâh mât fagen follte. Die Engländer nennen diefen Fall ein Blind mate (Blindes mât). Es bleibt diefes aber fehlerhaft. Filidor bemerkt daher ausdrücklich, dafs das Schâh mât, wenn es in der That durch einen Zug bewirket wird, nothwendig gefagt werden müffe, weil fonft zu vermuthen ftehe, dafs derjenige, welcher mât machet, es felbft nicht wiffe, mithin nicht Deffein von ihm gewefen fei. Würde er diefe

Anzeige unterlaſſen, ſo ſie die Parthei nicht als gewonnen, ſondern nur als remis anzuſehen. Ganz richtig ſetzt alſo Filidor bei jedem Zuge eine Abſicht voraus, und daſs dieſes abſichtliche Verfahren in dem Hauptzug, der zugleich das Spiel vollendet, müſſe angezeiget werden.

Eben ſo unrecht und ſtrafwürdig iſt es, wenn der Spielende überhaupt unterläſst, Schâh oder Schach zu ſagen, indem er wirklich Schâh bietet. Viele haben es überdies an der Art, auch dann Schâh zu bieten oder Schach zu ſagen, wenn ſie den Fers in Gefahr ſtellen, und gemeiniglich ſagen ſie alsdann gardés la Reine. Dieſe Gewohnheit muſs gänzlich verworfen werden, weil ſie ungerecht iſt, indem es ſchon mit zu der Pflicht des Spielers, ſich vorzuſehen und alle Züge des Gegners in ihren Folgen zu beurtheilen, gerechnet werden kann, ſo daſs keine Warnungsanzeige zu beobachten oder wenigſtens doch als überflüſſig anzuſehen iſt. Man müſste ja ſonſt aus eben dem Rechte einen jeden der übrigen Officiere des Gegners vor der Gefahr warnen, und z. B. gardés le Chevalier, gardés le Tour etc. ſagen, welches doch nicht Sitte iſt. Daſs man den König warnt, das hat einen ganz andern Grund, auf den ich oben gleich anfangs nicht vergeſſen habe aufmerkſam zu machen.

Das Hauptwort des ganzen Spiels Schach mat oder eigentlich Schâh mât, شاه مات, italienisch Scacco-matto portugiesisch und spanisch Xaque mate oder nach Kastilianischer Mundart Jaque mate, französisch Eschec-et mat und englisch Check mate (Tschek mat) zeiget an, dass der König der Gegenparthei so gesetzt ist, dass er nichts weiter machen kann, und also dass Spiel zu Ende ist. Es ist also das letzte Schâh bieten, was nicht mehr gleich den übrigen durch einen neuen Zug aufgehoben werden kann.

Die Russen nennen sogar das ganze Spiel überhaupt Schachmat. Eben so Eben 'Esra der Jude. Die Engländer haben aus dem Check ein eignes Wort eingeführt, indem to check bei ihnen soviel bedeutet als cohibere, increpare — eben so haben sie es mit dem zweiten Theil der Zusammensetzung gemacht, da sie durch to mate so viel anzeigen als exagitare oder vexare. So ists auch bei den Italienern auf ähnliche Weise. Matto ist ihnen insanus, amens und in dem Wörterbuche de gli Academici della Crusca wird Scacco-matto metaforisch durch Damnum und Jactura erklärt. Wir Deutschen pflegen von jemanden zu sagen, dass er ganz Schachmat sei, wenn wir andeuten wollen, dass er ganz entkräftet, entnervt, müde etc. sei.

Im Schachspiel selbst pflegen die Türken gemeiniglich mit Auslassung des Wortes Schâh blos mât zu sagen. Z. B. *mât eiladi* d. i. er hat Schâh mat gemacht; — *Mât ôldi* d. i. er ist Schrâh mât geworden. Die Perser sagen *mât khirden* d. i. Schâh mât machen, und *mât schuden* d. i. Schâh mât werden.

Den eigentlichen Ursprung dieses technischen Ausdrucks im Schachspiel muſs man aus seiner Quelle herleiten, und sind dahero alle andre beigebrachte Etymologien bei Seite zu setzen. Die es aus dem spanischen Worte *Matar* d. i. tödten ableiten; als sei der König am Schlusse des Spiels als getödet zu betrachten, versündigen sich doppelt und dreifach. Erstlich ist das Spiel ja nicht in Spanien erfunden und also seine Kunstausdrücke auch nicht aus dem Spanischen entlehnet. Zweitens ist das Wort matar nicht ursprünglich spanisch, sondern eines von denen Wörtern, welche die Spanier aus dem 'arabischen in ihre Sprache aufgenommen haben. Drittens endlich wäre die Benennung ganz wieder alle Kriegssitte, weil auch von den rohesten Völkern, wenn sie siegen, die Person des Königs beim Leben erhalten wird. —

Andre verlaufen sich sogar bis in das Alterthum der 'ebräischen Sprache hinauf, und wollen Schâh mât שמתה entweder von סמ

und מות (fepes und mori) oder von שחק und מות (Lufus und mori — quafi lufus mortis f. fatalis) ableiten. Aber folche Etymologen möchte man beinahe bei den Wahnfinnigen einmiethen!

Die einzig richtige und wahre Ableitung ift aus der perfifchen Sprache. Da bedeutet Schâh mât fo viel als: der König ift befiegt, verlohren, entnervt, gefchwächt, entkräftet. Die perfifchen Wörterbücher erklären das Wort مات mât ausdrücklich durch زبون febûn d. i. debilitatus, labefactus, enervatus, victus, fuperatus. In diefer Bedeutung aber ift das مات ein abgekürztes Wort aus مانید oder ما ند (mânîd oder mand) labefactus eft, vom Infinitivus mânîden oder mânden, welches manere und hernach labefieri, laffari etc. bedeutet. Aus mânîd oder mând wird erftlich mâd, gerade fo wie z. B. bâd für Bâfchâd, Bîd für Bâfchîd, oder welches noch kräftiger beweifet Mâd-pesf für manand-pesf gefagt wird. Hierauf ift aus mâd unfer mât entftanden, indem es bekannt ift, dafs in der gemeinen Ausfprache des perfifchen und türkifchen das *d* am Ende mit *t* verwechfelt wird, und diefe Verwechfelung auch fehr häufig in nachläffig gefchriebene Handfchriften übergegangen ift. — Anfangs

also schrieb man mâd hernach wurde daraus
mât. — Um nur einige ähnliche Beispiele
zum Beleg anzuführen, so ist ja aus' Morâd
einem berühmten orientalischen Namen *Murat*
geworden; aus Bagdâd, dem Namen der berühmten Stadt am Tigerfluss Bagdat; aus
den beiden Namen persischer Monathe Mor-
dâd und Chordâd bei den Griechen Μορται
und χορται. Eine Menge ähnlicher Beispiele
lassen wir vorüber und beschliessen bloss mit
einer authentischen Auk●●t. In den orientalischen Wörterbuche Ni'metullâh betitelt,
nämlich, heifst es ausdrücklich Mânîd mât
ôldi u maghlûb dimekhdür Jjundeh
jegklefseh mânîd dür d. i. Mânîd est
factus Mât quod est dicere victus; et qui in
ludo superatur is est Mânîd. Auch in den
Wörterbuche Ferhengk Ssururi wird mânîd überhaupt erklärt dafs es gesagt werde de
eo qui non potest facere aut dicere
id quod facere aut dicere debet. Auch
pflegen die Perser und Türken, wenn sie den
Verlust des Spiels unvermeidlich finden, dieses
durch den Ausdruck Schâh mâned d. i. der
König wird sogleich entkräftet sein, vorher zu
verkündigen.

Trift es sich, dafs der König zugleich
durch den Springer und den Fers der Gegenparthei mât gemacht wird, so heifst man
das bei den Persern kunstmäfsig Afsp u Fer

sîn bend d. i. Techna Equi et Fersin. Hyde führt auf diesen künstlichen Streich eine Anspielung aus einem Vers in Ssa'di's Baumgarten an, welchen man bei ihm p. 95. nachsehen kann.

Das Rochiren oder Rockiren ist wenn der König sich zur Verbesserung seiner Lage oder in der Gefahr, an die Stelle des Roch begiebt und dem Roch dafür die seinige einräumt. Man ist izt dabei übereingekommen, dafs dieses nicht anders geschehen dürfe, als wenn keiner von beiden, weder der König noch der Roch mit welchem er tauschen will, sich noch von seiner Stelle beweget hat. Man kann in gewisser Rücksicht dem Spieler empfehlen, dafs er so früh als möglich sich des Rechtes zu rochiren bediene, weil der König auf der einen Seite dadurch in gröfsere Sicherheit gesetzet wird, auf der andern Seite aber auch ein Roch einen freiern Wirkungskreis erhält. —

Endlich haben wir noch zu sagen, was ein todes Spiel genannt wird. Diesen kunstmäfsigen Ausdruck haben die Engländer. Sie sagen a Dead game und dieses ist, wenn der König im Verlauf des Treffens so in die Enge getrieben worden, dafs er alle seine Soldaten verloren, sich aber selbst in einen sichern Winkel geflüchtet hat, darin ihn der Gegner nicht ferner antasten darf. — Wir haben diesen Fall bereits oben berührt und er ist derselbe, den man im englifchen fonft **Fools mate** nennet. S. p. 231.

Die verfchiednen regelmäfsigen Formirungen der kleinen Schacharmee, welche während eines Spiels abwechfeln, heifsen **Lagen, Pofitionen** und in fofern fie ein Ganzes machen, fo das Spiel vollendet, *Themata* oder mit dem arabifchen Ausdruck im Singular **Manzûb** und im Plural **Menâzib**. Die Wiffenfchaft folche **Themata** zu entwerfen und auszuführen, heifst perfifch **manzube dâni** d. i. Scientia thematum. Zehn folcher **Thematum** ftellt Ssokheikher in feinem Buche auf, wie Hyde meldet. Der gewöhnliche Ausdruck bei uns ift **Plan** oder **Deffein** und wird hier in dem Sinn genommen, in fofern es auf dem Schachbret anfchaulich wird. Sonft kennt man auch die Benennung **Gambetta**. Um unter den unzähligen Thematen, Planen oder Deffeins nur ein einziges zu berühren, fo ift das erfte was Ssokheikher anführt, und welches er **Elʻadali** d. i. aequale nennt, ein folches, da der feindliche König durch 35 voraus berechnete Züge mât gemacht wird. Die übrigen erzählt Hyde p. 136. jedoch nur verzeichnifsweife und was die Ausführung felbft betrifft mit Hinweifung auf das Buch des Ssokheikher felbft. Es fehlt uns auch nicht an neuern theoretifchen

Wer-

Werken über das Schachſpiel, darinne mehrere
ſolcher berechneten Deſſeins geſammlet worden ſind. Das beſte für die Bildung eines guten Schachſpielers iſt und bleibt wol die Uebung ſelbſt und die gehörige Aufmerkſamkeit
und Anſtrengung des Verſtandes und der unge-
bundnen Erfindungskraft eines jeden guten
Kopfs. Alle Regeln werden hier wol unvoll-
kommnes Stückwerk bleiben.

Achter Abſchnitt.
Ein Anhang zum vorigen Abſchnitt über die Regeln des Spiels.

Wir haben bald zu Anfange dieſes Werkchens, oben S. 6. des Hieronymus Vida
aus Cremona ſchönes epiſches Lehrgedicht
kennen gelernet, welches er Scachias betitelt hat. Es verdient dieſes Gedicht in verſchiedner Hinſicht ſehr geſchätzt zu werden
und bekannter zu ſein, als es noch wirklich
iſt. Da ſich nun zumal die Ausgaben deſſelben
unter uns ſelten gemacht haben, ſo glaube ich
den Leſern einen Dienſt zu erzeigen, wenn ich
daſſelbe hier an dieſem Orte wiederhole.

M. Hieronymi Vidae Cremonensis
SCACCHIA LUDUS.

Ludimus effigiem belli, fimulataque veris
Praelia, buxo acies fictas, et ludicra regna,
Ut gemini inter fe reges, albusque nigerque
Pro laude oppofiti certent bicoloribus armis.
Dicite Seriades Nymphae certamina tanta
Carminibus prorfus vatum illibata priorum.
Nulla via eft: tamen ire juvat, quo me rapit
  ardor,
Inviaque audaci propero, tentare juventa.
Vos per inaccessas rupes, et inhofpita euntem
Saxa Deae regite, ac fecretum oftendite callem.
Vos hujus ludi imprimis meminiffe neceffe eft.
Vos primae ftudia haec Italis monftraftis in
  oris,
Scacchidis egregiae monimentum infigne fo-
  roris.
Jupiter Aethiopum fedes, et Memnonis arva
Iverat, Oceani menfas dignatur amici,
Qui fibi tnm optatis junxit Tellurem hy-
  menaeis.
Affuit una omnis fuperûm chorus, omnia fefto
Aequoris immenfi refonabant littora plaufu.
Ut dapibus compreffa fames, menfaeque
  remotae,
Quo fuperûm mentes ludo mulceret inani,
Oceanus tabulam adferri jubet interpictam:

Sexaginta infunt et quatuor ordine fedes,
Octono parte ex omni via limite quadrat
Ordinibus paribus, nec non forma omnibus una
Sedibus, aequale et fpatium, fed non color
　　　unus.
Alternant femper variae, fubeuntque viciffim
Albentes nigris, teftudo picta fupernè
Qualia devexo geftat difcrimina tergo.
Tum fuperis tacite fecum mirantibus inquit:
Marti aptam fedem, ludicraque caftra videtis,
Hoc campo adverfas acies fpectare licebit
Oppofitis fignis belli fimulacra ciere,
Quae quondam fub aquis gaudent fpectacla
　　　tueri
Nereides, vaftique omnis gens accola ponti,
Si quando placidum mare et humida regna
　　　quierunt.
En vero fimulata adfunt qui praelia ludant.
Sic ait, et verfa in tabulam deprompfit ab urna
Arte laboratam buxum, fimulataque noftris
Corpora, torno acies fictas albasque nigrasque.
Agmina bina pari numeroque, et vicibus ae-
　　　quis,
Bis nivea cum vefte octo, totidemque nigranti.
Ut variae facies, pariter funt et fua cuique
Nomina, diverfum munus, non aequa poteftas;
Illic et reges paribus capita alta coronis,
Et regum pariter nuptas in bella paratas
Cernere erat: funt qui pedibus certamina inire

Sueti, funt et aquis qui malint, quique fagittis;
Nec deeft quae ferat armatas in praelia turres
Bellua. Utrinque Indos credas fpectare Elephantes.
Jamque aciem inverfum ftatuunt, ftructaeque cohortes
Procedunt campo, caftrisque locantur utrisque.
Linea principio fublimes ultima reges
Parte utraque capit, quartis in fedibus ambos,
Tractu eodem adverfos inter fe, fex tamen aequis
In medio fedes fpatiis hinc inde relictae.
Sede albus fefe nigra tenet, ater in alba.
Proxima reginas capit orbita: regibus ambae
Haerent quaeque fuo, dextrum latus altera, laevum
Altera lege datis tangunt ftationibus, atrumque
Atra tenet campum, fpatio ftat candida in albo,
Et proprium fervant prima ftatione colorem.
Inde fagittiferi juvenes de gente nigranti
Stant gemini, totidem pariter candore nivali,
Nomen Areiphilos Graji fecere vocantes;
Quod Marti ante alios cari fera bella laceffant.
Continuo hos inter rex, nec non regia conjunx
Clauduntur medii. Duo dehinc utrinque corufci
Auratis equites fagulis, criftisque decori
Cornipedes in aperta parant certamina Martis.
Tum geminae velut extremis in cornibus arces
Hinc atque hinc altis ftant propugnacula muris,

Quas dorſo immanes geſtant in bella elephanti.
Poſtremo ſubeunt octo hinc atque inde ſecundis
Ordinibus pedites, caſtrisque armantur utrisque
Armigeri partim regis, partimque miniſtrae
Virginis armiſonae, quae prima pericula belli,
Congreſſusque ineant primos, pugnamque la-
 ceſſant.
Non aliter campis legio ſe buxea utrinque
Compoſuit duplici digeſtis ordine turmis,
Adveiſisque ambae fulſere coloribus alae,
Quam Gallorum acies Alpino frigore lactea
Corpora ſi tendant albis in praelia ſignis,
Aurorae populos contra, et Phaethonte peruſtos,
Inſano Aethiopas, et nigri Memnonis alas.
Tum pater Oceanus rurſus ſic ore locutus;
Coelicolae jam quaenam acies, quae caſtra
 videtis
Diſcite nunc (neque enim ſunt haec ſine legi-
 bus arma)
Certandi leges, nequeant quas tendere contra,
Principio alterni reges in praelia mittunt
Quem pugnae numero ex omni elegere ſuorum.
Si niger arma ferens primus proceſſit in aequos,
Continuo adverſum ſemper ſe candidus offert:
Nec plures licet ire ſimul facto agmine in
 hoſtem.
Propoſitum cunctis unum, ſtudium omnibus
 unum,
Obſeſſos reges inimicae claudere gentis;

Ne quo impunè queant fugere, atque inftantia
    fata
Evitare, etenim capiunt ita praelia finem.
Haud tamen interea cuneis obftantibus ultro
Parcunt, fed citius quo regem fternere letho
Defertum evaleant, caedunt ferro obvia paffim
Agmina; rarefcunt hic illic funere femper
Utraque caftra novo, magis ac magis area belli
Picturata patet, fternuntque, caduntque vi-
    ciffim.
Sed caedentem opus eft fublati protinus hoftis
Succeffiffe loco, et conatus vindicis alae
Suftinuiffe femel. Mox fi vitaverit ictum,
Inde referre licet fe in tutum praepete planta.
At pedites prohibent leges certaminis unos,
Cum femel exierint (facilis jactura) reverti.
Nec vero inceffus cunctis bellantibus idem,
Pugnandive modus. Pedites in praelia euntes
Evaleant unam tantum transmittere fedem,
Inque hoftem tendunt adverfi, et limite recto;
Congreffu tamen in primo fas longius ire,
Et duplicare gradus conceffum. At cominus
    hoftem
Cum feriunt, ictum obliquant, et vulnera
    furtim
Intentant femper lateri, cavaque ilia caedunt:
Sed gemini claudunt aciem qui hinc inde
    elephanti,
Cum turres in bella gerunt, ac praelia mifcent:
Recta fronte valent dextra, laevaque retroque

Ferre aditum contra, campumque impune per
    omnem
Proruere, ac totis paffim dare funera caftris.
Ne tamen obliquis occultent nixibus ictum,
Qui tantum mos conceffus pugnantibus arcu,
Dilectis Marti ante alios. Nam femper uterque
Fertur in obliquum, fpatiis nigrantibus alter,
Alter candenti femper fe limite verfat,
Directisque ineunt ambo vera bel'a fagittis;
Nec variare licet, quamvis fas ire per omnem
Hinc atque hinc campum, atque omnes percur-
    rere fedes,
Infultat Sonipes ferus, atque repugnat habenis.
Nunquam continuo ftipata per agmina ductu
Procurrit. Tantum furfum fefe arduus effert
Semper, et in gyrum greffus magno impete
    lunat
Curvatos, duplicemque datur transmittere
    fedem.
Si nigrante prius campo expectaverit, album
Mox petere, et fedis femper mutare colorem
Lex jubet, ac certo femper fe fiftere faltu.
At regina furens animis, pars optima belli,
In frontem, in terga, ac dextram laevamque
    movetur,
Itque iter obliquum, fed femper tramite recto
Procedit, neque enim curvato infurgere faltu
Cornipedum de more licet. Non terminus olli,
Nec curfus meta ulla datur: quocunque libido

Impulerit, licet ire, modo ne ex agmine quis-
 quam
Hostilive suove aditus occludat eunti,
Nulli etenim semper educto fas agmina saltu
Transiliisse, Equiti tantum haec concessa po-
 testas.
Cautius arma movent gentis regnator uterque,
In quibus est omnis spes et fiducia belli,
Omnibus incolumi rege stat decernere ferro;
Sublato, pugna excedunt, et castra relinquunt,
Ille adeo in bello captus secum omnia vertit.
Ergo haerens cunctatur, eum venerantur,
 etomnes
Agmine circumstant denso, mediumque tuentur,
Utque armis saepe eripiant, sua corpora bello
Objiciunt, mortemque optant pro rege pacisci,
Non illi studium feriendi, aut arma ciendi,
Se tegere est satis, atque instantia fata cavere.
Haud tamen obtulerit se quisquam impune
 propinquum
Obvius, ex omni nam summum parte nocendi
Jus habet. Ille quidem haud procurrere lon-
 gius ausit:
Sed postquam auspiciis primis progressus ab
 aula
Mutavit sedes proprias, non amplius uno
Ulterius fas ire gradu, seu vulneret hostem,
Seu vim tela ferant nullam, atque innoxius
 erret
Hic mos certandi, haec belli antiquissima jura,

Nunc aciem inter se certantes cernite utranque.
Sic ait; at quoniam, quoties fera bella fatigant
Mortales, superi studiis diversa foventes
Ipsi etiam inter sese odiis bellantur iniquis,
Maximaque interdum toto ardent praelia coelo;
Jupiter omnipotens solio rex fatus ab alto
Omneis abstinuisse jubet mortalibus armis,
Atque minis, ne quem foveant, perterret
    acerbis.
Tum Phoebum vocat intonsum, Atlantisque
    nepotem,
Egregium furto peperit quem candida Maja,
Insignes ambos facie, et florentibus annis,
Nondum Mercurius levibus talaria plantis
Addiderat; nondum Titania lumina agebat
Per liquidum curru gemmato Phoebus olympum,
Tantum humeros pharetra insignis, et crinibus
    aureis,
Hos pater adversis solos decernere jussit
Inter se studiis, et ludicra bella fovere,
Ac partes tutari ambas, quas vellet uterque,
Nec non proposuit victori praemia digna.
Dii magni sedere: Deûm stat turba minorum
Circumfusa: cavent, sed lege et foedere pacto,
Nec quisquam voce, aut nutu ludentibus ausit
Praevisos monstrare ictus; qnem denique
    primum
Sors inferre aciem vocet, atque invadere
    Martem?
Quaesitum, primumque locum certaminis albo

Ductori tulit, ut quem vellet primus in hostem
Mitteret: id sane magni referre putabant.
Tum tacitus secum versat, quem ducere contra
Conveniat, peditemque jubet procedere campum
In medium, qui reginam dirimebat ab hoste.
Ille gradus duplices superat; cui tum arbiter acer
Ipse etiam adversum recto de gente nigranti
Tramite agit peditem, atque jubet subsistere contra
Advenientem hostem, paribusque occurrere in armis.
Stant ergo adversis inter se frontibus ambo
In mediis campi spatiis, ac mutua tentant
Vulnera nequicquam, neque enim vis ulla nocendi est
Armigeris, tractu dum miscent praelia eodem.
Subsidio socii dextra laevaque frequentes
Hinc atque hinc subeunt, late et loca milite complent,
Alternantque vices; nec dum tamen horrida miscent
Praelia, dum placidus mediis Mars ludit in armis,
Excursusque breves tentant, tutique ttenent se.
Jamque pedes nigri rectoris, qui prior hostem
Contra iit, obliquum laeva clam strinxerat ensem,
Atque album e mediis peditem citus abstulit armis,

Illiusque locum arripuit praeftantibus aufis;
Ah mifer, inftantem lateri non viderat hoftem.
Ipfe etiam cadit, et pugnas in morte relinquit.
Tum cautus fufcae regnator gentis ab aula
Subduxit fefe media, penitusque repoftis
Caftrorum latebris extrema in fauce recondit,
Et peditum cuneis ftipantibus abditus haefit.
Nec mora furgit eques bellator laevus utrinqne
Et mediis hinc inde infultant coetibus ambo,
Alternique ruunt, et fpargunt fata per hoftes.
Sternuntur, pedites paffim miferanda juventus,
Quod nequeant revocare gradum, fonat ungula campo
In medio, et totis mifcentur funera caftris.
Dum vero peditum intentus Latonius heros
Caedibus inftat atrox, equitemque per agmina verfat,
Vaftatorem alae piceae: longe Arcada *) major
Ardor agit tacitis jam dudum invadere furtis
Magnum aliquid, peditumque ultra faepe obvia tranfit
Agmina, cornipedem ducens in praelia laevum,
Qui regi infidias tendens huc vertitur atque huc,
Per mediosque hoftes impunè infrenis oberrat.
Conftitit, optataque diu ftatione potitus
Lethum intentabat pariter regique elephantique,
Alae qui dextro cornu turritus in auras

---

*) i. e. Arcadem f. Mercurium,

Attollens caput ingenti se mole tenebat.
Delius ingemuit clauso succurrere regi
Admonitus, namque indefensum in morte
 elephantem
Linquere se videt, atque ambos non posse
 periclo
Eripere et satis urgeri cernit iniquis.
Cura prior sed enim est trepidum defendere
 regem,
Quem rapit in dextrum latus; at niger emicat
 ense
Stricto eques, et magnis elephantem intercipit
 ausis,
Damnum ingens, neque enim est saevae post
 virginis *) arma
Bellantum numero ex omni magis utilis alter.
Non tamen impune evades, ait acer Apollo,
Et peditum cuneis, densaque indagine cingit.
Ille igitur trepidare metu, certique pericli,
Frustra velle fugam, nam hinc fata minatur
 Amazon,
Inde obstat conserta phalanx, tandem altius acto
Virginis ense cadit, pulchrae solatia mortis.
Aestuat alba cohors latere heu minus utilis
 uno,
Et magis atque magis furit acri accensa dolore.
Sicut ubi dextrum taurus certamine cornu
Amisit, dum se adverso fert pectore in hostem,
Saevior in pugnam ruit, armos sanguine, et alte

---

*) Regina.

Colla animosa levans, gemitu omnis sylva
    remugit.
Talis erat facies, caesi post fata elephantis
Candentis turmae. Hinc furiis majoribus,
    ardet
Phoebus, et ultrices hortatur in arma cohortes,
In ferrum, et caedes pronus, cupidusque no-
    cendi,
Incautusque ambas perdit sine lege phalangas.
Dumque hostes pariter cernat procumbere
    victos,
Ipse suos morti indefensos objicit ultro.
Mercurius melior furto cunctatur, et haerens
Usque alium ex alio spectando praevidet ictum.
Saepe ille ex longo meditatus fata superbae
Reginae peditem perdendum comminus effert,
Dissimulatque dolos, mox poenitet, et trahit
    alto
Improbus errorem fingens suspiria corde.
Jamque sagittiferi e dextro spicula cornu
Virginis in latus albentis tendebat. Id hostis
Haud primum sensit, peditemque trahebat in
    atram
Laeva aciem rerum ignarus. Verum improba
    cladem
Et tantas Erycina Venus miserata ruinas
Incauto juveni furtim tacito innuit ore,
Atque oculis (Phoebo nam forte adversa sedebat)
Nulla mora, ad nutus divae tremefactus Apollo

Conſtitit, atque oculis latè agmina circum-
  ſpexit:
Et ſubito inſidias ſenſit, peditemque retraxit,
Quem contra impulerat dextra impiger, atque
  periclo
Reginam eripuit. Tum Maja Atlantide cretus
Littoreum caveae conceſſum vocibus implet,
Reginam captam ingeminans fremit undique
  turba
Coelicolûm ſtudiis variis; ſeſeque tuetur
Phoebus, et his alto ſatur de littore verbis:
Quae porro invidia eſt, dextram ludicra petenti
Praelia corrigere incautam, in meliusque re-
  ferre
Cum nec pacta vetent? Quodſi Maja ſate
  poſthac
Id ſedet omnino prohiberi, lege caveto:
Quique prior fuerit digitis impulſus in hoſtem,
Sive albus, piceusve fuat, diſcrimine nullo
Ille eat, et dubii ſubeat diſcrimina Martis.
Dixit, et haec toto placuit ſententia circo
Coelicolis. Venerem obtutu clam verſus acerbo
Jupiter increpuit nec ſenſit filius Arcas.
Sed puer ingemuit labefactus corda dolore
Ingenti. Vix ſe tenuit, quin ludicra caſtra,
Injectisque acies manibus confunderet ambas.
Tum ſecum ſtatuit furtis certare, dolisque
Omnibus, ac totis fraudes innectere caſtris.
Jam tum igitur juvenem pharetratum in praelia
  ducens

Cornipedis simulare gradus jubet. Ocius ille
Emicat, atque albae reginae fata minatur.
Non Phoebum latuere doli, subrisit, et ore
Versus adstantes: quamvis accommoda furtis
Mercurio sit dextra, inquit, fraudique dolisque
Callide Atlantiada in vigiles; haud me tamen ultra
Fallere erit, jamque improbe iniquam corrige dextram.
Spectantum cunei ingenti risere theatro,
Atque Arcas, veluti deceptus imagine falsa,
Summisit buxum concesso in praelia gressu,
Arcum intendentem: vigilat jam cautus Apollo
Fraudesque insidiasque timens, occultaque furta.
Ille etenim persaepe, manu dum ducit in hostes
Alternam buxum, ius contra et foedera pacta
Implicitans celeres digitos duo corpora bello
Objiciat simul, observet nisi providus hostis.
Jamque equitem contra nigrantem candidus arcum
Intendens sese opposuit pharetratus, et arcet
Reginae jugulo intentum. Dum dexter oberrat
Huc atque huc elephas, niveisque exulat in armis.
Haeserat in medio, dominae regique minari
Albus eques ratus impune, et jam forte superbus,
Nequicquam spoliorum animum pascebat amore.

Non tulit hanc speciem juvenis pharetratus,
   et arcu
Contendit calamum, seseque immittit in hostem,
Fata licet pedes intentet, moriturus in armis
Insigni pro laude, alvo mediae haesit arundo
   Stridula, et ima chalybs descendit in ilia
      adactus
Volvitur ille excussus humique, et calcibus
      auras
Verberat: in ventos vita indignata recessit.
Inde sagittiferum sternit pedes hunc pedes alter
Hostili de plebe necat: pugna aspera surgit.
Turribus occurrunt ingenti mole Elephanti.
Saeva pharetrigeri contendunt spicula nervis,
   Quadrupedumque gemit bicolor sub verbere
      campus,
Incaluere animi parte ex utraque et in armis,
Concurrunt densi simul omnis copia gentis,
   Albaeque piceaeque duces, ambaeque pha-
      langes,
Confusaeque acies magno certamine totis
Densantur campis, virtus, fortunaque in unum
Conveniunt. Hi nunc victores agmina versa
Aequore agunt toto, versis referuntur habenis:
Nunc iidem variantque vices, et fluctuat omnis
Area bellorum: vasti velut aequoris undae,
Si quando inter se recluso carcere saeva
Bella cient animosi Euri, vertuntque pro-
      fundum

Jo-

Jonio in magno, aut undisono Atlanteo,
Alternos volvunt procurva ad littora fluctus.
At medias acies inter crudescit Amazon
Candida plena animis, multisque in millibus
   ardet.
Namque sagittiferum incursans, rediensque
   elephantes
Nigrantes sternit dextra, laevaque per alas
Fulminat, atque manu spargens hastilia saevit.
Bellanti dant tela locum, retroque residunt
Hinc atque hinc inimicae acies: per tela, per
   hostes
Illa ruit pulchram in mortem, simul ultima
   tentat
Castra fugae fidens, animosque in bella viriles
Saeva gerit, penetrat cuneos, aperitque viam vi.
Tandem fusca cohors, nigrantisque arbiter alae
Ipse etiam arma suae trepidus, viresque ani-
   mosque
Virginis implorat, nulla est mora, fervida
   Amazon
Emicat, atque ardens paribus se sistit in armis.
Quem primum hasta, aut quem postremum
   bellica virgo
Demetis, aut quot humi candentia corpora
   linquis?
Semianimes volvuntur equi niveique nigrique,
Et peditum cunei, dilectaque pectora Marti,
Aligera juvenes in euntes bella sagitta.

Wahls Gesch. d. Schachsp.   R

Quis cladem fando illius, quis funera pugnae,
Proſtratosque duces ſperet ſe aequare canendo?
Sternitur omne ſolum buxo, atque miſerrima
    caedes
Exoritur. Confuſa inter ſeſe agmina caedunt,
Implicitaeque ruunt albae, nigraeque pha-
    langes.
Sternuntur pedites et corpora quadrupedantum.
Mam verſae inter ſe jactantes mutua tela
Foemineis ambae nituntur Amazones armis,
Usque adeo certae non cedere, donec in aures
Aut haec aut illa effundat cum ſanguine multo
Saevam animam, ſola linquentes praelia morte.
Interea amborum populorum rector uterque
Captivos hoſtes, et victa cadavera bello
Carcere ſervabant caſtris vicina, caventes
Ne capti ſemel aut obita jam morte jacentes
In vitam revocati iterum certamina inirent,
At lateri innixus Phoebeo Threicius Mars
Junctus amicitia puero Arcadi, ſi quid amico
Fata ſinant prodeſſe, animum per cuncta vo-
    lutat,
Obſervatque omnes caſus, tum corpora bina
Capta, pharetratum juvenem, peditemque ni-
    grantes
Coetibus è functis jam vita, atque aethere caſſis
Surripit, et caſtris rurſum clam immittit
    apertis.
Ergo iterum gemini captivi praelia inibant,

Miscebantque manus animosi, atque arma fe-
    rebant.
Haud secus (ut perhibent) cum Colchis nacta
    cadaver
Aut virgo Massylla recens, cantuque triformem
Saepe ciens Hecaten, ac magni numina Ditis,
Falsam animam insinuat membris, aurasque
    loquaces:
Continuò erigitur corpus, loquiturque vi-
    detque,
Et viros inter fruitur coelestibus auris.
Non tulit indignum facinus Junonia proles
Mulciber (ille dolum solus deprehendit) et ore
Inclamat, Phoebumque monet. Thrax palluit
    heros
Deprensus. Phoebo exarsit dolor ossibus ingens.
Tum Marti pater omnipotens iratus iniqua
Praesidia abduci, atque indebita corpora bello
Protinus e castris jubet, atque retexere falsos
Hinc atque inde ictus, et cuncta in pristina
    reddit.
Jamque duces furiis ambo majoribus instant,
Reginasque ambas conversa per agmina mittunt
Caede madent illae toto aequore fata ferentes.
Considunt tandem obversae, regesque tuentur
Quaeque suum, ecce autem bellatrix agminis
    albi
A tergo ferro invasit, stravitque nigrantem,
Ignaram; Verum ipsa etiam cadit icta sagitta,

Ah misera, et spoliis haud longum exultat
　　　　opimis.
Convertere oculos ambae hinc atque inde co-
　　　　hortes,
Atque acies lacrymis, et foemineo ululatu
Ambas incubuisse putes, dum funera ducunt.
Tum reges moestos ipsa ad praetoria densi
Agglomerant sese circum; timor omnibus idem
Incumbit, par tempestas, par hausit utrosque
Diluvium populos, et sunt sua funera cuique.
Haud prorsus tamen ambobus defecerat omne
Robur: opes restant, et adhuc intacta juventus,
Tres pedites tibi Phoebe, sagittifer alter, et
　　　　ingens
Bellua turrito dorso, totidemque tibi Arcas
Excepto elephante, alta qui nuper in aula
Pace fruens cecidit positis inglorius armis,
Eminus aligera percussus arundine pectus.
Sed dexter tibi restat eques imperditus, hausit
Caetera bellantum Mars impius agmina, bel-
　　　　lique
Alea florentes et desolaverat aulas.
Et Cyllenaeo juveni spes occidit omnis,
Aestuat amissae gentis memor, et suspirat
Heroes magnos totfato corpora functa.
Non tamen excedit pugna, fracta agmina bello,
Reliquias tenues immittis Apollinis astu,
Cautior in pugnam mittit; post funera tanta
Si qua fata sinant gentis sarcire ruinas.
It nigrum campis agmen, stat ubique morari,

Fortunamque omnem tentare, aditusque no-
 cendi.
Exultat contra non aequo praelia motu
Cynthius invadens; facies indigna cohortum,
Heu facies miseranda ducum! raro agmine
 aperta
Castra patent late, viduatae et civibus aulae.
Moerebant vacuis thalamis regnator uterque
Jam dudum exosi sine conjuge taedia lecti.
Primus amor maneat, quamvis immotus,
 utrisque,
Sors tamen ad nova conjugia, atque novos
 hymenaeos
Flectit iniqua. Igitur primum rex agminis
 albi
Reginae comitis olim fidasque ministras
Regali invitat thalamo, quae funera moestae
Post fera bellatricis hernae tela irrita bello
Jactabant acies inter, cuneosque nigrantes
Oppetere amissae dominae pro caede paratae.
Sed prius explorare ausus sedet, atque viriles
Cunctarum spectare animos, ut digna cubile
Intret in hostiles sedes, atque ultima castra
Hortaturque, jubetque supremam apprendere
 metam.
Nulli fas etenim regis sperare cubile
(Pacta vetant) nisi quae per tela invecta, per
 hostes
Transactis spatiis cunctis impune suprema
Attigerit prius adversi penetralia regis.

Arrexere animos famulae, pariterque per hostes
Limitibus properant rectis. Tamen ocior anteit
Tertia, quam dextro ducebat semita cornu,
Exultatque agitatque animo connubia regis,
Nam comites spe sublapsa cessere volentes;
Illa volat coeptis immanibus, addidit alas
Gloria praepetibus plantis, et plurima merces.
Nulla obstat mora: nec facinus prohibere tyranno
Cura nigro est, novaque ipse etiam connubia tentat,
Et vacuis thalamis alias inducere nuptas.
Ergo iter alternae accelerant, famulamque sinistram
Quarto limite agit, saltu sed tardior uno.
Parrhasius juvenis *x*), jamque imperterrita virgo
Candida, facta potens voti, penetraverat omnes
Sedes, atque alacris metu consederat alta.
Tum rector jubet afferri sellamque, tiaramque
Extinctae ornatus, nec non fulgentia sceptra,
Dignaturque toro meritam, optatisque hymenaeis
Gaudet cana cohors, insultatque eminus atrae.
Haud lacrymas cohibet Maja satus, aethera voce
Incessens, pictosque a pectore rupit amictus.
Nigranti famulae tantùm gradus unus ad ipsam
Restabat metam, ah miserae, sed limite recto

---

x) Mercurius.

Turritus fera fata elephas impunè minatur
Infurgens, fi fupremam contingere fedem
Audeat, et toto caftra obfidet ultima tractu,
Et pavidam obfervans extremis fedibus arcet.
Interea nova regali dignata virago
Connubio exultans, toto dat funera campo.
Illam tollit honos novus, et fortuna tumentem
Fulminis in morem ruit, atque nigrantia faevit
Caftra per, et fedes, ac fidera territat armis.
Horrefcunt faciem invifam nigra agmina crudae
Virginis, atque imae exoptant telluris hiatus.
Diffugiunt trepidi vafto irrumpente fragore,
Hofte, metuque omnes acti glomerantur in
    unum,
Aulai in medio juxta latera ardua regis
Haud fecus alta boves fparfae per pafcua quon-
    dam,
Ut fenfere lupum venientem, protinus omnes
Conveniunt trepidae, et fortem facto agmine
    taurum
Ductorem armenti implorant, ipfique propin-
    quant
Certatim inter fe trudentes cornua rauco
Murmure, mugitu longè nemora alta refultant.
At regina furens trepidos toto agmine victrix,
Impingens in terga, ipfique ante omnia regi
Fata parans, pugnas alta ad praetoria mifcet;
Nunc ruit huc, nunc huc, tunc et nifi laeva
    fuiffet
Mens illi, poterat candentem invadere fedem

Limite in obliquum quarto, et concludere
    fauces.
Ultimus ille labor regi, gentique fuiſſet
Nigranti, et fatis Arcas lugeret iniquis.
Nempe erat hinc lethi facilis via in ilia regis,
Nec poterat quisquam ſe tantae opponere cladi.
Senſit Atlantiades tacitus, dubioque tremebant
Corda metu, accelerare hoſtem jubet impro-
    bus, ictum
Ne videat, verbisque rupit per inania mentem,
Caſtigatque moras. Adeon' inuat usque morari,
Nec pudor eſt? quae tanta animis ignavia?
    ſic nos
Increpitas ſemper cunctantes impiger ipſe?
Scilicet expectas dum nox certamina tollat?
His actus peditem imprudens, dum captat
    Apollo
Praeterjit fortunam, alacer vocem extulit aſtris
Laetitia exiliens Cyllenius. Inde periclo
Regem ipſum eripiens opponit Amazonis armis
Haud invitum equitem, qui ſaevos arceat ictus.
Tum ſecum meditans candenti lethum ele-
    phanti,
Qui meta acerbat famulam, ne regis iniret
Conceſſos thalamos, curvato perculit arcu.
Concidit, atque ictu tellurem bellua vaſto
Pulſavit moriens, dum regi intentat Apollo
Nequicquam exitium. Tum metam impune
    miniſtra

Nigra tenet, (nec Phoebus obeſt) jam regia
    conjunx.
Jamque alacres paribus certamina viribus ambo
Rurſum ineunt, nuptasque ferunt in bella ſe-
    cundas.
Tum, quamquam ambiguae ſpes ſint, incerta-
    que belli
Alea adhuc, tamen, ac ſi palmae certus, et
    omne
Diſcrimen poſitus ſit ſupra, gaudia ficto
Ore puer Majae ſimulat, verbisque ſuperbit
Improbus inſultans, aſtus genus, et ſua creber
Vocibus extollens albae premit arma cohortis.
Quem ſic deprenſa juvenis Latonius arte
Increpidat: nondum extremam dubio ultima
    bello
Impoſuit fortuna manum, et jam voce ſuperbis.
Proinde mihi inſulta, et tumidis reple omnia
    verbis,
Creta tuum annuerit tibi cum victoria Martem.
Sed jam nulla mora eſt: tua nunc nunc irrita
    faxo
Dicta manu. Haec fatus reginam hortatur in
    hoſtes.
Continuo exoritur magnum certamen, et in-
    gens
Hinc atque hinc rabies, dum fixum vincere
    utrisque
Audentes in tela ruunt, ſtat multus ubique

Terror, ubique pavor, mortisque simillima
  imago.
Nituntur cuncti adversi, seseque viro vir
Obtulit. Invigilant castris avertere pestem
Quisque suis, hostemque fugant, hostiliaque
  ipsi
Castra petunt, variantque vices, fortunaque
  ludit
Spe cupidos, et corda morae impatientia
  torquet.
Funera spargebat fuscae regina cohortis
Per medias animosa acies: non aemula contra
Opposuit sese virgo, sed calle per hostes
Secreto interea regis tendebat ad alta
Limina. Dum subito captis custodibus arcis
Irruit, atque aditus irrumpens obsidet aulam,
Intentatque necem regi. Tum nigra virago
Postquam altis vidit canam in penetralibus
  hostem,
Caede madens strages cito linquit et imperfecta
Funera, et acta pedem retro exanimata repressit,
Nec timuit mediam se certae opponere morti,
Et patriae, et trepido properans succurrere regi.
H c aliud majus Phoebo, graviusque dolendum
Objicitur, Nam cornipedem Cyllenius atrum
Huc illuc agitans campo insultabat aperto.
Ardet equus saltuque furit, nec destitit ausis,
Donec reginae pariter, regique minatus
Optatam tenuit sedem, exitioque futurus
Aut huic, aut illi nigrantibus obstitit armis.

Ut vidit, tristi turbatus pectore Apollo
Ingemuit, largusque genis non defuit humor.
Et jamjam labi, atque retro sublapsa referri
Spes omnis, fluxae vires, aversa Deûm mens.
Arcas successu exultans, ac munere divûm
Laetus, ovansque animum vocemque ad sidera
    tollit,
Et tandem rediit vigor in praecordia victo.
Protinus inclusam feriens sub tartara mittit
Reginam, et spoliis potitur non segnis opimis.
Tantum olli bellator equus cadit ilia fossus
Ultoris ferro regis, nondum tamen expers
Phoebus abit, sed pugnat adhuc, atque agminis
    albi
Relliquiae pedites duo, et arcu insignis eburno,
Martis amor juvenis, nequicquam bella la-
    cessunt.
Audentes facit amissae spes lapsa salutis,
Succurruntque duci labenti in funera, sed non
Talibus auxiliis, nec defensoribus istis
Tempus eget; toto Maja satus aequore saevit.
Instat vi multa nigra virgo, septaque regis
Circuit, excidium intentans, hac perfurit atque
    hac,
Nec requievit enim, donec certamine iniquo
Relliquias gentis candentis, et ultima bello
Auxilia absumpsit. Medio rex aequore inermis
Constitit amissis sociis, velut aethere in alto,
Expulit ardentes flammas ubi lutea bigis
Luciferis aurora, tuus pulcherrimus ignis

Lucet adhuc Venus, et coelo mox ultimus exit.
Nulla falus illi fuperat, fpes nulla falutis,
Non tamen excedit victus, fed claudere fefe
Hoftiles inter cuneos impunè per enfes
    Actus avet, donec nusquam fpatia ulla fuper-
        fint
Effugiis. Nam fi nemo illi fata minetur,
    Nec fuperet fedes, quam impunè capeffere
        poffit,
Nil tantorum operum impenfis foret omnibus
        actum,
Sed labor effufus fruftra, viresque fuiffent,
Nec titulos quisquam, aut victoris nomen
        haberet.
Ergo per vacuas fedes defertaque caftra
    Nunc huc, rurfum illuc in certos implicat
        orbes
Diffugiens, niger infequitur rex aequore toto,
Atque fugae femper fpatiumque obitumque
        relinquit.
Poft ubi fupremo tendentem limite greffum
Vidit, reginam fedes fervare fecundas
Juffit ab anguftis ne fe ille abducere poffet
    Ordinibus, tantumque fugae mifero ultima
        reftat
Linea, tum fefe contra niger aemulus infert
Dux gentis, propiore gradu, fedes tamen una
Alterum ab alterius contactu fummovet usque.
Ut vero contra exulfantem victus, et expers
Conftitit invitus, fortunam nacta virago

Extremam infiliit fedem, totoque minatur
Limite, nec mifero reftat locus ampiius
    usquam.
Tandem illum furgens virgo crudelis in enfem
Immolat, et finem impofuit forsafpera pugnae,
Ingenti fuperûm plaufu, et clamore fecundo.
Victor Atlantiades exultat littòre toto
Improbus, et victo infultat, ridetque dolentem:
Quem pater omnipotens ad fe vocat, et dat
    habere
Felicem virgam, qua puras evocet umbras
Pallenti Styge, ut infectum fcelus eluit ignis,
Quaque Erebo damnet fontes, et carcere coeco,
Detque, adimatque oculis fomnos, et funere
    in ipfo
Lumina lethaeo claudat perfufa fopore.
Mox vero gratum ludum mortalibus ipfe
Oftendit Deus, et morem certaminis hujus
Italiae primum docuit celebrare colonos.
Namque olim, ut perhibent, dilectam Scacchida,
    qua non
Inter Seriadas praeftantior altera Nymphas,
Compreffit ripa errantem, et nil tale putantem,
Dum pafcit niveos herbofa ad flumina olores.
Tum bicolorem illi buxum dedit, atque
    pudoris
Amiffi pretium vario ordine picturatam
Argentique aurique gravem tabulam addidit,
    ufumque.

Edocuit. Nymphaeque etiam nunc servat
honorem,
Et nomen ludus, celebrat quem maxima Roma,
Extremaeque hominum diversa ad littora gentes.
Omnia quae puero quondam mihi ferre solebant
Seriades, patrii canerem dum ad flumina Serii.

Neunter Abschnitt.
Aeltestes erweitertes Schachspiel der Perser bei Firdussi. Schachspiel des Tamerlan.

Der folgende Abschnitt wird uns ein zusammengesetztes Schachspiel bei den Indern kennen lernen, dessen Alterthum bereits weit über die Zeiten der Verpflanzung des Schachspiels nach Persien unter Regierung des **Anuschirwân** hinauszureichen scheinet: es wird also nicht befremden, wenn wir ein **erweitertes** Schachspiel schon in den Zeiten der ersten Ueberpflanzung nach Persien hinaufgerückt finden. In der That ist dasjenige Schachspiel, welches der berühmte Dichter **Firdûsi** schildert, indem er uns die Erzählung darleget, wie das Schachspiel aus Indien, dem Lande seiner Erfindung, zuerst nach Persien an den Hof des **Chosrû Anuschirwân** gekommen, und gegen das in Persien erfundne **Nerdspiel** ge-

wechfelt fei, nicht das gemeine einfache Schachfpiel, welches wir bisher befchrieben haben,
und welches man in Europa gewöhnlich zu
fpielen pfleget, fondern es ift um vier Figuren vermehrt und wird auf einem Brete mit
80 Feldern gefpielt. Auf jeder Seite des Quadrats zählet man alfo 10 Felder, und die zwo
Reihen, da die Armeen einander gegenüber zu
ftehen kommen, haben jede zween Bauern
oder Fufsmänner und eine doppelte
vornehme Figur mehr als gewöhnlich.
Diefe letztere heifst das Kameel. Der Platz
der beiden Kameele aber ift nach den beiden
Elefanten, zwifchen diefen und den beiden
Reutern. Die Folge der Figuren nämlich
ift diefe:

Roch. Springer. Kameel. Elefant. Ferz. König. Elefant. Kameel. Springer. Roch.	Bauer. Bauer. Bauer. Bauer. Bauer. Bauer. Bauer. Bauer.
Bauer. Bauer. Bauer. Bauer. Bauer. Bauer. Bauer. Bauer.	Roch. Springer. Kameel. Elefant. Pers. König. Elefant. Kameel. Springer. Roch.

Die beiden neu hinzukommenden Bauern sind in allen Stücken den übrigen Bauern des Spiels gleich.

Das Kameel aber, welches persisch Schutùr oder Uschtùr genannt ist, gehet
wie

wie der Läufer oder Elefant und wird von dem Spieler nach denselben Regeln behandelt.

Der ganze Gesang des Schâhnâmè Firdusi, welcher die Geschichte des Chosru Anuschirwân erzählt, und die Nachricht von Erfindung oder vielmehr Ueberpflanzung des Schachspiels nach Persien und des persischen Nerdspiels nach Indien enthält, ist voll von diesem Spiele. Ich werde hier aber blos den Freunden der persischen Litteratur zu gefallen diejenigen Stellen ausheben, welche schon Thom Hyde hat abdrucken lassen, und welche eigentlich die Lage der Figuren und die Ordnung des Spiels andeutet. Das übrige würde für dieses Werkchen zu viel Raum einnehmen.

Ich lasse mit Hyde den persischen Text selbst folgen, und dann der Kürze wegen die lateinische wörtliche Ueberseztung des Hyde, jedoch dass ich in den Anmerkungen die wenigen verschiednen Lesarten meines Codex notire.

Nach dem Codex des Hyde, welcher noch auf der Bodlejanischen Bibliothek in Oxford aufbehalten ist, p. 1069, in meinem Codex fol. 424. a)

بیار استند شاه دس قلب کپاه (1
بیکی (2 دست فرزانه نیکی خواه
ابر دست شاه از روپه دو پیل
نبهلان شده کرد همر نکی نبل
یو اشتر یر پیل کرده بپای
نشانده بدیشان دو پاکیزه رای
به پهلوی اشتر (3 دو اسپ ودو مرد
که پر خاشجوینده (4 بروز نبرد
مبارز دو رخ بر دو روپ دو صف
نژخون جگر بر لب اورد (5 کف
پیاله برفتن نپیش وزیس
که او بون دس چنکی فرپاد رس
چو بکذاشتی تا سر اورد کاه
نشستی چو فرزانه بر دست شاه
همان (6 نیر فرزانه یک خانه خویش (7
برفتن نمودش ازین شاه پیش

---

1) وقلب وسپاه   2) نزیکی
3) آورده   4) جوینده   5) بدین سپر بر
6) پیش   7) هما نه

سه خانه برفتي سر افسرانرا (۸ پیل
بدیدي همه بزم گاه انر دو میل
سه خانه برفتي (۹ شنتر همچنان
باورد که بر دمان ویذان
نم قتي کس (۱۰ پیش رخ کینه
خواه

همي تاختي او همه بزم گاه
همي براند هم يكي ببيدان خویش
برفتن نكردي يكي كم وپیش
چو بردي يكي حمله بر دیگري (۱۱
نکهد ا شنتي من یامرا یاوري (۱۲
چو دیدي کسي شاهرا در نبرد
باوانر کفتي که اي شاه برد
سپکي شاه انر راه برخاستي
کران لشکري یاوري خواستي

(۸ سر افرانر. Diese Lesart konnte Hyde blos vermuthen.

(۹ برفتن tuntur.   (۱۰ کسي   (۱۱) (۱۲) ommit-

In procinctu ſtat Rex in medio loco,
Ad cujus manum eſt Ferſâns 1) ei benevolens.
Juxta manum Regis utrinque, ſunt duo
　　　　　　　　　　　　　Elephantes.
A quibus Elephantibus excitatur pulvis 2)
　　　　　　　　　　　　coerulei coloris.
Duo Cameli juxta Elephantes ſunt pedibus
　　　　　　　　　　　　conſiſtentes.
Juxta eos nempe collocati ſunt hi duo praecel-
　　　　　　　　　　　　lentes ingenio
Ad latus camelorum ſunt duo Equi cum
　　　　　　　　　　　　eqnitibus,
Qui certaminis quaeſitores 3) ſunt die proelii.
Strenui ſunt duo Rochi ad utriusque ordinis
　　　　　　　　　　　　extremum,
Qui prae ſanguine jecoris 4) effuſo manum ori
　　　　　　　　　　　　admovent.
Pedes adeſt apud eundem ante et poſt,
Qui tempore belli multum exclamare ſolet.
Quando iſte pertranſiverit ad extremum bella-
　　　　　　　　　　　　torii campi,

---

1) Is eſt Conſiliarius ſapientiſſimus, ſ. Magnas conſultiſſimus, qui Dux totius exercitus.

2) Sc. Nubes pulveris.

3) i. e. Proclives ſunt ad quaerendum occaſionem certandi.

4) Quem nos dicimus ſanguinem cordis.

Sedet sicut Fersâna juxta manum Regis. 5)
Talis etiam Fersâna unica areola
Plus, non potest ab isto Rege discedere.
Per tres areolas discedit elatus Elephas, 6)
Perlustratque proelii campum per duo
  milliaria.
Per tres areolas discedit Camelus eodem modo,
Ad belli locum procedens furens et superbiens.
Nemo audet ambulare coram Rocho vindictivo,
Nam ille currit per totum proelii campum
Unusquisque movetur in suo ipsius Meidân 7)
Adeo ut nemo possit ambulare minus aut plus.
Quando unus in alterum facit impetum,
Quisque observat ut socio suo opem ferat.
Quando aliquis videt Regem in proelio,
Elata voce dicit: o S h â h a p a g e.
Tum agilis Rex de illa via surgit,
Quia ab illo exercitu opem petit.

---

5) Sc. si Primarius Fersâna s. Dux generalis perierat · non duo Generalissimi eodem tempore esse non possunt. Aliâs autem in procinctu reservatur donec Generalissimus interficiatur; in cujus locum succedit et subrogatur.

6) Aliter quam fit apud Europaeos. Sunt quoque in India, qui altero ordine collocant Scachos S h a h, F e r s, S c h u t û r, A s p, P i l et nullum R o c h agnoscunt. Sed hoc peculiare, nec apud omnes receptu.

7) i. e. secundum proprios suos limites et certas suas leges.

Die wenigen verschiednen Lesarten meines Codex, welche in den Anmerkungen notirt sind, verändern den Sinn dieser Ueberfetzung im Ganzen gar nicht. Nach denselben wird sie blos nachfolgende Abänderungen erleiden.

In procinctu ſtat Rex et cor et nigrum 1)
De cujus manu — — — — — —
— — — — — — —
— — — — — — —

Prope quos conſpiciuntur duo Equi cum equitibus
— — — — — — —
— — — — — — —
— — — — — — —

Adeo ut nemo poſſit ambulare minus aut plus.
Quahdo aliquis videt Regem in proelio
— — — — — — —
— — — — — — —
— — — — — — —

Man kann ſich aus allem dieſen wenigſtens einen allgemeinen Begriff von demjenigen Schachſpiele der Perſer machen, welches in einer etwas erweiterten Geſtalt ſchon bei Ferduſsi vorkömmt. Ich habe hier nichts darüber beizufügen, und betrachte daher zunächſt das Schachſpiel des Tamerlan, welches

---

1) D. i. tanquam cor et centrum (totius exercitus.)

um ein anfehnliches mehr erweitert ift, als das vorige.

Nächft den Perfern waren, wie bekannt, die Munghalen, die unter dem Tîmûr (Tîmûrlengk oder Tamerlan, d. i. dem lahmen Tîmûr) ganz Afien erfchütterten ganz vornehmliche Freunde und leidenfchaftliche Liebhaber des Schachfpiels. Tamerlan felbft beftrebte fich alles hervorzufuchen, was nur zur Kriegsbeeifrung und Erhaltung der Tapferkeit feiner Nation abzwecken mochte. Er führte daher auf feinen Zügen, als ein exemplarifcher Schachfpieler, ein prächtiges Schachfpiel bei fich, und pflegte vor jeder zu unternehmenden Expedition mit feinen Feldherrn darauf zu fpielen, um gleichfam die Gründe feines Verfahrens mit ihnen überlegen zu können. Sein Andenken hat fich daher nicht blos auf weitläufige Eroberungen, fondern auch vornehmlich bei den morgenländifchen Schachfpielfreunden durch einen von ihm zuerft gefundenen meifterhaften Zug erhalten, bei welchem die Hauptabficht dahin ging, mit dem Ferfana oder Fers gleich bei dem dritten oder vierten Zuge den Königs Roch zu nehmen, und dann den ganzen Flügel zu demoliren. Zu diefem Ende mufste der Fers fich beim erften Zuge als Laufer auf den Flügel, wo der feindliche König ftand vordringen. Wurde ihm die Spitze geboten,

so nahm er beim zweiten Zuge als Roch den
Königsbauer und setzte den König dadurch in
Gefahr. Der dritte Zug nahm den Roch,
der durch das gardés bieten von seinem Bauer
entblöst war. Und so auf ähnliche Art.
Aber wir müssen die Verfassung des Spiels selbst
näher kennen lernen. Die Hauptquelle ist
Ibn 'Arabschâh.

Dieser Verfasser meldet, dass er bei Tamerlan dreierlei Arten Schachspiel gesehen habe,
nämlich Schathrandsch medûr, d. i. das
runde Schachspiel, Schathrandsch
thavîl, d. i. das lange Schachspiel,
und Schathrandsch khebîr d. i. das
grosse Schachspiel. Diese drei Varietäten des
Schachspiels habe sich Tamelan selbst ausgedacht, damit er im Stande sei, durch ein so
erweitertes Spiel, mehr als in dem gemeinen,
die damalige Kriegsverfassung darzustellen.

Von dem runden und dem langen
Spiel hat uns 'Arabschades keine Schemata aufgestellet. Aber das dritte, nämlich das grosse
Schachspiel des Helden hat er uns genauer kennen gelehret. Es gehört dahin folgende
Stelle: "Er befleifsigte sich, sagt 'Arabschades, der Lehren seiner Aerzte
und Astronomen mit einer Aufmerk-

famkeit welche er jederzeit durch
das Schachspiel zu fchärfen wufste,
welches er während ihrer Verhand-
lungen fpielte, um dadurch feinen
Verftand zu fchärfen und zufammen
zu nehmen. Sein Geift aber war
höher geftimmt, als dafs er fich mit
den gemeinen kleinen (oder einfachen) Schachfpiel hätte befriedigen follen. Er übte daher ein gewiffes grofses Schachfpiel. Das
Schachbret zu diefem Spiele enthält
an Feldungen von zehn zu elfe; indem daffelbe durch zween Kamelo-
pardel oder Seräfen, zween Wächter,
zween Mafchinen und einen Vefir
und dergleichen Dinge vermehret
worden ift. Diefes grofse Schachfpiel hat inzwifchen vollkommne
Gleichheit mit dem kleinen, und
fo umgekehrt,„

Das grofse Schachfpiel des Tamer-
lan hielte alfo nach des 'Arabfchades Schilderung nur 110 Feldungen, was aber für die
Ausdehnung des Spiels zu befchränkt fcheinet,
daher wie fchon Hyde bemerkt, man vielmehr ein Schachbret von 132 Feldern denken
mufs, worauf auf jeder Seite die Schachfiguren

nicht wie bei dem gemeinen Spiel in doppelter, sondern in dreifacher Reihe stehen.

Die Schachfiguren selbst sind, die beim ordinären Schachspiel gebräuchlichen, welche im Vorhergehenden dieses Werkchens bereits gemustert worden sind, nur dafs noch 9 Vornehmere, und 6 Gemeine dazu kommen, welche diesem gröfsern von Tamerlan erfundenen Spiele allein zugehören, und welche wir gleich nachholen werden, wenn wir zuvor gezeigt haben, wie die sämmtlichen Figuren dieses Spiels nach ihrer Ordnung zu stehn pflegten.

Nämlich alſo:

Fil. Ruch. Faraſſ. Dabbaba. Thalia. Serafa. Baidak elſchah. Serafa. Thalia. Dabbaba. Faraſſ. Ruch. Fil.	Dſchamal. - - - Ferſin. Schah. Weſir. - - - Dſchamal. - - - Fil.	
Baidak elbaidak	Baidak elbaidak	Ruch. Faraſſ. Dabbaba. Thalia, Serafa. Baidak elſchah. Serafa. Thalia, Dabbaba. Faraſſ. Ruch. Fil.
Baidak elfaraſſ	Baidak elfaraſs	
Baidak elweſir	Badak elweſir	
Baidak eldſchamal	Baidak eldſchamal	
Baidak elfil	Baidak elfil	
- - -	- - -	
Baidak elſerafa	Baidak elſerafa	
Baidak elthalia	Baidak elthalia	
Baidak eldabába	Baidak eldabbàba	
Baidak elferſin	Baidak elferſin	
Baidak elruch	Baidak elruch	Fil. Ferſin. Weſir. Schah. Dſchamal. - - - Fil.

Und nun folgen also die sämtlichen Figuren insbesondere, nach ihren Namen und Bedeutungen.

I.

Drei Hauptpersonen.

1) Schäh, der König, s. oben p. 158.
2) Fersin, der Feldherr, s. oben p. 164.
3) Wesir, der Grofswesir oder erster Minister, Persisch heifst er Iltschi und ist der Vicarius Regis, der die Bürde des Königs tragen muss. Die Neugriechen haben einen Ουχριζης (statt Ουαζιρης) aus ihm gemacht. Er ist als des Königs höchster Rathgeber, erster geheimer Rath zu betrachten — Regis consiliarius, in der türkischen Verfassung mit den Beinamen grofs, der Grofswesir (Wesîr âlîm), Ist gleichsam der Prorex. oder Vicekönig, der bei seiner Abwesenheit sein Amt einem andern höchsten Staatsbedienten anzuvertrauen pflegt, den man Kâim makâm (d. i, der Stellvertreter) nennt. Tamerlan erfand also die dritte Hauptperson in seinem Schachspiel nach Anlafs der orientalischen Staatsverfassung. Diese Figur hat gleich dem Fers alle mögliche Freiheit in Spiel, allenthalben durchzudringen.

II.

Vierzehn andre vornehmere Perſonen.

1) Die beiden Fîl oder Elefanten, ſ. oben p. 170 f.
2) Die beiden Dſchamal oder Kameele, die ſchon im Schachſpiel des Ferduſi vorhanden ſind, ſ. oben p. 271. Dſchamal heiſst ein Kameel auf arabiſch, Schutûr oder Uſchſtûr aber auf perſiſch; türkiſch Devè oder Temè.
3) Die beiden Faraſs oder Springer, ſ. oben p. 185.
4) Die beiden Ruch oder Roch, ſ. oben p. 186.
5) Die beiden Serâfa oder Kameelpardel. Dieſes Thier iſt nunmehro bei den Naturforſchern bekannt genug, und wird Serâfa, Surâfa (gemeiniglich Zirâfa geſchrieben) auch mit einen arabiſchen g. Girâfa oder Dſchirâfa geheiſsen. Die Spanier nennen es dahero Giraffa und auf Latein giebt man es Camelopardalis, bei Agatharchides Camelopanthera.

Der Name ſchreibt ſich von dem arabiſchen Wurzelworte Saraf d. i. aſſilivit, properavit incedendo. Denn vermöge der Ungezwungenheit und Schlüpfrigkeit ſeines Laufes übertrift es den künſtlichen Lauf des

Pferdes an Schnelligkeit; da es mit feinen längeren Schenkeln ungleich weiter auszuheben vermag. Im Spiel daher ift diefe Figur eines fchnellern Fortfchritts fähig und zwar im Sprunge auf die Weife des Springers.

Die Perfer nennen diefes fonderbare Thier, deffen Naturgefchichte in den ältern Zeiten mit mancherlei Fabeln verworren war, S'chutùr Gkâo Pelèngk oder Ufchtùr Gkâo Pelèngk d. i. Camelo-bovino-pardus, Kameelftier-Pardel. Man glaubte nehmlich gemeinhin, dafs in diefem Thiere die drei Gefchlechter, das Kameel, das Rind und der Pardel vereiniget feyn. Eigentlich aber find nur in feiner äufsern Geftalt von jeden diefer Gefchlechter einige Charaktere vermifchet.

Bochart in feinem Hierozoicon, wo er vom 'ebräifchen זמר handelt, führt die Nachricht von unferer Seràfa aus dem 'arabifchen Wörterbuche Kamûsf an, und fchreibt unrichtig Ostor caujalanc ab, fo man nach feiner Schreibart in Ostor cau palanc wird umändern können.

Auch das 'arabifche Seràfa pflegen die Türken fälfchlich Surnâpa oder Surnâba auszufprechen und zu fchreiben. Noch mehr verftümmelt ift Nabis oder Nabim, wie es bei den Aethiopiern heifsen foll. Einige Schriftfteller haben fogar Anabula.

Nach Hiob Ludolfs Nachricht ift der wahre Name des Thiers bei den Hhabeffiniern Sarâth, das aber vielleicht aus Sarâf entftanden. Vollftändiger fagt man Sarâth Katfchin, d. i. Cauda tenuis, λεπτουρος, λεπτικερκος, weil das Thier ohngeachtet feiner Gröfse doch keinen eigentlichen Schwanz, fondern nur eine Blume hat.

Schon Heliodor in feinen Aethiopicis befchreibt den Kameelpardel (Καμηλοτραρδαλιν) umftändlicher und eben fo Dion Caffius in der römifchen Gefchichte B. 43. p. 225. dafs diefes Thier dem Kameel an Geftalt am nächften komme, dafs es lange Vorderfüfse und ganz kurze Hinterfüfse habe, mit einem langen Halfe verfehen, und wie der Pardel fcheckigt fei. —

Calcafchendi thut hinzu, dafs es einen Schwanz und Hufe habe, wie das Rindergefchlecht, und die Farbe weifs- und gelbbunt fei. Genauer geht das perfifche Buch Mudfchifât zu Werke. Es heifst dafelbft: "Sein Kopf ift wie der Kopf des Kameels, aber mit Ochfenhörnern. Die Haut ift gleich der Pardelhaut gefleckt. Es hat über das gefpaltene Ochfenhufen und einen fehr langen Hals. Die Vorderfüfse find ungemein lang, die Hinterfüfse defto kürzer. Der Börzel ift wie am Hirfche. Im Ganzen hat es das meifte in der Geftalt vom Kameele.„ —

Daſs die Hörner wie beim Ochſen ſind, das ſagt auch ein ander perſiſch Büchelchen, das von der Jagd geſchrieben iſt. Vermöge ſeiner hohen Vorderbeine und langen Halſes iſt dieſes Thier ſehr hoch, wenn es ſtehet und kann von den Bäumen die Brüchte herunter langen. Denn ſein Kopf ſoll, wenn er aufrecht ſtehet, elf Fuſs von der Erde erhoben ſeyn.

Von der Gelenkigkeit und wunderbaren Schnelligkeit des Thiers leſe man Heliodors Nachricht B. 10. und Bochart in dem Hierozoico.

Wegen der wunderbaren Geſtalt, da daſſelbe mehreres mit ſo verſchiednen Thieren gemein hat, haben viele Alte geglaubt, daſs daſſelbe von der wilden Kuh und dem Pardel, oder von dem wilden Stier und der Pardelin, oder aber der äthiopiſchen Kameelin und dem Pardel und der männlichen Hyäne erzeuget werde. So hat Dſchâhidh bei Calcaſchendi, und ſetzt hinzu, daſs aber dem gemeinen Glauben nach die Kameelpardelin nicht von dem Kameelpardel empfange; doch ſei in Hhabbeſſinien und Jemen das Gegentheil bekannt.

Um uns über alles dieſes eine anſchauliche Erkenntniſs zu verſchaffen, hat ſchon Hyde in ſeinem Werke und ſein Herausgeber p. 106. das Bild des ſonderbaren Thiers aus dem Buche

Mud-

Mudfchifât ausgehoben und auf einen Kupfer dargelegt, fowol wie es liegt, als auch wie es ftehet. Er merket dabei noch an, dafs Anfangs eines andern perfifchen mit Gemählden verfehenen Buches die Hörner diefes Thiers etwas verfchieden abgebildet feyn. Die Farbe des Thiers in dem Buche Mudfchifât war, dem in der Note zugefügten zufolge: Kopf, Naeken und die Oberfeite des Körpers of a light faun or dead leaf colour, d. i. lichtgelb wie die im Herbft erftorbnen Blätter der Bäume; Kehle, Bruft und Bauch aber weifs.

Ich habe ftatt der Hydifchen Abbildung auf der Kupfertafel No. n eine andre dargeftellt, benebft Beifügung des Kopfes nach differenter Befchreibung, vielleicht einer eignen Varietät; und ich glaube, dafs diefe dasjenige verbeffert enthält, worin die Hydifche der Natur nicht gemäfs ift.

6) Die beiden Thalî'a. Die Perfer haben daraus Talâja oder Tilâja gemacht. Das Wort bedeutet, wie es auch der Syrer erklärt, Infidiatorem, Exploratorem, einen qui intendit infidiis f. explorationi, — von dem 'arabifchen Wurzelwort Thala' d. i. afcendit, ortus eft, prodiit. Der mehr angeführte Ekhteri giebt über diefe Figur nähere Auskunft. Er

Wahls Gefch. d. Schachfp. T

sagt: *Thali'a* ist der *Kundschafter* und nach Einigen *Karâvul* (Excubitor, Procubitor, Wächter, Feldwacht, Vorposten) welchen man gegen die feindliche Postirung zu setzen pfleget. Ferner auch Thali'a eldscheifch, (d. i. Exploratrix exercitûs), nämlich derjenige Theil, welcher dem Feind gleichsam auf den Nacken rücket, (also das, was die Engländer the forlorn hope nennen, griechisch Φρουρὸς, oder προκοιτος, die Vorläufer, Wagehälfe.)

Auch die arabischen Erklärer nehmen diese Figur bald in der Bedeutung eines Einzelnen, bald Mehrerer. "Thali'a heisst es bei dem *Turdschman 'Arabi*, ist auf persisch Talâja und bedeutet so viel als *Didabân* (Speculator) türkisch *Karâul* d. i. Vorposte (Vigil Stationarius) — *Thali'a eldscheifch* heissen alle, die dem Feind die Spitze zu bieten beordert werden.,, Daher wird auch in dem Werke Ferhengk Dschihângkiri Thali'a mit dem Beinamen Sseri Ghaughâ und Sseri Dschengk beleget, davon der erstere Kopf des Streits, der andre Haupt oder Kopf des Kriegs bedeutet.

Aus allem diesen erhellet, daſs Thali'a entweder Vorwächter, Vorwacht bedeutet, oder Kundſchafter. Letzteres heiſst in Perſiſchen Leſchkher puſhûh, d. i. Exercitum explorans es ſei nun eine einzelne Perſon, oder ein Trupp, ſo dazu gebraucht wird. Daſs unter Thali'a oder Talâja, vielmehr das letztere verſtanden werde, wenn es im Schachſpiel vorkömmt, nämlich eine auskundſchaftende oder recognoſcirende Truppe, das hat Hyde ſehr wahrſcheinlich gemacht, aus einer Stelle, welche er aus dem oben genannten Ferhengk herbei ziehet.

Ein ſolcher recognoſcirender Trupp heiſst ſonſt bei den 'Arabern Mokáddema eldſcheiſch oder Ssâbika eldſcheiſch d. i. Praecurſor Exercitus, der Vortrupp. Die Türken ſagen Tſcherl bâſchi d. i. Caput exercitûs, Die Perſer Pîſchrû leſchkher, d. i. Anteambulo exercitûs und Sserhengk oder Sser 'Ahengk, d. i. Caput trahens, auch Pîſch-âhengk d. i. Anteriora ducens. Mit einem veralteten perſiſchen Ausdruck wird ſolches aber zuweilen Jeſekh gegeben, ſo Ferhengk Dſchihângkîrî durch eine kleine Mannſchaft erkläret, welche vor der

Fronte ſtreifet, um die feindlichen Truppen zu erforſchen.

Tamerlan wird dieſe Schachfigur alſo vornehmlich zu Anfang des Spiels benutzet haben.

7) Die beiden *Debâba*. Debâba bedeutet im Arabiſchen Muſculum bellicum, ein Schirmdach, Kriegsmaſchine, unter deren Bedeckung die Soldaten ſich der Stadt näherten, zu welchem Gebrauch auch die ſogenannte Vinea oder der Pluteus dienen mußten. Dergleichen Kriegsmaſchinen waren bei den Alten, wie bekannt, meiſt ſchlechtweg aus Stangen und darüber geſpannten rohen Fellen gefertiget.

Wie der Muſculus und die Vinea bei den Römern von einander unterſchieden geweſen, darüber kann man des *Juſti Lipſii* Poliorcetica nachſehen, wo man beide abgebildet findet. Von dem Pluteus ſiehe Vegetium im 4ten Buche. Auch andern noch von allen dreien beſondern bei den Römern Dempſter à Mureſk, Antiqq. Roman. p. 982.

Unſre Debâba wird vom Verfaſſer des arabiſchen Wörterbuchs Kamûſs unter dem Wurzelworte Dabba, d. i. repſit folgendermaſsen beſchrieben: "*Debâba* iſt eine Maſchine, welche man zur Belagerung brauchet. Man pflegt ſolche bis an den Fuſs einer Mauer oder einer Veſtung vorzurücken, damit hernach die Soldaten, welche im Bauche derſelben verborgen ſind, einbrechen können.,, Daſſelbe wiederholt er unter dem Worte Daradſch.

Dieſelbe Maſchine wird nämlich mit einem andern Namen auch Durâdſcha genannt, oder auch Derrâdſcha, d. i. ein Laufwagen, weil ſie mit den beweglichen Laufwagen oder mit Räder verſehenen Stühlen, ſo man für die Kinder gebraucht, ehe ſie laufen können, und ſo ſonſt im 'Arabiſchen Hhâl, d. i. Drehſtuhl genannt wird, einige Aehnlichkeit hat.

Das Zeitwort Daradſch bedeutet greſſus eſt, gradatim progreſſus eſt. Der Name Debâba aber kömmt von Dabba, d. i. repſit, lentè ac leniter quaſi rependo inceſſit et clanculum obrepſit. Daher hat man auch das Wort Dâbba das ein kriechendes Thier bedeutet. Unſre Maſchine Debâba gehört nun zu derſelben Wurzel, weil ſie mit Rädern verſehen, beweglich iſt, und ſich bis an die Mauer einer Veſtung fortſchleichet.

Der Gang dieſer Maſchinen im Schachſpiele iſt langſam und Schritt vor Schritt.

III.

Eilf Fufsmänner oder Bauern.

Unter diesen hatte einer, der Königsbauer nämlich oder Baidak elschâh den vornehmsten Rang und grofse Privilegien voraus, so dafs er auch seinen Platz in der Reihe der vornehmern erhielt. Dann war auch einer der geringste unter allen übrigen, nämlich der Bauer der Bauern Baidak el baidak, der Servus Servorum oder gregariorum militum pedissequus ac famulus.

Die übrigen waren nach den vornehmern Posten benennt, welchen sie in den Tamerlanischen Spiele, gleichsam als deren Compagnien bedient waren. Als nämlich 1 Baidak des Ferfîn, 1 Baidak des Wefîr, 1 Baidak des Ruch (dem andern Ruch wird der Baidak elbaidak gegeben), 1 Baidak des Debâba, 1 Baidak des Thalit, 1 Baidak des Serâfa, 1 Baidak des Elefanten oder Fîl, 1 Baidak des Dschamal oder Kameels, 1 Baidak des Reuters (Springers) oder Farafs.

Zehnter Abschnitt.
Zusammengesetztes Schachspiel der Inder.

Dieses sehr alte Spiel ist von derselben Art, als das gemeine Schachspiel, welches seiner edlen Einfalt gemäfs und der Geschichte zufolge auch in Indien ungleich älter ist als dieses, womit uns Herr W. Jones in den Asiatick Researches bekannt gemacht hat, und welches wir aus dieser Sammlung hier unsern Lesern mittheilen wollen.

Dieses zusammengesetzte Schachspiel, das bei den Indern neben dem gemeinen einfachen Schachspiele im Gebrauch kam, heifst wie das letztere dort zu Lande ebenfalls Tschaturangka, d. i. das Spiel der vier Angka.

Das Spiel der vier Angka oder vier Theile des Heers ist, wie ich oben zu seiner Zeit bemerkt habe, S. 82. ein Name des Schachspiels überhaupt, welcher von den vier wesentlichen Stücken der Schacharmee, *Hasty, Aswa, Rat'a* und *Padatam* entlehnet ist.

Hasty, Aswa, Rat'a, Padatam, d. i. Elefant, Pferd, Wagen, Fufsvolk, nach unserer Art zu reden, Läufer, Springer, Roch, Bauer oder Fufsmann.

Um nun aber auch zuweilen das gegenwärtige zusammengesetzte Schachspiel von dem gemeinen mehr zu unterscheiden, pflegt man dasselbe nicht blos im allgemeinen Tschatur angka sondern weit öfterer Tschatur ráji, d. i. die vier Könige zu nennen.

Der Grund hierzu ist, weil dieses zusammengesetztere Spiel von vier Personen gespielt wird, welche eben so viele Raja oder Radscha, d. i. Fürsten vorstellen und von denen zween und zween mit vereinigter Macht streiten.

Also sind in diesem indischen Spiele vier Personen thätig, und allemal zwo und zwo gegen einander, so daſs zwar auch hier zwo Partheien bleiben, aber jede dieser Parthei ein doppeltes Kriegsheer commandiret.

Die Beschreibung von diesem Spiele, welche uns Herr W. Jones davon giebt, hat er aus einem alten angesehenen Schanskritbuche, dem B'awischja Purân genommen, einer der indischen klassischen Schriften oder Commentare des Wedam.

In diesem Purân wird eine Unterredung aufgeführt zwischen dem Weisen Wiassa und dem Könige Indischt'ir. Der Weise erklärt darin dem Könige auf dessen Verlangen die Bewandniſs solches erdichteten Kriegführens, und was die vorzüglichsten Regeln dabei seyn.

"Nachdem du, sagt der lehrende Weise, "*acht* Quadrate an jeder Seite bezeichnet hast, "so ordne das *rothe* Heer gegen Osten, das "*grüne* gegen Süden, das *gelbe* gegen "Westen und das *schwarze* gegen Norden.

"Der *Elefant* stehe dem *Könige* zur "Linken, dann das *Pferd*, dann das *Schiff*, "und vor alle diese kommen *vier* Fufssolda- "ten, Aber das *Schiff* mufs in dem Winkel "des Bretes stehen.„

Aus dieser Stelle ersiehet man sehr deutlich, dafs auf eine jede Seite des Brets eine Kriegsmacht mit ihren vier *Angka* gestellt werden soll, weil der *Elefant* sonst nirgend jedem Könige zu Linken stehen könnte.

Rad'akant, ein gelehrte Brahme, ein Freund des Herrn Jones, lehrte ihn hierüber, dafs das Schachbret, wie bei uns, aus 64 Quadraten bestehet, davon die eine Hälfte besetzt, die andre aber offen ist.

Dieses Spiel, fügte dieser Gewährsmann, auf welchen sich Herr W. Jones beruft, hinzu, kommt schon in den ältesten Gesetzbüchern vor. Die Gattin des Ravan, Königs von Lanka erfand es, damit sie ihrem Gemahl durch ein Bild des Krieges angenehm die Zeit vertreibe, während dafs Rama, im zweiten Weltalter dessen Hauptstadt eng eingeschlossen hielt, s. oben S. 117.

Herr Jones macht hierbei die Bemerkung. "Was Ferdussi, gegen das Ende seines Schâhnâmé erzählet, war meinem Freunde unbekannt. Das Spiel ist wahrscheinlich durch *Borsu* den Lieblingsarzt des grossen Anuschirwân, der daher auch Waidjaprija genannt ward, von Canjacovdscha in Indien, (Kanûdsch) nach Persien gebracht.

Jedoch, sagte er mir, dass die Brahmen von Ghaur oder Bengkalen einst wegen ihrer grossen Geschicklichkeit im Schachspielen berühmt waren, und dass sein Vater, nebst seinem geistreichen zu Tribeni lebenden Lehrer Dschagannat' zween junge Brahmen in allen Regeln desselben unterrichtet und sie auf Verlangen des letzten Raja nach Dschajanagar geschickt habe, wo sie von dem Raja reichlich beschenkt worden seyn."

Aber Rad'akant redete offenbar nicht von dem gemeinen und einfachen Schachspiel, worauf die Nachricht bei Firdûssi zu ziehen ist, sondern von der Erfindung des Tschaturraji oder zusammengesetzten indischen Schachspiels.

In diesem zusammengesetzten Spiele ist, wie man siehet, ein Schiff oder Boot an die Stelle des Rat' oder Streitwagens gekommen.

Aus Rat' oder Rat'h, welches in Bengkalen Rot'h. (Rot') ausgesprochen wird, haben die Perser Roch gemacht, wie wir bereits an seinem Orte erörtert haben.

Herr Jones versichert schon, daſs er seinem Freunde darin nicht beistimmen könne, daſs in dieses Kriegsspiel statt des *Wagens*, worauf die alten Krieger Indiens beständig fochten, ein *Schiff* eingeführt sey. Und in der That ist es auch auf keinen Fall wahrscheinlich, sondern muſs man sich vielmehr statt des Schiffs einen Streitwagen gedenken.

Ob man gleich sich den König als auf einem Wagen sitzend vorstellen kann, so daſs auf die Weise doch nur 4 Angka heraus kämen, — der König auf einem Wagen, der Elefant, das Pferd und das Schiff — ob es ferner gleich auch bei wirklichen Feldzügen nicht selten unvermeidlich ist, Flüſſe und Seen zu paſſiren: so findet sich doch auf dem Schachbret der Inder kein Fluſs bemerkt.

Der Fluſs ist allein auf dem Schachspielbret der Sineser entworfen, wie aus dem folgenden Abschnitt erhellen soll: aber dieses sinesische Schachspiel ist auch ganz verschieden von dem der übrigen Völker, und ganz in seiner Art besonders.

Es muſs also dabei sein Bewenden haben, daſs die Zusammenmischung von Schiff, Pferden, Elefanten und Fuſskämpfern auf der

Ebne eine nicht zu entschuldigende Ungereimtheit ist, und dafs dahero die vier Angka unsers zusammengesetzten indischen Spiels in Elefant, Pferd, Wagen und Fussvolk bestehen.

Eine eigne Sonderbarkeit dieses zusammengesetzten indischen Spiels ist der Gebrauch der Würfel dabei. Doch mag sich dieser bei einer Nachahmung des Kriegs allerdings rechtfertigen, wo das Glück so viel entscheidet.

Die Wahrheit aber zu sagen scheint das Schachspiel dadurch dennoch seinen, unter den Wissenschaften ihm angewiesenen, hohen Rang zu verlieren und die Gestalt des Whist anzunehmen, nur dafs die Figuren nicht ungesehen, wie die Karten, gebraucht werden.

Und doch finden wir, dafs die Züge des Schachspiels, wie der weise Wjasa sie angiebt, gewissermaafsen vom Zufall abhängen. Denn er fährt in der Unterweisung seines Prinzen also fort:

"Wenn die fünfe gefallen ist, so muss
"der König oder ein Bauer (Fufsmann)
"gezogen werden; wenn vier, der Ele-
"fant, wenn drei, der Springer;
"wenn zwei, das Schiff (der Wagen)„

Hierauf beschreibt er den Gang der Figuren, wie folget:

Der König bewegt sich frei nach allen Seiten hin, aber nur Einen Schritt.

Mit derselben Einschränkung rückt der Fuſsmann oder Bauer weiter, nur gehet er gerade aus, schläget aber seinen Feind durch einen Winkel oder schräg.

Der Elefant gehet nach allen Richtungen hin, so weit man will.

Das Pferd (der Springer, Le Chevalier) springt in schiefer Richtung über drei Quadrate.

Das Schiff (der *Wagen*) gehet schräg über zwei Quadrate.

Man siehet aus dieser Beschreibung, daſs der Elefant in diesem Spiele die Rechte des Fers in dem gemeinen Schachspiele hat; das Schiff und der Wagen aber die Bewegung derjenigen Figur beobachtet, welche wir den Laufer nennen, und welche der Elefant im gemeinen Schachspiel ist, nur mit einer Einschränkung die ihr Vermögen sehr verringert.

Wir müssen auch noch die etlichen Hauptregeln anführen, welche der Schanskritdichter uns als oberflächliche Vorschriften für den Gang des Spiels hinterlassen hat.

"Die Bauren oder Fuſsmänner und
"das Schiff (der *Wagen*) mögen beide
"schlagen und sich wieder schlagen lassen;
"dagegen der König, der Elefant und
"das Pferd den Feind schlagen mögen,
"sich aber nicht blos stellen dürfen, um
"geschlagen zu werden.„

"Jeder Spieler fuche was er hat mit mög-
"lichfter Sorgfalt zu erhalten, und decke
"vor allen feinen **König** und opfere
"nicht einen Höhern gegen einen Ge-
"ringern auf.„

Hier macht der Ausleger des **Purân**, worin
dies alles vorkömmt (S. ob.) die Bemerkung,
dafs das Pferd, welches aus jedem Stande auf
der Mitte des Brets unter **acht** Springern einen
wählen kann, dem Schiffe, oder richtiger dem
Wagen, welchem nur zwischen **vieren** die
Wahl frei ftehe, vorzuziehen fey.

Diefer Grund fällt bei dem gewöhnlichen
Schachfpiel natürlich weg, indem der **Läufer**
und der **Roch** eine ganze Linie beherrfchen,
und ein **Springer** an der Seite, wo angegriffen wird, allerdings weniger als ein **Roch**,
der im Gange ift, vermag. —

"Die überlegne Macht des Elefanten ift
"es, warum der König kühn feyn darf;
"gieb alfo lieber das ganze Heer preis,
"um den **Elefanten** zu decken.„
"Nach der Vorfchrift des Gkotama foll
"der König nie einen **Elefanten** vor den
"andern ftellen, wenn er fonft irgend
"Platz hat; denn das wäre ein grofser
"Fehler von wichtigen Folgen. Kann er
"aber einen der feindlichen **Elefanten**
"tödten, fo mufs er den zu feiner Linken
"tilgen.„

Die letzte Regel findet Herr Jones, wie billig, sehr dunkel. Da aber Gkotama ein berühmter Rechtsgelehrter und Filosof war, so würde er sich nicht zu Regeln für das Tschaturangka Spiel herabgelassen haben, wenn dieses Spiel von den alten Weisen Indiens nicht so sehr geachtet und geschätzet worden wäre.

Das Übrige der von Rad'akant für Herrn Jones abgeschriebnen und erklärten Stellen beziehet sich auf die verschiednen Arten, wie einer oder der andre von den vier Spielern Etwas oder Alles gewinnen könne. Denn, wie wir gleich erfahren werden, wenn zwischen zween Verbündeten ein Streit entstanden ist, so kann einer von den Königen die ganze Macht zu befehligen übernehmen und einen Kampf für sich allein beginnen.

Erstlich:

a) "Wenn ein König sich an den Platz eines "andern gestellt hat, welcher Vortheil "Ssinhasana oder der *Thron* ge-"nannt wird, so gewinnt er in diesem "Spiele einfach.

b) "Zweifach gewinnt er, wenn er den "feindlichen Monarchen bei Besitznehmung "seines Throns zugleich vom Leben zum "Tode hilft.

c) "Kann er sich auf den Thron seines Mit-
"genoſſen setzen, so erhält er den Befehl
"über das ganze Heer.„

Zweitens:

a) "Kann er nach und nach die Thronen
"aller drei Könige gewinnen, welches
"Tschaturraji oder Tschatura-
"dschi genannt wird, so erhält er den
"Sieg und gewinnt doppelt, wenn er
"den letzten der drei Könige unmittelbar
"vor der Besitznehmung seines Throns
"zugleich tödtet.
b) "Tödtet er ihn selbst auf dem Throne,
"so gewinnt er vierfach.„

Eben so, setzt die Erklärung dieses Stücks
des Purân hinzu, kann ein König bei einem
wirklichen Kriege als Sieger angesehen werden,
wenn er die Hauptstadt seines Gegners einnimmt. Kann er aber seinen Feind zugleich
vertilgen, so beweist er sich als einen noch
gröſsern Helden und befreiet sein Volk von
aller weitern Besorgniſs auf immer.

"Sowohl bei dem Ssinhasana als
"Tschaturaji muſs der König von
"den Elefanten oder von der ganzen ver-
"einigten Macht unterstützet werden.„

Drit-

Drittens:

a) "Hat einer von den Spielern seinen König "noch, sein Theilnehmer aber den seini- "gen verloren, so kann jener diesen ge- "fangnen Alliirten wieder ins Spiel brin- "gen, wenn er im Stande ist, beide feind- "liche Könige zu nehmen.

b) "Gehet dieses letztere aber nicht an, so "kann, er, nach einer allgemeinen Regel, "seinen König für einen von jenen aus- "tauschen, und auf diese Weise seinen "Alliirten lösen, der seine Stelle wieder "bekömmt.„

Dieser Vortheil führt den Namen Nripa- crischta, d. i. Wiedergewinnst durch den König. Ein andrer Vortheil, Nanca- crischta genannt, scheint ihm ähnlich, be- ziehet sich aber auf die Schiffe oder viel- mehr Wagen.

Daſs hier die Rede von verloren gehen des Königs ist, darf man sich nicht wundern, da dieses zusammengesetzte Spiel der Inder den Verlust des Königs erlaubet, welcher in ordent- lichen Schachspiel gar nicht statt finden kann.

Viertens:

"Kann ein Bauer oder Fuſsmann "auf ein Quadrat der letzten Reihe gegen

"über kommen, so erhält er den Rang
"dieses Platzes nur dass die Plätze des
"Königs und des Schiffs (des *Wagens*)
"ausgenommen sind.

"Dieser Vortheil oder diese Beförderung
"heisst Schatpada oder die 6 Gross-
"schritte„

Hier finden wir, mit einer besondern Ausnahme, die Regel des gemeinen Schachspiels wegen Erhebung der Bauren, eine Sache die bei dem gewöhnlichen Schachspiel nicht selten, so äusserst interessante Anstrengungen veranlasst, und welche den arabischen und persischen Dichtern und Moralisten zu so manchen nachdrücklichen Bemerkungen über das menschliche Leben Stoff an die Hand gegeben hat.

"Dieses Vorrecht des Schatpada fand,
"nach der Meinung des Gkotama nicht
"statt, wenn ein Spieler noch drei Bauren
"hatte. War ihm aber nur noch Einer
"nebst Einem Schiffe (*Wagen*)
"übrig, so konnte der Bauer sogar
"König oder Wagen werden.„

Fünftens:

"Wie die Racschasen oder Riesen (d. i. das Volk von Lanka, wo dieses Spiel erfunden ward S. Ob.) "lehren, ist das Spiel

"weder gewonnen noch verloren, fo bald
"der König allein, ohne weitere Gehül-
"fen, übrig geblieben ift.
"Sie nennen diefen Fall Cacafcht'a.„

Sechftens:

"Wenn drei Schiffe (*Wages*) zufam-
"men treffen und das vierte kann in den
"noch übrigen Winkel dazu geftellt wer-
"den, fo heifst das Vrihannauca,
"und der Spieler des vierten nimmt
"alle jene drei.„
Es folgen hierauf nach Herrn Jones Angabe in der Urkunde noch zwo oder drei Stanzen, welche die weitern Regeln enthalten, die der Verfaffer geben wollte, es find aber diefe Stanzen entweder durch Schuld der fehlerhaften Handfchrift, oder auch wegen der alten Sprache, fo dunkel, dafs Herr Jones des Pandits Erklärung derfelben nicht verftehen konnte, und daher vermuthete, dafs felbft diefer Erklärer nur fehr undeutliche Begriffe davon gehabt haben müffe.

Inzwifchen würde es, fagt Herr Jones, wenn es der Mühe lohnte, nicht fchwer feyn, das Spiel nach obigen Regeln zu verfuchen und ein wenig Uebung würde vielleicht alles verftändlich machen.

Ein Umstand scheint aus diesem Auszuge aus dem Puran, wie schon Herr Jones bemerkt, sonderbar.

Alle Hazardspiele nämlich sind von dem indischen grossen Gesetzgeber, *Menu* ausdrücklich verboten. Und doch wird das Tschaturangka oder vielmehr Tschaturaji-Spiel, wobei man sich der Würfel bedient, selbst von dem grossen Wjasa gelehrt, dessen juristische Abhandlung, nebst einer andern des Gkotama, unter den achtzehn Büchern befindlich ist, welche die D'erma Schastra (Sammlung von Gesetzen und ihren Auslegungen) ausmachen.

Da Rad'akant und sein Lehrer Dschagunnat', fährt Herr Jones fort, von unserer Regierung den Auftrag haben, eine Sammlung der indischen Gesetze zu besorgen, und da beide, zumal der ehrwürdige Weise zu Tribeni, dieses Schachspiel verstehen, so werden sie hoffentlich im Stande seyn, die Gründe anzugeben, warum dasselbe von jenem allgemeinen Verbote ausgenommen, und sogar öffentlich von den ältern und neuern Brahmen gelehrt worden ist.

Nach dem Absterben des Herrn Jones, so 1794 erfolgte, haben wir bis jetzt nichts weiter hierüber erfahren.

Elfter Abschnitt.
Das Schachspiel der Sinesen.

Einige zerstreute Nachrichten von dem Schachspiel der Sinesen haben schon die ältern Jesuiten und Missionarien gegeben, vornehmlich Semedo und Trigaut. Diese hat hernach Thom Hyde, welchem wir hier vornehmlich folgen wollen, benutzet, und eine weit vollständigere Nachricht gegeben. Die letztere hatte er dem gelehrten Sinefer Schin-Fo-çung aus der Provinz Nan-king zu verdanken.

Neuerlich ist über dieselbe Materie noch eine lesenswerthe Abhandlung erschienen. Das ist Irwins Nachricht vom Schachspiel, wie es die Sinefer spielen, mit Zeichnung und sinesischer Schrift, und einer übersetzten Nachricht eines Sinesen. (Steht in den Transactions of the Royal Irish academy. S. oben p. 50.)

Das Schachbret hat auch so wie es in dieser unsrer Nachricht beschrieben wird, in der Mitte einen Fluss, welcher beide Heere von einander trennt. Der König ist in einem befestigten Ort eingeschlossen, kann auch nicht herausgehen. Neben dem Könige stehen zween Prinzen. Noch kömmt darin vor, der Mandarin, der die Freiheit hat einen über den Fluſs zu ſetzen; und der B u b e mit einer Rakete, wie er bei den indiſchen Armeen vorkömmt, welcher zwiſchen den Linien ſtehet und alles überſpringet.

Man wird alſo leicht gewahr, daſs alles dieſes mit den ältern Nachrichten bei Thom. Hyde ſehr gut übereinſtimmt, und alle dieſe Nachrichten als richtig und zuverläſsig anerkannt werden dürfen.

Ueber das Alter des ſineſiſchen Schachſpiels ſind die Meinungen verſchieden. Herr I r w i n will, das Schachſpiel überhaupt ſey eine urſprünglich ſineſiſche Erfindung. Allein da dieſe Annahme von der Geſchichte ſelbſt gnugſam widerlegt iſt, ſo wollen wir uns dabei nicht aufhalten.

Es iſt wol ſicher anzunehmen, daſs bei aller Verſchiedenheit des ſineſiſchen Schachſpiels von dem allgemeinen, dieſes doch urſprünglich aus Indien nach Sina übergegangen iſt. Die groſse Abänderung, welche daſſelbe in Sina erlitten, ſchreibt ſich hauptſächlich von der Verſchiedenheit der dortigen Staats- und Kriegsverfaſſung her.

Ob alſo gleich die Sineſer das Schachſpiel von den Indern haben, ſo ſcheint es doch, daſs daſſelbe in einer ſehr unvollkommnen Ueberlieferung zu ihnen gekommen ſey. Wenigſtens würden ſonſt die willkührlichen Abänderungen nicht fo ftark und auffallend feyn, als fie wirklich aus dem eignen Genie der finefifchen Nation gefloffen find. Sie haben diefes Spiel faft ganz nach ihren eignen Sitten und ihrer befondern Staats- und Kriegsverfaffung abgemodelt. Solches foll nun nach der Irwinifchen Nachricht vom Alterthum des Spiels bei den Sinefern, feit dem Anfang der vollftändigern Gefchichte der finefifchen Monarchie gefchehen feyn.

Da nun diefer Anfang der vollftändigern finefifchen Gefchichte etwa 200 Jahr vor Chriftus fällt, fo wäre alfo diefes ohngefähr die Epoche der Ueberpflanzung des Schachfpiels aus Indien nach Sina, und folglich die ohngefähre Beftimmung des Alterthums des finefifchen Schachfpiels.

Das Schachfpiel heifst in finefifcher Sprache Ssiang-ki, d. i. Elefantenfpiel, und die Figuren oder Steine deffelben heifsen Su (çu) d. i. Dinge, Sachen, Werkzeuge. Daffelbe Wort bedeutet fonft foviel als Sohn, und hin und wieder wird es als Füllungspartikel in diefer Sprache gebraucht.

Nur felten follen es die Sinefer um Geld fpielen. Das dazu gehörige Schachbret hat 64 Felder. Hier bitte ich den Lefer die Kupfertafel No. b. nachzufehen. Da ift das ganze finefifche Schachbret abgezeichnet, und gewiefen, wie die beiden Armeen einander entgegen ſtehen, doch ſo, daſs ſie durch einen mittendurch fließenden Fluſs von einander getrennet ſind. Daneben ſind die Namen der ſineſiſchen Schachſteine beigefüget.

Gewöhnlich beſtehen dieſe Schachſteine oder Spielfiguren bei den Sineſern aus kleinen runden elfenbeinern oder hölzernen Scheiben, die ſich völlig gleich ſind, nur daſs jede ihre Bedeutung im ſineſiſchen Schriftcharakter als Aufſchrift führet.

Eben ſo waren die ſineſiſchen Schachſteine beſchaffen, welche ſich in dem Muſeo des Leydenſchen Profeſſors, des berühmten Golius aufbewahret befanden. Sie waren aus der Hinterlaſſenſchaft des D. Martinius, der lange in dem Reiche Sina gelebt hat. Nicht durch verſchiedne bildliche Geſtalten, ſondern blos durch ihre Inſchriften von einander verſchieden. — Lauter gleich geſtaltete elfenbeinerne Scheiben, deren Durchmeſſer faſt einen Zoll, und die Dicke oder Höhe etwa einen Viertelzoll betrug.

Inzwiſchen behaupten mehrere, und beſonders Semedo und Trigaut, daſs die Sineſer oft auch bildlicher Geſtalten ſich bedienen. Hyde bezweifelt dieſes, aber aus Irwin wird es wieder beſtätiget.

Die unbildliche Geſtalt mit bloſser Aufſchrift der Bedeutung muſs freilich ſehr viel Unbequemes haben, und ſetzt Spieler voraus, welche die finefifchen Charaktere lefen können, welches doch nicht alle Einwohner des Landes vermögen, wenn fie nicht Gelehrte find.

In der Mitte des Schachbretes (f. Kupfertafel No. b.) ift ein Strohm oder Flufs. Der wird Kia-Ho genannt, d. i. Dividens Fluvius, der theilende, abtrennende Strohm. Er theilet nämlich oder fondert von einander ab die beiden gegen einander ftreitenden Heere. Die Vorftellung ift, dafs beide Heere an einem ftarken Strohm zufammen ftofsen, und um einander anzugreifen und zu befiegen, nothwendig erftlich den Flufs überfetzen müffen.

Hat nun ein gemeiner Soldat das Glück den Flufs überzufetzen und den Feind anzugreifen, der ift hernach in feiner Würde erhöhet und rückt, wenn der General der Armee fehlet, an deffen Stelle ein. In diefem Fall erhält er zugleich die Freiheit, rückwärts und vorwärts zu agiren, da er aufserdem, fo lange er noch nicht zu diefem Poften erhöhet wird, nicht rückkehren darf.

Man mufs fich aber den Flufs oder Strohm, als den gröfsten Strohm des ganzen Reichs gedenken, welcher von der leimigen Farbe feines Waffers Wang-Ho, d. i. Flavus fluvius f. Croceus fluvius genannt ift. Er theilet das finefifche Reich von Indien, Tibet und der Tatarei, gegen Weft, und durchfchneidet hernach von der Tatarei rückkehrend die sogenannte grosse Mauer und ganz Sina schräg durch.

In der Bedeutung eines theilenden Flusses heißt er im Japanischen Cava-torivake und Malaisch Ssongkei pûlangh oder Pûlangh Ssòngkei, d. i. Separans fluvius. Vielleicht ist dies der Fluß, den Marc Pol den Fluß Pulisachniz oder Pulisangui nennet. Sonst ist Puli Ssangk oder Pulissangkin im persischen so viel als Pons lapideus, die steinerne Brücke, und Marc Pol fügt wirklich hinzu, daß dieser Fluß eine solche Brücke über sich habe.

Der Figuren, daraus die Armee bestehet, sind hier eigentlich sieben, davon aber drei auf der einem Seite anders benennt und charakterisirt werden als auf der andern entgegengesetzten, dahero denn, wenn man will zehn herauskommen.

Der Leser findet diese zehn Namen der sinesischen Schachfiguren auf der Kupfertafel neben No. b.

Die ältern Nachrichten der Jesuiten zählen sehr unvollständig, auch nicht ganz genau blos fünf Arten von Schachfiguren, nämlich *Rex*, *Litteratus*, *Equus*, *Lebes*, *Pedes*. Der schon angeführte Semedo redet auch von zweien *Alfieri*.

"Der König, sagt er, überschreitet niemals die 4 ihm nächsten Felder; eben so die zween Alfieri. — Il Rè loro non scappa mai fuori di quattro cafe piu vicine a fe; il que fanno ancora li due Alfieri.„

Unter diefen beiden Alfieri werden alfo die beiden Gelehrten verftanden f. unten Fig. 2.) als welche fich vom König oder der erften Perfon in diefem Spiele, welche ftatt des Königs da ift, nicht über die vier nächften Felder entfernen dürfen. Es find Mandarinen vom höchften Range, welche die Stelle der erften Staatsminifter verfehen.

Dafs diefe Semedo mit dem Namen Alfieri belegt, ift den Sinefern felbft ganz unbekannt und fremd. Er bedient fich aber eines Sprachgebrauchs, welchen er analogifcher Weife von dem gemeinen perfifchen Schachfpiel entlehnet, da man den Generaliffimus, der dort aber nur Einer ift, Fers oder Alfers nennt. Vielleicht hat er auch, im Betracht, dafs der fogenannte König eigentlich dem Fers oder der fogenannten Regina im europäifchen Schachfpiele entfpreche, geglaubt der Ordnung folgen und diefe beiden Figuren eben fo benennen zu müffen, wie im italiänifchen die Figuren nächft nach der fogenannten Königin benennt find, nämlich Alfieri, f. oben von der Figur des Läufers

Kurz Alfieri ist, so wie es Semedo nimmt, eine sehr unschickliche Benennung. Um so weniger hätte der französische Ueberfetzer ou les deux Fols zur Erklärung der les deux Alfiéres hinzusetzen sollen. —

Richtiger nennt sie Trigaut die Litteratos, Regis Assesores. Daß übrigens die Sineser so wenig von einer Königin in diesem Spiele etwas wissen, als alle übrige Orientaler, ist an sich, wenn es auch Semedo nicht ausdrücklich bemerkte, in dem er sagt: Non hanno Regina, ma altri due pezzi che se chamano Vasi di polvere molto ingegnioso etc.

Die beiden Scachi ingeniosi et celeriter moventes, welche er meint, und die sein französischer Ueberfetzer ganz widersinnig Vaisseaux de terre benennt, sind des D. Trigaut seine Lebetes pyrii pulveris, s. weiter unten.

Was den König betrift, dessen diese ältern Nachrichten gedenken, so verstehen sie darunter die erste Person des sinesischen Spiels, welche die Stelle des Schach vertritt. Auch Lrwin in der neusten Nachricht spricht vom König in diesem Spiele.

Eigentlich findet nun freilich in dem sinesischen Schachspiele der König in dem Verstande, als er von den übrigen orientalischen Völkern hier eingeführt wird, nicht statt.

Dort ift der Schäh, der Monarch felbft, hier ift es blos ein Vice-König.

Die Perfon des Königs felbft oder des Kaifers heifst im finefifchen nach portugififcher Schreibart Hoam (oder Hoang) und mufs von uns whang oder wang ausgefprochen werden. Wang ift der allgemeine und üblichfte Name diefer hohen Perfon.

Sonft hat die finefifche Sprache noch einige fynomine Benennungen, dadurch man die Perfon des Königs oder Kaifers, oder doch die hohen Glieder feines Haufes anzeigen kann. Dahin gehören:

Ti oder Wang-ti
portugififch: Hoam-ti (Hoang-ti), welches die ältern Bücher der englifchen Kaufleute und Reifenden meiftentheils fälfchlich Hungtee oder Hoangtee zu fchreiben pflegen.

Tfchu-heu, d. i. Fürften, Prinzen. So heifsen nämlich die Söhne und Brüder des Kaifers oder Königs von Sina, welche nach dem erften oder zween erften folgen, wenn deren mehrere als Eines oder Zween find. Denn blos der ältefte oder die beiden älteften Söhne oder Brüder führen den Titel Wang, gleich dem Könige oder Kaifer felbft.

Tschu bedeutet Herr, und Heu bedeutet sonst eigentlich die Königin oder Kaiserin.

Kuin (oder Guin, wie einige schreiben) d. i. König. Dies ist aber das allgemeine Wort für einen jeden, auch ausländischen König.

Die ersten Hof- und Staatsbedienten, die Mandarinen heissen Co-laq, d. i. Palatio venerandi s. honorandi. So viel hier beiläufig von den königlichen oder kaiserlichen Benennungen. Bei Thom. Hyde finden die Leser (p. 139.) alle diese und andre in diesem Abschnitt vorkommende Benennungen, auch, wie dieselben mit ihren eigenthümlichen Zeichen in der jetzt gebräuchlichen sinesischen Charakterschrift geschrieben werden.

Aber, wie oben bereits gesagt ist, so haben die Sineser in ihrem Schachspiel nur einen Vice-König. Der König oder Kaiser selbst kömmt nach ihrer Reichsverfassung, so wenig als die Kaiserin oder Königin in den wirklichen Krieg, geschweige daſs man es sollte schicklich gefunden haben, ihn in das denselben darstellende Schachspiel einzuführen.

Das Schachspiel, welches uns die ältern Nachrichten des Semedo und Trigaut beschreiben, wobei man nur fünf verschiedne Schachsteine zählet, wie oben bemerkt worden, scheint in der That eine eigne Manier es zu spielen zu seyn, welche neben der vollständigern bestehet, so wie überhaupt wol ohne Zweifel ist, daſs in Sina eben sowol als in andern Ländern, wo Schach gespielt worden ist und noch gespielt wird, verschiedene einzelne Modificationen dieses Spiels in Gebrauch gekommen sind.

Von der Art Schachspiel der Sinesen, wie solches uns die ältern Nachrichten deliniiren, wird man sich einen deutlichen Begriff aus einer Stelle des Trigaut machen können. Er sagt: "Graviores fallendo tempori et ludicro etiam quaestui adhibent Latrunculos (Scacchos) nostris non omnino abſimiles. *Regius* enim calculus nunquam egreditur 4 Cellulas suo loco viciniores, sed neque *Litterati* duo Regis Aſseſsores. Regina carent. Alios porro duos habent calculos non parum ingenioſos quos ipsi *pulveris bellici lebetes* vocant. Ii *Equos* duos praeeunt, et *Pedites* ubſequuntur, qui in his duabus cellulis unâ cellulâ praecedunt. In cedit hic calculus eo fermè modo quo Turriti nostrates Elefantes (d. i. quo Ruchi apud alias gentes i. e. celeriter, uti est motio pyrii pulveris aut globorum e bombardis missilium) inimici tamen exercitûs ductorem regem non petit, nisi inter ipsum et regem qui petitur alius sit calculus vel proprius vel collusoris. Hinc fit ut tribus modis ictum vitare possit Rex appetitus: primum exiguâ, ut ita loquar, corporis declinatione, et honestâ fugâ in proximam cellulam s. stationem; deinde oppositu alterius calculi; postremo si penitus nudet latus, tum jubeat facessere militem suum ‹ quo tegebatur.„

Hier ist das Schema dieses Spiels:

Equus.	Litteratus.	Rex.	Litteratus.	Equus.
Lebes.	Pedes.	Pedes.	Pedes.	Lebes.
Pedes.				
Pedes.				Pedes.
Lebes.	Pedes.	Pedes.	Pedes.	Lebes.
Equus.	Litteratus.	Rex.	Litteratus.	Equus.

Doch wir kehren zu dem vollständigern sinesischen Schachspiel zurück, wie es uns Hyde zuerst mitgetheilt hat, und davon das Schema auf der Kupfertafel No. b zu sehen ist.

Die Zahl der verschiednen Schachpersonen oder Schachsteine in diesem vollständigen sinesischen Schachspiele ist, wie oben eröfnet worden ist, sieben; oder wenn man will zehn, weil wenigstens zehn verschiedene Benennungen gebräuchlich sind.

Die beiden Heere, die aus diesen Figuren oder Substanzen bestehen, werden einander entgegengesetzt geordnet, so dass eines diesseits, das andre jenseits des grosen Flusses zu stehen kommt. In dieser Anordnung oder Stellung haben die Sineser noch über dies das eigne, dass sie ihre Scheiben oder Figuren, nicht in die Feldungen setzen, sondern solche jederzeit auf die Gränzlinien dieser Felder rücken, und eben so auch dieselben, wenn sie ausziehen und fortschreiten, nicht in der Mitte der Felder fortbewegen, sondern allezeit auf der Linie fortrücken, den einzigen Elefanten ausgenommen. Man sehe die Kupfertafel No. b.

Was nun von den sämtlichen einzelnen Schachfiguren zu bemerken stehet, das soll nun schliesslich nachfolgen.

1. çiang (Siang) der Statthalter, ist diejenige Schachperson, welche ihren Platz in der Mitte einnimmt, und vertritt die Stelle des Königs oder Schäh. Den König oder Kaiser selbst aber soll sie nicht vorstellen. Daher heisst sie auch nicht Wang sondern çiang. Eben so ist es Brauch bei den Sinesen, dass wenn der Kaiser einen Fürst oder auch König als Oberbefehlshaber seiner Armee be-

ſtellt, derſelbe in ſolchem Poſten nicht **Wang** oder **König, Fürſt**, ſondern ςiang genannt wird.

Dieſer ςiang oder **Statthalter** iſt bei der Armee der höchſte Mandarin der **Miliz**, der oberſte General oder Befehlshaber der Truppen, wenn die Armee zu Felde ſteht. Da der **Kaiſer** ſelbſt nie mit zu Felde ziehet, ſo muſs dieſer ſeine Stelle verſehen. Er heiſst auch ςai, ſ. die Kupfertafel bei b. Das bedeutet auch **Dux**, ſo daſs beide Benennungen ςiang oder **Dux generalis** und ςai d. i. **Dux ſ. Gubernator**, im Grunde ſynonim ſind.

Man ſagt zuweilen auch ςai-ſſing, d. i. **Gubernator aſſiſtens** oder **Gubernationi aſſiſtens**. Man muſs aber die verdorbne Schreibart **Caiſing** in einigen Miſſionsnachrichten nicht annehmen, als welche ganz falſch iſt und aus einem Irthum des Drucks herrühret, da man c für ς genommen.

Dieſer **Statthalter** oder **Heerführer** bewegt ſich allezeit auf der geraden Linie, durch die 9 engern Orte oder Winkel des abgetheilten Quadrats (ſ. die Kupfertafel No. b). Aus dieſem Quadrat von 4 Feldern geht er nie heraus. Dies iſt gleichſam ſein Lager, welches er zu ſeiner Sicherheit nie verläſst. Er gehet auch überdem in dieſem Quadrate wie ſchon gefagt ift, nur längft der geraden Linien, niemals aber über die fchräg oder fchief gezognen Linien.

Jede feindliche Figur die ihn angreifen will, kann er fchlagen oder wegnehmen. Auch mufs jeder, der ihn in Gefahr fetzt und ihn felbft zu fangen und zu tödten drohet, ihn durch ein G'o Sche, d. i. ich tödte oder ich verfchlinge, vorher warnen. Diefer Zuruf entfpricht alfo dem Schachbieten im gemeinen orientalifchen Schachfpiel.

Ift er endlich gefangen oder tod, fo ift das Spiel zu Ende und der Sieger ruft alsdann çiang. Im gemeinen Schachfpiel fagt man Schâhmât, nur mit dem Unterfchied, dafs da dem König niemand ans Leben kommt, hier aber der çiang wirklich getödtet oder weggenommen wird.

Wider die feindlichen Kanonen wird der çiang auf die Art gedeckt, dafs demfelben zwei entgegen geftellt werden, da denn die Kanone den vordern zweiten trift und alfo çiang verfchont bleibt.

Noch mufs ich bemerken, dafs die Schapaner (Japonenfer) diefe erfte Perfon ihres finefifchen Schachfpiels Schogun nennen.

II. Ssû d. i. der Vikarius, der Stellvertreter, Wefir, Oberftlieutenant, Generallieutenant etc. wie man es erklären oder verdeutfchen will. Er ift gedop-

pelt und hat alſo der çi an g' (Statthalter, oder
Vice-König.) zu beiden Seiten einen ſolchen
Mandarin der Miliz vom zweiten Range.

Dieſe Weſirs bewegen ſich auf den
ſchräg gezognen Linien des Quadrats oder
königlichen Lagers, ſ. die Kupfertafel b.

Das ſind nun die beiden Perſonagen, welche ſonſt in den miſſionariſchen Nachrichten
Litterati, d. i. die Gelehrten (auf
Schapaniſch Gacuicha) genannt werden,
ſ. oben p. 315. Dieſe Benennung iſt aber zu
allgemein, weil freilich die Klaſſe der Mandarinen überhaupt die Kaſte der Gelehrten in
Sina ausmacht, und auch keiner ohne vor-
gegangne Doktorwürde (wenn wir nach
unſern Begriffen und Vorſtellungen ſo ſagen
dürfen) zu Ehren gelanget; inzwiſchen aber
dies nicht hinreichend iſt, im Beſondern das
Amt eines ſolchen Mandarins zu bezeichnen.

Auf Schapaniſch pflegt man im Schachſpiel und ſonſt einen ſolchen Mandarin, der
Generallieutenant oder Weſir bei der Armee
iſt, Dai oder Mio-dai, auf malaiſch Tan-
p'at p'agang zu nennen.

Kurz zu ſagen iſt der Ssu im ſineſiſchen
Schachſpiel ohngefähr der Fers im gemeinen
orientaliſchen Schachſpiel, nur daſs er dabei
weiten nicht ſo beſchränkt iſt als hier, wo er
ſich nicht über die vier dem Vice-Könige

nächsten Felder, alſo nicht aufserhalb des königlichen Lagers verlaufen darf, ſ. oben p. 323.

III. Ssiang, das iſt der Elefant, welcher aber auf der andern Seite, nämlich bei der rothen Armee mit einem andern Charakter bezeichnet wird, den man nicht Elefant, ſondern Aſſiſtent überſetzen muſs. Und iſt dieſe Figur wiederum doppelt in Einer Reihe, nämlich zu beiden Seiten der beiden Ssù, ſ. die Kupfertafel No. b.

Da der Name Ssiang, wenn er blos ausgeſprochen wird, ohne daſs man ihn nach verſchiedenen Schriftcharakter näher beſtimmt, beides ſowol Elefant als Aſſiſtent bedeutet, ſo kann man in der Ueberſetzung auch beides verbinden und ſich den Hülfselefanten darunter denken.

Dieſe Figur nun bewegt ſich auf eine eigne Art, wieder die Weiſe der übrigen Figuren, allein *ſchräg* über 2 Felder zugleich, wenn es nöthig iſt. Die Bewegung derſelben gehet alſo nicht wie bei den andern über die gezognen Linien hin, ſondern quer oder ſchräg durch die Felder durch, es ſey nun im Fortſchreiten oder im Rückgehen.

Die Leſer finden dieſe Art zu gehen, der Deutlichkeit wegen auf der Kupfertafel bei b, vor Augen entworfen. Soll es dieſer Figur aber erlaubt ſeyn, durch zwei Felder auf einmal zu schreiten, so muſs der Weg offen und nicht entweder von Freund oder Feind beſetzet ſeyn. Denn ſie darf keine andre Figur überſpringen.

Eben ſo kann ſie auch, ſo wenig als die übrigen Officiere den Fluſs in der Mitte hinüber ſetzen, da ſie den Heerführer allezeit beiſtehen und ſich nicht von ihm entfernen ſollen.

Im wirklichen Kriege ſitzet dem Elefant ein Mandarin, des zweiten oder minderen Ranges auf, welcher als der Elefantenmeiſter angeſehen iſt. So iſt der Name des Elefanten bei den Schapanen, und daſs die Figur auf dem einem Theile der Elefant iſt, auf der andern Seite der Aſſiſtent heiſst, iſt bereits oben bemerkt worden, und iſt dieſes in dieſem Spiele nicht der einzige Fall, indem ſolches gleicher weiſe von dem gemeinen Soldat in ſelbigem gilt, als welcher auf der einen Seite ço und auf der andern Ping heiſset. Auf welcher Seite ſo, und auf welcher wiederum ſo, iſt bei Anfang des Spiels willkührlich, aber wenn das Spiel angegangen dann bleibt es, wie man ſich in dieſem Fall die Steine gewählt hat. Wer den Elefant hat, der behält ihn als Elefant das ganze Spiel hindurch, wer dagegen den Stein mit dem Schriftcharakter des Aſſiſtenten erwählet, der behält ihn ebenfalls. Und ſo desgleichen mit ço und Ping. Doch der Begriff oder vielmehr der geschriebne Charakter des Steins ist blos verschieden, der Name bleibt im Spiele derselbe. Denn der Fusmann wird von beiden Partheien beständig ço genannt, er sey nun auf der Figur ço oder Ping bezeichnet.

IV. Ma oder das Pferd, der Reuter. Nach der gemeinen Mundart wird Ba oder Bae ausgesprochen. Dieser Stein bewegt sich auf der ihm gezeichneten Linie, und kann bis auf den dritten Punkt, Ort oder Winkel (aber nicht ins dritte Feld zu verstehen) fortschreiten, und dieses auf einmal oder durch Einen Sprung, gerade, rechts oder links, z. B. man vergleiche auf der Kupfertafel No. b das kleine unten beigezeichnete Schema. Wäre also ein Stein in punkto 5 so kann das Pferd in Punkto 2 sich nicht anders weiter setzen, als wenn rechts oder links der Weg offen und leer ist. Wäre aber der Punkt 5 leer, so kann es in 8, 4 oder 6 fortschreiten. Ist in 1 und 2 niemand, so geht es in 4 oder 6. Denn das ist zu merken, daß dieser Stein von dem ersten Orte oder Winkel, da er los bricht, allezeit auf der Linie weiter gehet, es sey nun gerad oder rechts oder links. Steht nun einer in der Linie im Weg, so ist er in seinem Lauf oder in einer Bewegung gehindert.

Uebrigens denn auch diefe Figur wie die übrigen Officiere diefes Spiels vor- und rückwärts aufziehen.

Auf diefen Pferde nun denkt man fich einen Mandarin der dritten Ordnung als Reuter, und der ift als der Rittmeifter geachtet.

Das Pferd heifst auf malaifch Cáda, auf fchapanifch Mma oder Oema, fo aus dem finefifchen Má herkömmt. Den Charakter des Steins, welcher auf beiden Seiten ebenfalls doppelt ift, findet man auf der Kupfertafel bei No. b.

V. Ku oder Cu. Wiederum ein doppelt auf beiden Seiten vorhandener Stein. Er bedeutet den Wagen. Zuweilen wird fein Charakter auch Tfche ausgefprochen, aber in derfelben Bedeutung.

Er entfpricht in der Bedeutung fowol als in der Bewegung dem Roch des gewöhnlichen Schachfpiels. Er kann wie die andern rück- und vorwärts gehen.

Als den Führmann diefes Streitwagens denkt man fich einen Mandarin der geringften Klaffe, der alfo Wagenmeifter ift, fo wie wir fchon einen Elefantenmeifter und einen Rittmeifter haben kennen lernen.

Die Schapaner nennen folchen Wagen Curúma, die Malaien aber Fedáti.

VI. Die zween Pao, d. i. Musketen, Feuermörser oder Kanonen S. die Kupfertafel No. b. Sie stehen zwei Felder vor dem Standpunkt der Pferde. Sie sind verschanzt, anzuzeigen daſs sie nicht zurückgehen können.

Ihre Bewegung ist vorwärts und der des Wagens gleich, nämlich in gerader Linie auf der Linie selbst. Aber die Art wie sie erbeuten können ist verschieden. Sie können keine feindliche Figur nehmen, die ihnen die nächste ist, sondern treffen allezeit nur die vornächste, weil es die Natur der Sache giebt, daſs der Kanonenschuſs nur in der Ferne Verwüstung anrichtet.

Dahero ist also das Gesetz des Spiels, daſs die Kanone niemals eine Figur tödten kann, es stehe dann eine andre feindliche oder freundliche dazwischen, welche sie überspringen muſs.

Gerade vor sich kann die Kanone gehen, aber nicht zurück, es sey dann, daſs sie über den Fluſs gesetzt sey. Alsdann kann sie in derselben Bewegung, als sie vorgeschritten ist, wieder zurück gehen.

Das ist nun der Schachstein, welcher in den ältern Nachrichten der Missionärs Lebes pyrii pulveris genannt wird, s. oben p. 319. Im englischen nennt sie Purchas sehr fehlerhaft Poulder paunes; er sollte Powder pans, d. i. pyrii pulveris lebetes aenei, gesagt haben.

Dieser Lebes pyrii pulveris (Kessel oder Pfanne mit dem Schiefspulver oder der Feuermasse), scheint in der That die älteste Vorstellung zu seyn, aus welcher hernach erst die Bombarda oder Kanone, — (Feuermörser, Musquete) und der Bube mit der Rakete bei Irwin entstanden ist.

Denn, ohngeachtet der Gebrauch des Schiefspulvers und des Schiefsgewehrs in Indien und Sina geraume Zeit älter zu sein scheinet, als die Erfindung desselben in Europa, so ist er doch gewiss nicht so alt, als dieses chinesische Spiel selbst, und da man weiss, dafs vor der spätern Erfindung des eigentlichen Schiefspulvers seit den ältesten Zeiten bei mehrern orientalischen Völkern, das bei den Griechen bis in die tiefen Zeiten der Kreuzzüge herab so gewöhnliche sogenannte *griechische Feuer*, vorher gegangen ist, so ist wol kein Zweifel, dafs der Schachstein Pao allerdings ursprünglich das künstliche Kriegsfeuer welches die Antiquarier gemeinhin Ignem graecum nennen, haben vorstellen sollen. Und weil man nun dieses Feuer der Zerstörung, dessen Zusammensetzung aus allerhand bituminösen Ingredienzien, besonders

Nafta gemacht wird *), aus Mörſern, Pfannen, Keſſeln und dergleichen zu werfen pflegte, ſo dürfte für den Stein die beſte und ſchicklichſte Benennung die Feuerpfanne ſeyn. Nur daſs man ſtatt der Pfanne mit Schieſspulver (Lebes pyrii pulveris) nach uraltem Gebrauch und Koſtum die Pfanne oder den Keſſel mit dem Naftafeuer verſtehe.

So iſt alſo aller Wahrſcheinlichkeit zufolge nach und nach in das ſineſiſche Schachſpiel, erſtlich das alte Naftafeuer oder das ſogenannte griechiſche Feuer (weil wir es durch die Griechen haben kennen lernen) hernach auch das an deſſen Statt getretne Feuer des Schieſspulvers aufgenommen worden.

---

*) Ueber das griechiſche Feuer hat unſer verſtorbner Herr Prof. Fiſcher eine mit unglaublichem Fleiſse gearbeitete, antiquariſch-chemiſche Sammlung unter ſeinen Papieren hinterlaſſen, welche er für das Publikum beſtimmt hatte. Möchten alſo doch die Erben, ſo die Papiere des ſel. Mannes erhalten haben, dahin ſorgen, daſs dieſe Sache der gelehrten Welt nicht entzogen werden möge.

Der Gebrauch des Schiefspulvers und der Schiefsgewehre, als Mörfer, Kanonen, Musketen etc. ist bei uns Europäern bekanntlich nicht älter als die Epoche es zugiebt, da erstlich Roger Bacon in England (der 1292 starb) und hernach Anklizen von Freiburg und Barthold Schwarz, beide wie es scheint unabhängig von einander, das Schiefspulver erfunden oder vielmehr wiederum entdecket haben.

Allein im Orient, besonders in Indien und den hinterasiatischen Gegenden ist die Erfindung und der Gebrauch dieses Schiefspulvers ganz ohnstreitig weit älter. Die Sinefer rühmen sich daher, die Sache schon vor vielen Jahrhunderten im Gange gehabt zu haben.

Tavernier in seiner Reisebeschreibung bemerkt eine Ueberlieferung, dafs das Schiefspulver und sein Gebrauch in den indischen Gegenden zuerst im Königreich Assem üblich gewesen und von da zu den Peguenfern, und weiter zu den Sinefern übergegangen sey. Er meldet auch, dafs man zur Zeit der Beunruhigung dieses Landes unter Regierung des mogolischen Kaisers Aurengkfib (in der zweiten Hälfte des 17ten christlichen Jahrhunderts) mehrere eiserne gegossene Schiefsläufte erbeutet, und doch das Land vor dieser

Kriegsunruhe eines Friedens von 500 Jahren genoſſen habe.

Wenn alſo 500 Jahr in dieſem Reiche vor dem erwähnten Kriege, Frieden geweſen, ſo ſchlieſst Hyde, müſſen die gegoſſenen Schieſsgewehre auch vor dieſer Zeit von 500 Jahren angefertiget worden ſeyn, weil ſie bei Anfang des Kriegs bereits vorräthig da waren. Dieſer Rechnung zufolge könnte das Alterthum der Schieſsgewehre in dem Königreiche Aſſem füglich wenigſtens ins neunte oder zehnte chriſtliche Jahrhundert hinaufgerückt werden, Und das dürfte die Zeit beſtimmen, wenn auch die Sineſer dazu gekommen ſind. Wer weiſs aber wie lange die Erfindung und der Gebrauch der Sache ſchon in andern benachbarten indiſchen Gegenden üblich geweſen. Sollen doch, nach einer Nachricht die Hyde anführt, ſelbſt bei den Peguenſern einige Schieſsläufte von 12 bis 16 Fuſs lang, mit arabiſcher Aufſchrift gefunden worden ſeyn, welche der Aufſchrift zufolge jetzt über 900 Jahr alt ſeyn würden.

Dem ſey aber, wie ihm wolle, ſo iſt das Naftafeuer oder künſtliche Wurffeuer, gemeinhin Ignis Graecus genannt, weit älter, und ſo alt, daſs es die Geſchichte nicht bis zu ſeiner erſten Erfindung zu verfolgen im Stande iſt.

Die allererste Spur von diesem Feuer, dessen fürchterlicher Gebrauch in den spätern Zeiten noch, während der Belagerung in den Zeiten der Kreuzzüge, merkwürdig worden ist, findet sich in der Mythe von der *Medea*, wenn von ihr erzählet wird, daſs sie die Cäusa (das statt ihrer dem Jason untergeschobene Weib) mit einem unauslöschlichen Feuer getödtet habe.

Ich weiſs wol daſs die Geschichte Jasons, der Medea und des goldnen Vlieſses — zugleich eine Hülle des groſsen chemischen Geheimnisses vom Stein der Weisen ist; allein das gehet blos die allegorische Seite dieser Geschichte an, da dann das unauslöschliche Feuer das so genannte Oleum incombustibile, oder das geheime Feuer der Weisen bedeutet. Das eigentliche Historische der Geschichte, auf welches die Bewahrer des groſsen hermetischen Siegels frühzeitig die Allegorie erbauet haben, kann dessen ohnbeschadet als ein Beweis für das Alterthum des griechischen Feuers angenommen werden.

Dieses griechische Feuer nun findet sich hernach bei vielen Alten erwähnt, und einige Schriftsteller geben uns sattsame Beweise, daſs daſselbe im Orient so alt im Gebrauch gewesen, als es hernach bei den Griechen worden ist.

Unter andern meldet, was die Inder
betrift, *Philostratus* in seiner Vita Apollonii Tyanéi lib. III. "daſs Bachus
und Hercules, als sie gemeinschaftlich die Thal- und Berggegenden
Indiens durchstreiften, in der Meinung gestanden, als könnten ihnen
die Waldgötter und andre Gottheiten, so sie in ihrer Armee mit sich
führten, allein genug sein, um die
Erdbeben und alle andre Zerrüttungen und Hindernisse zu erwehren;
doch aber empfinden musten, daſs
ihr Volk haufenweise zu Boden stürzte, mittelst der Blitze, welche ihnen
die weisen Leute des Landes entgegen warfen, so daſs man die Stapfen ihrer Verirrungen noch in den
Felsenstücken zurückgelassen sehen
konnte.„ —

Eben der Schriftsteller hat lib. II. p. 96.
97. eine andre merkwürdige Stelle dieser Art
von den Oxydrakern, daſs dieselben in der
Gewohnheit gehabt, ihre Feinde mit Donner und Blitz zu begrüſsen.

Die Stelle lautet also: "Die *Oxydraker*
haben eben keine vorzügliche Wissenschaft. Allein die *Weisen* die
unter ihnen sind, wohnen (als eine
eigene

eigne Kaste) zwischen den Flüssen *Hyfasis* und *Ganges.* Dahin ist aber *Alexander* nie gekommen — aus Achtung für das Orakel gehindert. Er wuste zwar, daſs man leicht über den Hyfasis hinüber setzen, und die um die Stadt liegenden Felder mit Bequemlichkeit einnehmen könne, allein er hatte sich überreden lassen, daſs die Stadt selbst und ihr fester Thurm, als der eigentliche Wohnsitz in welchen sie sich eingeschlossen hatten, auch wenn 1000 Achillen und 3000 Ajaken kämen, nicht eingenommen werden würden. Diese Leute streiten inzwischen nicht so, daſs sie in Person dem Feind entgegen gehen, sondern sie haben es in der Art, von Fern her die ihnen vom Jupiter anvertraute Donnerkeile und Blitze auf die Feinde zu schleudern."

Endlich erhellet aus einer dritten Stelle desselben Schriftstellers, die gleich darauf folget, daſs diese Völker das fürchterliche Feuer bereits lange vor Alexander dem Groſsen in Gebrauch gehabt haben werden.

"Da der egyptische *Herkules* und *Bachus* gegen die Indier zu Felde zogen, hatten sie alle gehörige Belagerungsmaschinen mit sich, und fingen an die Städte zu belagern. Allein die Bürger waren dabei ganz ruhig, und sahen, so lange es ihnen beliebte das Schauspiel in der Stille mit an. Als sich aber nun die Feinde der Stadt nahe genug vorgedrungen hatten, erhuben sich auf einmal fürchterliche *flammende Winds*, (feuerspeiende Luftbothen) die auf sie herabstürzten und sie zurück trieben, auch kamen *Donner* und *Blitze* daher geschleudert und zerrütteten das Lager, so daſs auch Herkules sein goldnes Schild dagegen geworfen haben soll, welches die Weisen des Landes zum Andenken in ihrem Tempel aufgehangen." —

VII. Fünf gemeine Soldaten oder Fuſsmänner, welche eine Feldung weiter als die P a o zu stehen kommen. Sie sind hinter Wällen gestellt, damit sie nicht zurückgehen sollen. Denn als tapfere Soldaten sollen sie nicht fliehen, sondern tapfer vorwärts einrücken und nur als Sieger zurückkehren, s. die Kupfertafel No. b.

Sie bewegen sich gemächlich auf der Linie hin, nur jedes mal in Distanz Eines Feldes, weil sie vorsichtig seyn müssen, immer nur mit Bedacht den Feind zu beliſten, und ſich dagegen allezeit ſo gut als möglich zu ſichern.

Haben ſie inzwiſchen das Glück über den Fluſs zu ſetzen, als welches ihnen erlaubt iſt, wenn ſie ſo weit vorgerückt ſind, ſo werden ſie mit militäriſcher Ehre belohnt, die ihnen die Freiheit giebt nunmehro rück- und vorwärts zu agiren, verſteht ſich aber immer noch mit gehöriger Klugheit, nämlich nur von Feld zu Feld.

Sind ihrer mehrere über den Fluſs gekommen, ſo wird einer davon, falls der Vikarius oder Generallieutenant nicht mehr lebet, an deſſen Stelle befördert. Und wird dieſer wieder getödtet, ſo rückt der nächſtfolgende in ſelbige Würde ein.

Dieſe Soldaten nun werden in der einen Armee des ſineſiſchen Schachſpiels, nämlich in der gelben, ço ſowol geſchrieben als ausgeſprochen; in der andern Armee aber, nämlich in der rothen, werden ſie Ping geſchrieben, und im Spielen aber ço ausgeſprochen, ſ. oben.

Ihre Bewegung gehet allezeit über die gezognen Linien. Die Schapaner nennen die Soldaten Buſchi, die Malaien Prangh.

Zwölfter Abschnitt.

Erweitertes Schachspiel der Europäer. Das Schachspiel des Gustav Selenus und des Weickmann. Das Schachspiel mit lebendigen Personen. Das veränderte Schachspiel der Neufranken. Das sogenannte Kriegsspiel.

Unter den Europäern, welche das Schachspiel zu erweitern versucht und desfalls auch das Schachbret nach Verhältniss ihrer Erfindung vergröfsert haben, sind Gustav Selenus und der Schwabe Weickmann vornehmlich bekannt. Durch diese Bemühungen kennen wir noch so verschiedne besondre Arten des Schachspiels die von dem gemeinen und ursprünglichen abweichen; aber doch ist in den mehrsten Ländern Europens bis jetzt die gemeine einfältige Weise zu spielen wol ohnstreitig die beliebteste geblieben.

Ich habe oben an seinem Orte von dem Buche des Gustav Selenus geredet. Hierinnen finden die Leser desjenige, was er von erweiterter Manier dieses Spiels an den Tag leget. Er gedenket vornehmlich einer Form des Schachspiels, die schon vor ihm bekannt gewesen und die man damals das *Kurierspiel* nannte. Man hat dieſes Kurierſpiel faſt allein in dem Orte Ströpeck üblich gefunden, und iſt daſſelbe eben in andern Gegenden Deutſchlands nicht ſonderlich in Uebung gekommen.

Das Schachbret zu dieſem Kurierſpiele enthält in die Breite acht und in die Länge zwölf Feldungen.

Ueblicher ſind die Veränderungen geworden, welche Weickmann eingeführet und angeprieſen hat. Sein Buch, worin er das gethan hat, iſt, wie ich ſchon an ſeinem Orte erörtert habe, das groſse Schachſpiel betitelt.

Er hat Schemata aufgeſtellt, wo vier, ſechs auch acht Perſonen zugleich ſpielen können, und daſs jede Perſon einzeln für ſich allein und unabhängig von der andern handelt, oder auch daſs die Perſonen gewiſſe Partheien formiren, welche zuſammen gegen einen gemeinſchaftlichen Feind verbündet ſind. Die Schachbretform zu dieſer Art erweiterten Spiele iſt verſchieden, achteckigt, zwölfeckigt etc.

Da ich nicht geſonnen bin, dieſe Art erweiterte, allein aus europäiſchen Erfindungsgeiſt gefloſſene und nach europäiſchem Koſtum eingerichtete Schachſpiele umſtändlicher zu entwickeln, ſo begnüge ich mich gegenwärtig damit, nur noch die Folge der zu dem

Weickmannifchen Schachfpiel gehörigen Schachfiguren anherzufetzen.

 Der König.
 Der Marfchall.
 Der Kanzler.
 Der Rath.
 Der Herold.
 Der Geiftliche oder der Pfaff.
 Der Colonel.
 Der Reuter-Hauptmann.
 Der Reuter.
 Der Kurier.
 Der Adjutant.
 Der Trabant.
 Der Leibfchütze oder Jägermei-
  fter des Königs.
 Der Soldat oder Bauer.

Schon habe ich ferner oben an feinem Orte einer andern europäifchen Erfindung gedacht, ich meyne das Schachfpiel mit lebendigen Perfonen zu fpielen. Davon find nun mehrere Beifpiele fehr bekannt.

Einmal das Beifpiel der Spanier, die es ehedem im Gebrauch hatten, ganze Zimmer in die Schachfelder abzutheilen und perfönlich gegen einander aufzumarfchiren, und der Wieburger, welche ein offenes Feld, Wiefe oder Anger zum Kriegsfchauplatz zu wählen pflegten, da fie weifs und fchwarz gekleidete Buben gegen einander agiren liefsen.

Das dritte Beifpiel des Don Juan de Auftria, welcher ein eignes Departement feines Haufes mit marmornen Tafeln in Form eines Schachbrets hatte belegen laffen, wo er wirkliche Perfonen, meiftentheils Knaben gegen einander kriegen liefs.

Das vierte Beifpiel eines gewiffen Herzogs von Weimar, der auf feinem Schlofshof einen Platz mit weiffen und fchwarzen Marmor auspflaftern laffen, um fich darauf mittelft feiner Soldaten als lebendige Schachmafchinen im Schachfpiel zu üben.

Endlich mufs ich noch etwas von dem Unternehmen der Neufranken, das Schachfpiel ihrer neuen Staatsform anzupaffen, gedenken.

Die Revolution, welche fo fchnell eine republikanifche Verfaffung in Frankreich fchuf und alles was nur nach einem König witterte, aus dem Wege zu räumen fich angelegen fein liefs, hat auch eine beträchtliche Veränderung auf dem Schachbrete hervor gebracht.

Der König diefes Spiels hat dafelbft feinen Titel verloren, und heifst nun nicht mehr König, fondern nach einem feierlichen Decret der Nationalverfammlung *Le Drapeau*, d. i. die Fahne oder das Panier.

Die Figur, welche vorher die Königin bezeichnete, ift ihrer urfprünglichen Würde wiederum näher gekommen, indem man beliebt hat, folche den Adjutanten, *L' Adjûtant* zu benennen.

Die Springer, als Figuren welche die leichte Reuterei vorftellen follen, heiſſen nicht mehr, wie ehedem Chevaliers oder Sauteur, fondern *Les Dragons*, d. i. die Dragoner.

Die fogenannten Thürme oder Rochen find in diefem neurepublikanifchen Schachſpiele die Hauptſtärke der franzöſiſchen Armée, nämlich die Artillerie nicht zu vermiſſen, nunmehro die Kanonen, *Les Canons*.

Die Läufer find die *Volontairs* oder die leichte Infanterie, die Bauern *L'infanterie regulaire*, reguläre Infanterie (Linien-Truppen.)

Man hat diefe Veränderungen auch mit der Rückficht eingeführt, um dem Schachſpiele hierdurch mehr militärifches Anfehn zu geben.

Auch das äuſere Anfehen der Schachfiguren hat man bei diefer Gelegenheit fo verändert, daſs es den neuen Benennungen angemeſſen iſt.

Und nun ift mir das in neuern Zeiten erfundne fogenannte *groſse Kriegsſpiel* noch übrig, umſtändlicher zu erörtern, zumal dieſes Spiel feiner Koſtbarkeit wegen vielen meiner Lefer noch unbekannt ſeyn dürfte.

Der Urheber oder Erfinder des groſsen Kriegsſpiels iſt Joh. Chriſt. Ludwig

Heilwig, Herzogl. Braunschweigischer Hofmathematiker. Er machte diese Erfindung in einem eignen Werke bekannt, welches aus 2 Bänden Theorie und Praktik, benebst einem Convolut der nöthigen Kupfertafeln bestehet und den Titel führt: Versuch eines aufs Schachspiel gebaueten taktischen Spiels von zwei oder mehrern Personen zu spielen. Leipzig 1780. 1782. 8.

Der Endzweck der Erfindung dieses taktischen Spiels war nach des Verfassers eigner Erklärung, die vornehmsten und wichtigsten Auftritte des Kriegs sinnlich zu machen. Je kleiner die Anzahl derer sei, welche sich der Kriegskunst widmen, und zugleich die Grösse ihrer Bestimmung kennen, desto nützlicher sei ein solches Spiel, selbst dann, wenn es auch noch auf einer der untersten Stuffe seiner Vollkommenheit stehen sollte.

Die Flügel der Armee vorzüglich zu decken; Kommunikation zwischen den verschiednen Korps derselben zu erhalten; nach erfochtenen Vortheilen vorsichtig vorzudringen; einen sichern Rückzug zu nehmen, der nicht in eine schimpfliche Flucht ausarte; die möglichen Vortheile aus der Natur des Terrains zu ziehen; dem Feind durch Märsche, Diversionen, Wegnahme des Magazins etc. aus seinem vortheilhaften Posten zu bringen; ihn zum Detaschiren zu verleiten, und dann anzugreifen, wenn er sich dadurch geschwächt hat: ohne Ursache nicht eher zu schlagen, bis man zuvor solche Anstalten getroffen hat, den Sieg recht gewiſs zu nutzen. — Diese und noch viele andre Wahrheiten der Kriegskunst auf eine sinnliche Weise darzustellen, das sei die einzige Absicht der Erfindung eines solchen Kriegsspiels.

Da diese Absicht groſs und wichtig ist, so bittet der Erfinder dieses Spiel nicht zu beurtheilen, bis man im Stande sei, es selbst zu spielen, oder man es wenigstens von Andern mit Aufmerksamkeit habe spielen sehen. Denn ob ein Spiel vollkommen oder unvollkommen sei, daſs lasse sich wol nur alsdenn beurtheilen, wenn man es so ziemlich im Ganzen übersehen kann.

Nach Verlauf einer Zeit von 17 Jahren, daſs dieses Kriegsspiel erfunden worden und seine Liebhaber gefunden hat, scheint das Publikum in sofern darüber entschieden zu haben, daſs, ob gleich dieses Spiel manche Unvollkommenheiten und Unbequemlichkeiten hat, welche sich wol nie davon ganz entfernen lassen werden, daſselbe doch zu den nützlichsten, angenehmsten und lehrreichsten Unterhaltungen gehöre.

Um inzwischen so gemeinnützig zu werden als das Schachspiel, auf welches seine Erfindung zunächst gegründet ist, fehlt es demselben besonders an der Leichtigkeit es zu erlernen, an der Bequemlichkeit sich desselben bedienen zu können, ohne ihm einen grofsen Raum aufzuopfern, an der Wohlfeilheit seines Ankaufs und an einigen ähnlichen Eigenschaften mehr.

Allein es giebt auch Leute, die über diese Hindernisse sich leicht hinweg zu setzen im Stande sind, und für diese bleibt es eine sehr willkommne Erfindung und eine nicht geringe Uebung der Verstandeskräfte.

Vollständige Kriegsspiele werden bei dem Verleger, dem Buchhändler S. L. Crusius in Leipzig um den Preis von vier Pistolen, und besser gearbeitete um fünf Pistolen verschrieben. Freilich können nur wenige eine solche Ausgabe machen. Ganze Gesellschaften und öffentliche Häuser könnten es am ersten thun.

Um meine Leser, soviel als es der Plan dieses Werkchens erlaubt, von der Einrichtung und Beschaffenheit dieses Kriegsspiels zu unterrichten, werde ich für sie das Nothwendigste aus der Beschreibung des Verfassers hier im Auszug folgen lassen, und damit meine gegenwärtige Arbeit beschliessen.

Allgemeine Betrachtungen.

Der Endzweck eines taktischen Spiels [ist]
das Wesentliche der wichtigsten Auftritte [eines]
Kriegs sinnlich zu machen. Je genauer [die]
Natur dieses Gegenstandes nachgeahmet w[ird,]
desto mehr muſs sich das Spiel seiner Voll[kom]menheit nähern.

In Ansehen des Schauplatzes, auf [dem]
Kriege geführt werden, sind solche K[riege]
entweder See- oder Landkriege. Die [Nach]ahmung eines Kriegs zu Lande i[st]
der Gegenstand dieses grossen taktische[n Spiels.]

Die Natur der Truppen, die Gegend, [in]
der Krieg geführt wird, oder das Kriegs[theater,]
die zum Kriege erforderliche Geräthschaften [und]
übrige Bedürfnisse einer Armee sind allge[meine]
Titel, unter die sich der gröſste und wich[tigste]
Theil aller Gegenstände der Taktik br[ingen]
läſset.

Es giebt Infanterie, Kavallerie und A[rtil]lerie. Die verschiednen Arten der Truppen
bilden drey Hauptklassen, deren Unterschied
in folgenden Sätzen enthalten ist.

1) Die Infanterie kann sich nicht so
schnell bewegen als die Kavallerie.

2) Der Anfall der Kavallerie ist, vermöge der gröſsern Schwere eines Kavalleristen und dessen vorzüglicher Geschwindigkeit wirksamer, als der Angriff der

Infanterie, wenn die Umftände übrigens einerlei find.

3) Die Infanterie und Kavallerie fchadet vorzüglich auf dem Platz, den fie durch ihre Bewegung einnimmt.

4) Die Artillerie fchadet durch befonders dazu verfertigte Mafchinen in merklicher Entfernung.

Diefen Unterfchied der Truppen mufs das taktifche Spiel nachahmen und finnlich machen, und beruhet hierauf ein grofser Theil feines Werthes.

Bei der Betrachtung des Kriegsfchauplatzes finden wir, dafs einige Theile deffelben den Bewegungen der Truppen und den Wirkungen ihrer in der Ferne wirkenden Mafchinen keine Hinderniffe fetzen, andre dagegen das Gegentheil bewirken.

Ausgemacht ift es, dafs diefer Unterfchied des Terrains nach Befchaffenheit der Umftände, bald Nutzen, bald Nachtheil bringen könne. Es mufs daher das taktifche Spiel bei Entwerfung eines Plans, auf dem der Schauplatz des Kriegs abgebildet wird, auch hierauf Rückficht nehmen.

Von denen zum Kriege erforderlichen Geräthfchaften laffen fich wenigftens eine geringe Anzahl im taktifchen Spiele anwendbar machen. Alle aber kommen hierin überein:

1) Dass sie keine eigenthümliche Bewegung haben.
2) Dass ihre Bewegung gröstentheils langsamer ist, als die Bewegungen der Truppen, und dass sie daher der freien Bewegung der Armee mancherlei Hindernisse setzen.

Auch diese Wahrheiten muss das taktische Spiel befolgen.

Die Bedürfnisse einer Armee, welche man von den nöthigen Geräthschaften desselben unterscheidet, sind sehr mannichfaltig. Die bei derselben befindliche Menschen und Thiere brauchen mancherlei Nahrung. Bei den taktischen Spiele ist es genug, alles hieher gehörige unter dem gemeinschaftlichen Namen von Bedürfnissen zu vereinigen, die Anschaffung sowol als die Austheilung derselben, der Natur dieses Gegenstandes gemäs einzurichten, und doch bei der Nachahmung das Gesetz der möglichsten Kürze vor Augen zu behalten.

Was das taktische Spiel aus dem Schachspiel beibehalten konnte oder abändern musste.

Im Kriege will man sich durch Gewalt der Waffen zu seinen Rechten verhelfen. Derjenige ist Sieger, dessen Waffen das Uebergewicht behalten. Es lässet sich aber dieses aus dem geringern Verluſt an Truppen oder an Kriegsgeräthſchaften nicht immer richtig beurtheilen.

Der natürliche Weg, den Krieg auch wider des Feindes Willen zu beendigen iſt, wenn man ihn derjenigen Mittel beraubet, ohne die er den Krieg nicht fortſetzen kann. Dieſe aber nimmt jeder der kriegführenden Theile vorzüglich aus ſeinem Lande. Die Eroberung des feindlichen Landes muſs alſo dem Kriege ein natürliches Ende machen.

Man hat noch kein Land erobert, wenn man in daſſelbe eingedrungen iſt; man muſs auch den Beſitz deſſelben leicht behaupten können.

Das Land des Feindes heiſst folglich alsdenn erſt erobert, wenn man ſich in dem Beſitz der darin liegenden feſten Plätze geſetzt hat, worin man die zum Kriege gehörige Nothwendigkeiten, die eine Armee in der Nähe haben muſs, ſicher verwahren kann. Der natürliche Ausgang des Krieges hängt alſo von Eroberung der Veſtungen eines Landes ab.

Vergleichen wir dieſen natürlichen Ausgang des Kriegs nun mit dem, wie der durchs Schachſpiel vorgeſtellte Krieg geendiget wird, ſo finden wir einen wichtigen Unterſchied. Der Ausgang des Schachſpiels iſt dem natürlichen Ausgang eines Krieges (wenigſtens nach unſern abendländiſchen Begriffen und Erfahrungen) um fo augenfcheinlicher nicht entfprechend, da der Verluft einer Perfon, wenn fie auch die erfte im Staate fein follte, niemals fchlechterdings bewirket, dafs die übrigen die Waffen niederlegen.

Das taktifche Spiel beftrebet fich diefem Mangel abzuhelfen, und mufs alfo hierin das Schachfpiel ganz verlaffen. Es endiget fich nicht anders als mit der Eroberung des feindlichen Landes und der darin liegenden Veftungen.

Man kann aber ferner auch den Krieg mit Einwilligung beider Theile endigen, das heifst Friede machen. Der Endzweck dabei ift beftändig der, durch einen kleinen Verluft einen gröfsern zu verhüten. Weil nun das taktifche Spiel eine Nachahmung des Kriegs, wie er in der Natur ift, fein foll, fo folgt, dafs auch hier Friedensverträge ftatt finden können.

Das Spiel mag fich enden auf welchem Wege es fei, fo beftehet der Verluft oder Gewinn deffelben, er bleibe nun durch die gänzliche Ueberwindung des einen Theils unzertheilt, oder werde bei der Wahl eines Friedensfchluffes repartiret, in der Ehre, welche durch eigne dazu vorhandne fiegreiche Fahnen von verfchiedner Gattung zu erkennen

nen gegeben wird, oder in einer feftgefetzten Summe Geldes oder fonft eines Preifes.

Das taktifche Spiel mufs den wefentlichften Unterfchied der Infanterie, Kavallerie und Artillerie finnlich machen. Da es aber doch fo viel möglich aufs Schachfpiel gegründet bleiben foll, fo mufs es, fo viel möglich von diefem Spiele beibehalten.

1) Der Fers, der Roch und der Läufer oder Elefant dienen, ihrer Gefchwindigkeit wegen, worin fie die Bauern und die Springer übertreffen, im taktifchen Spiele als Kavallerie, die Bauern aber und die Springer als Infanterie.

2) Das taktifche Spiel erhält Artillerie und dahin gehörige Mafchinen, welche dem Schachfpiel mangeln.

Der Anfall der Kavallerie ift wirkfamer, als der Angriff der Infanterie, wenn die Umftände übrigens einerley find. Da nun im Schachfpiel durch ein von dem Fers, dem Roch oder dem Läufer unternommenen Zug höchftens nur Eine Figur genommen werden kann, eben dies aber auch von dem Bauer oder Springer gefchiehet, fo hat im Schachfpiel die Kavallerie für der Infanterie hierin keinen Vorzug, wie doch billig feyn follte. Das taktifche Spiel ändert also die Natur des Fers, des Roch und des Läufers dergestelt ab, dass ihr Anfall unter gewissen Umständen mehr wirke, als der Angriff der Bauern und Springer. Jene erhalten daher die Erlaubniss unter gewissen Bedingungen, mit einem Zuge mehrere Feinde niederzuhauen.

Der Bauer gehet im Schachspiel nur vorwärts und ändert seine Fronte nie. Also auch hierin muss das Kriegsspiel Abänderung treffen.

Der Fers des Schachspiels ist weniger eingeschränkt als Roch und Läufer, und also ein vollkommnes Bild der Kavallerie. Fürs Kriegsspiel ist es vortheilhafter, mehrere dergleichen vollkommne Figuren einzuführen.

Mit einiger Veränderung können doch der Fers, der Läufer und der Roch des Schachspiels als Kavallerie, der Bauer und Springer aber als Infanterie im Kriegsspiel beibe alten werden. Der König aber bleibt weg, aus Ursache, weil, wie oben gesagt worden, sein Verlust (wenigstens bei uns) den Krieg zu beendigen nicht vermögend ist.

Und so ist also nur noch im taktischen Spiele ein schickliches Zeichen für die Artillerie hinzuzuthun.

Betrachten wir die Bewegung der Truppen des Schachspiels mit einiger Aufmerksamkeit, so finden wir folche der Natur unfers Kriegs nicht ganz angemeffen. Die Gröfse derer fich darin bewegenden Korps ift beftändig gleich. Gleichwol mufs fich in unferm Kriege nach dem gegebenen Befehl des Feldherrn bald ein kleiner, bald ein gröfserer Theil des Heers in Bewegung fetzen.

Das Kriegsfpiel unterfcheidet fich daher auch darin vom Schachfpiel, dafs in jenem gröfsern Theile das Ganze fich zu gleicher Zeit bewegen könne.

Ferner fällt aus natürlichen Urfachen in dem Kriegsfpiel die Warnung des Gegners, vor der ihm bevorftehenden Gefahr weg. Es würde endlich auch die Regel des Schachfpiels, dafs die Spieler ihre Truppen wechfelsweife bewegen, aufgehoben feyn müffen, wenn man diefes Gefetz im Kriegsfpiel nicht deswegen beibehalten müfste, um die grofse Menge Regeln zu vermeiden, die eine folche Abänderung nach fich ziehen würde.

Befchaffenheit des Plans auf dem das Kriegstheater im taktifchen Spiele abgebildet wird.

Die zum taktifchen Spiele gehörige Fläche ift eben fo wol, als die des Schachfpiels in gleiche Quadrate abgetheilt. Es find aber auf ihr die wichtigsten Chikanen eines Terrains durch verschiedene Illuminationen, und wenn diese nicht hinreichen, durch andre Zeichen bemerkbar gemacht.

Einige Quadrate sind schwarz, andre weiss. Das sind die Hauptfarben des Plans. Auf diesen bewegen sich die Truppen so frei, als es die Natur ihrer Bewegungen immer zuläſst. Sie bedeuten Theile des Terrains, welche die Natur mit keinen oder doch nur mit ganz unbeträchtlichen Hindernissen versehen hat.

Andre Quadrate sind ganz roth illuminiret, und diese bezeichnen ein Terrain welches man, der darauf befindlichen natürlichen Hindernisse wegen, nicht besetzen, noch über weg paſſiren kann. Jenseits eines solchen Terrains wirkt selbst das Geschütz nicht. Unter diesen Zeichen kann man sich daher hohe bewegsame Gebürge vorstellen.

Die grünen illuminirten Felder des taktischen Spiels bedeuten tiefe sumpfige, morastige Oerter, so zwar auch die Passage verhindern, aber doch von der Beschaffenheit sind, daſs man über solche mit dem Geschütz wegschieſsen und folglich jenseit derselben wirken kann, wenn es sonst die Entfernung nicht verbietet.

Bei beiden Arten des unwegfamen Terrains wird von dem Erfinder des taktifchen Spiels vorausgefetzt, dafs nicht Zeit vorhanden fey, die Hinderniffe zu heben.

Nicht weit von einander liegende, durch fchwarze und weifse Felder getrennte roth oder grün illuminirte Quadrate, machen alfo Defilées.

Blau find die Gewäffer des Terrains illuminirt, und ift dabei vorausgefetzt, dafs fie fo tief find, dafs man folche weder zu Fufs noch zu Pferde durchgehn kann.

Durch Diagonallinien in Triangel getheilte Quadrate, deren eine Hälfte roth illuminiret, die andre aber weifs, bedeuten Gebäude. Dahero machen mehrere bei einander liegende Quadrate diefer Art, nach Befchaffenheit der übrigen Umftände, entweder Städte oder Dörfer.

Um den Liebhaber des taktifchen Spiels nicht durch allzu grofse Mannichfaltigkeit der Gegenftände abzufchrecken, theilet der Erfinder des Spiels, diefes Spiel in zwo Schulen.

Die Regeln find für beide Schulen einerley nur hat die erfte Schule wenigere Gegenftände als die zweite.

I. Natur derjenigen Figuren, wodurch im Kriegsspiel die Bewegung der Truppen nachgeahmt wird.

Die aus dem Schachspiel beibehaltnen Figuren sind:

  Der Fers, (der Erfinder nennt sie noch die Königin, betrachtet sie aber als den vornehmsten Theil der Kavallerie, s. w. ob.)

  Der Roch (oder Thurm, wie sie der Erfinder nennt.)

  Der Läufer.

  Der Springer.

  Der Bauer.

Diese Figuren gehen von ihren im Schachspiel gehabten Eigenschaften, so lange sie sich einzeln bewegen, nicht merklich ab.

In Ansehn des Schlagens der Figuren bleibt es im taktischen Spiel im Ganzen als im Schachspiel. Was aber betrift, wie viele feindliche Figuren auf einmal, oder in einem Zuge geschlagen werden können, so ist bei der sogenannten Königin, dem Thurm und dem Läufer etwas verändert worden.

Da diese nämlich im taktischen Spiele als Kavallerie dienen, so ist festgesetzt worden, dass sie nach Belieben so viel feindliche Figuren schlagen können, als sie ohne Bedeckung in gerader Linie antreffen. Die angreifende

Figur nimmt in diesem Falle den Ort derjenigen feindlichen ein, die sie in diesem Zuge zuletzt schlug.

Springer und Bauren können in einem Zuge nie mehr als eine Figur wegnehmen.

Der Bauer gehet, so lange er sich einzeln bewegt, wie in dem Schachspiel, vorwärts, aber auch zurück und seitwärts aufs nächste Feld, oder nach der neuen Einrichtung dieses Spiels auf alle seinem Quadrate anliegende Oerter, ohne Einschränkung. Uebrigens aber schlägt er, wie im Schachspiel nur vorwärts, oder nach der neuen Einrichtung dieses Spiels schlägt er auf die drei in seiner Fronte liegende Quadrate.

Es hat der Bauer aber in dem taktischen Spiele noch eine andere Bewegung erhalten, welche durch die Schwenkung geschiehet. Er kann sich seine Richtung zu ändern, gleich der Infanterie im natürlichen Kriege, links und rechts umschwenken. Eine solche Schwenkung aber gilt für einen Zug.

Aufser den einfachen Figuren der Kavallerie, hat der Erfinder des taktischen Spiels noch zusammengesetzte hinzugefüget, nämlich:

Springende Königinnen, d. i. sogenannte Königinnen mit dem Gange des Springers.

Springende Thürme oder
Elefanten, d. i. Thürme mit
dem Gange des Springers.
Springende Läufer, d. i. Läufer
mit dem Gange des Springers.

Diese Figuren bewegen sich nach der Natur derjenigen, aus welchen sie zusammengesetzt sind, aber NB. bei einem jeden Zuge nur nach der Eigenschaft einer einfachen.

Geht zum Beispiel ein springender Läufer jetzt als Läufer auf ein ander Feld, so kann er diesen Zug nicht als Springer fortsetzen und umgekehrt.

Da der Erfinder bei den einfachen aus dem Schachspiel beibehaltenen Figuren, die bei uns gewöhnliche Gestalt, derselben beibehalten hat, und blos dem Bauer seine Fronte mit einem Punkt bezeichnen, oder ihm eine Grenadiermütze aufsetzen lässet (wegen der Schwenkungen), so ist er auch in Rücksicht der zusammengesetzten Figuren der bei uns gewöhnlichen Gestalt ihrer einfachen Vorbildes, möglichst treu geblieben.

Die sogenannte springende Königin ist völlig als eine bei uns im Schachspiel sogenannte Königin gedrechselt, nur dass sie oben mit dem Kopfe eines Pferdes versehen ist. Bei der ersten Bekanntmachung der Erfindung ragte ihr der Pferdekopf etwas unbequem und unnatürlich an der Seite heraus.

Der springende Elefant ist gebildet als bei uns im Schachspiel der Thurm oder Roch, und hatte anfangs einen Pferdehals an der Seite hervorragen, jetzt sitzt ihm der Pferdekopf oben auf der Spitze.

Der springende Läufer ist eine Figur wie unser im Schachspiel gewöhnlicher Läufer figurirt zu werden pflegt, nur daß er oben statt des Kopfes einen breiten Hals mit zween Pferdeköpfen hat, den einen rechts, den andern links gerichtet.

Diese Doppelfiguren nun haben, wie ihre einfachen Vorbilder, die Freiheit, in einem Zuge so viele Feinde nieder zu Hauen, als sie in gerader Linie ohne Bedeckung antreffen.

1) Die Kavallerie besteht daher im taktischen Spiele aus sogenannten Königinnen, Thürmen oder Elefanten und springenden Läufern.

2) Die Infanterie aus Springern und Bauren.

3) Die aus Kavallerie und Infanterie zusammengesetzten Trups aus springenden Königinnen, springenden Elefanten, und springenden Läufern.

II. Die vorher angeführten Figuren kann man noch folgender Gestalt abtheilen. In

1) Einfache. Diese sind:
1. Bauer
2. Springer
Läufer
Thurm oder Elefant.

2) Doppelte, d. i. aus einfachen, zweifach zusammengesetzte. Sie sind:
die (sogenannte) Königin,
der Elefant oder Thurm,
der springende Läufer.

3) Dreifach zusammengesetzte:
die springende Königin.

Dieser Unterschied ist sonderlich deswegen bemerkbar, um die Stärke der Vertheidigung einer Brustwehr oder Brücke etc. dadurch zu bestimmen.

III. Einzelne Figuren bedeuten nicht einzelne Kavalleristen oder Infanteristen, sondern eine ganze Anzahl derselben.

Artillerie.

Zur Abbildung der Artillerie hat der Erfinder des Spiels eine eigne Maschine dargestellt. Es bestehet dieselbe aus folgenden Stücken.

Der Grund derſelben iſt ein dünnes rechtwinklichtes Bretchen (Paralelopipedum) ſo breit und doppelt ſo lang als die Seite eines Quadrats oder Feldes auf dem Plan des Spiels. Dieſes Bretchen iſt in zwei gleiche Quadrate abgetheilt. Auf dem einen dieſer Quadrate oder Flächen des Paralelopipedums iſt ein grün gefärbter Würfel befeſtiget, welcher vorwärts ſchräg abgeſchnitten oder abgeböſcht iſt. Die leere, d. i. nicht mit dem Würfel belegte Fläche iſt mit ſechs ſchwarzen Punkten in drei Linien bezeichnet.

Hinter dem letzten Punkte der zweiten Linie (nach der rechten Hand zu) ſteckt ein langer aufrecht ſtehender Stift mit einem Knopf, deſſen Farbe es entſcheiden muſs, wem von beiden Spielern die Maſchine zugehöre. Dieſer Stift iſt beweglich und dient theils zur Bequemlichkeit bei Fortrückung der Maſchine, theils auch dazu, um den Gegner auf dieſelbe und vorzüglich mit auf die leere Fläche, woran er befeſtiget iſt, aufmerkſam zu machen. Oben über dem abgeböſchten Würfel herüber ſind drei ſtarke Nadeln mit Kuppen oder Knöpfen gebogen, ſo daſs die Knöpfe dieſer Nadeln nach der Gegend zugekehrt ſind, wohin ſich die Böſchung des Würfels abſenket.

Dieſe Maſchine der Artillerie nimmt zwei Quadrate oder Feldungen ein;

und bedeutet die Kanonen der Armee. Und es stellt diese Maschine solcher mehrere, d. i. einen Train vor. Die Bewegung dieser Maschine ist, wie die des Thurms oder Roch im Schachspiel, jedoch eingeschränkter, indem man solche höchstens nur bis aufs fünfte Feld, von dem Felde, darauf sie stehet, angerechnet, bewegen darf. Ihre Richtung ist also vorwärts, rückwärts, rechts und links, wenn die Felder, die sie gehen will, nicht mit Truppen besetzt sind, oder sich keine andere Hindernisse auf denselben befinden.

Derjenige Theil der Maschine welcher den Würfel, oder eigentlich das Geschütz enthält, macht den Ort des Plans, worauf er stehet ganz unwegsam; dagegen die Fläche auf welcher der Stift befindlich ist, im Grunde nichts anders ist, als ohne alle Hindernisse zu passirendes Terrain, das man damit besetzen kann, womit man praktikables Terrain zu besetzen die Erlaubniss hat.

Ist diese Fläche mit keiner Figur besetzt, so ist die ganze Maschine unbeweglich und wirket nichts, als dass sie, wie schon gesagt ist, den Ort, worauf eigentlich das Geschütz stehet, unwegsam machet.

Ist diese Fläche aber mit einer Figur besetzt, so kann die Maschine mit der darauf befindlichen Figur beweget werden und auf der Stelle ihre Wirkung hervorbringen. Diese

Fläche der Maschine heifst daher der Ort der Artilleriften, die Figuren aber welche diefen Ort befetzt halten, fie mögen fein welche fie wollen, find die Artilleriften. Diefe Artilleriften find es, von welchen beides die Bewegung und die Wirkung der Maschine abhänget.

Die drei auf einander folgende, der Böfchung des Würfels der Maschine in gerader Linie vorftehende Felder, find der Wirkung des Gefchützes ausgefetzt, und werden diefe von der Artillerie beftrichnen Quadrate die Wirkungsfläche der Artilerie genannt. Alles was fich von feindlichen Truppen auf den drei Quadraten diefer Wirkungsfläche befindet, wird, wenn der Zug an dem Befitzer diefes Gefchützes ift, in einem Zuge weggenommen, ohne das weder die Maschine, noch die auf der Fläche derfelben ftehende Figuren des taktifchen Spiels, oder wie fie an diefem Standort heifsen, Artilleriften indefs beweget werden.

Es hänget von dem Befitzer des Gefchützes ab, ob er das Gefchütz auf die ganze Wikungsfläche wirken laffen will, oder nur auf einen Theil derfelben.

Da die Wirkungsfläche der Artillerie nur auf einer Seite der Maschine, nämlich da, wohin fich die Böfchung des Würfels fenket, befindlich ift, fo kann man ihr auf den übrigen

Seiten ganz nahe seyn, ohne Gefahr von ihrer Nähe befürchten zu dürfen.

Die Wirkung des Geschützes erstreckt sich auch auf die feindliche Artillerie, die in die Wirkungsfläche deffelben kömmt. Natürlicher Weise und wenn die Umstände einerlei sind, verhindert die Artillerie, wenn schon ein Platz eingenommen, dafs die feindliche Artillerie sich auf ihre Wirkungsfläche nicht festsetzen kann. Wagt sich dahero die feindliche Artillerie aus einem Versehen oder aus Hoffnung unentdeckt zu bleiben in die Wirkungsfläche der unsrigen, so ruiniren wir sie, so bald wir es gewahr werden, und die Maschine wird, dieses anzuzeigen, aus dem Spiele genommen. Hat aber die feindliche Artillerie das Glück von der unsrigen nicht entdeckt zu werden, und befindet sich also unsere Artillerie in der Wirkungsfläche der feindlichen, so erfährt diese, wenn der Zug an dem Gegner ist, eben daffelbe widrige Schicksal.

1) Das feindliche Geschütz kann in die Wirkungsfläche des unsrigen kommen, und die dazu gehörigen Artilleristen können aufserhalb derselben seyn. Wird in diesem Fall das Geschütze ruiniret, so bleiben die Artilleristen über dem nämlichen Platz des Plans stehen, und die Maschine wird unter ihnen weggenommen.

2) Oder es kommen die feindlichen Artilleriſten ohne das ihnen zugehörige Geſchütz in die Wirkungsfläche des unſrigen, ſo können ſie erſchoſſen werden, und das feindliche Geſchütz bleibet ſtehen. Es wird aber dadurch ſo lange gänzlich unbeweglich und folglich unbrauchbar, bis der Ort mit neuen Artilleriſten wiederum beſetzet worden.

Die Wirkung des Geſchützes gilt nur Einen Zug, und es von einem Ort zum andern bewegen, ebenfalls. Wer daher das Geſchütz beweget, kann es nicht in eben dem Zuge auch wirken laſſen.

Es hängt von dem Spieler ab, ob das Geſchütz wirken ſoll, ſo bald ſich dazu Gelegenheit findet, ob er einen andern Zug thun und die Wirkung des Geſchützes auf eine andre Zeit verſchieben, oder ob er in dieſer Stellung das Geſchütz gar nicht wirken laſſen will.

Wenn zwei oder mehrere Maſchinen der Artillerie (mit verſchiedner Wirkungsfläche des Geſchützes) dergeſtalt neben einander ſtehen, daſs ſie eine rechtwinkelichte vierſeitige Figur machen, ſo können ſolche zu gleicher Zeit beweget werden, ohne daſs ſolches für mehr als einen Zug gerechnet wird. Und ſolche Bewegung kann vorwärts, rückwärts oder zur Seite geſchehen, ſofern die nächſt liegenden Quadrate oder Felder nicht mit Truppen besetzet sind, oder sich keine andere Hindernisse auf denselben befinden.

Diejenige Artillerie, welche bereits einen Platz eingenommen, verhindert ganz natürlich, dafs auf ihrer Wirkungsfläche nichts zu ihrem Nachtheil von einer Kraft, die der ihrigen an und für sich gleich ist, vorgenommen werden könne. Eben so natürlich kann aber eine stärkere Artillerie die schwächere von ihrem Platze vertreiben, wenn die übrigen Umstände gleich sind. Daher entspringet die Regel: **Doppelt unmittelbar hinter einander gestelltes Geschütz vertreibt, durchs Vorrücken in die Wirkungsfläche des einfachen feindlichen Geschützes dieses von seiner Stelle.**

1) Soll doppelt unmittelbar hinter einander gestelltes Geschütz durch Vorrücken in die Wirkungsfläche der feindlichen einfachen Artillerie, diese von ihrer Stelle vertreiben, so muss jenes zusammen in Einem Zuge vorrücken.

2) Zur Bewegung mehrerer Artillerie in Einem Zuge gehört, dass die Maschinen desselben ein rechtwinklichtes Viereck bilden.

3) Dieses

3) Dieses Vorrücken muſs so weit geschehen, daſs das feindliche Geschütz wenigstens in die Wirkungsfläche der vorderſten Artillerie komme.

4) Die vorderſte Artillerie muſs so geſtellt werden, daſs sie in die Wirkungsfläche der hinter ihr befindlichen zu ſtehn kömmt, mit welcher sie zu gleicher Zeit vorrücke.

So wie das doppelt hinter einander geſtellte Geschütz das einfache vertreibt, so vertriebt das dreifache das doppelte, das vierfache das dreifache etc.

Roth illuminirte Felder verhindern die Wirkung des Geschützes auf einem Orte, der übrigens nahe genug wäre, um von demselben beschoſſen zu werden. Dagegen verhindern blau und grün illuminirte Felder solches nicht.

Wenn die Wirkungrfläche unsers Geschützes von unsern und feindlichen Truppen besetzt iſt, und die unsrigen zwiſchen unserm Geschütz und den feindlichen Figuren befindlich sind, so hindern sie das Niederschieſsen der Feinde nicht. Man denkt sich in diesem Falle, daſs die Feinde durch Bogenſchüſſe getödtet werden.

Eine ganz eigne Bewegung der Artillerie geschiehet durch Schwenkungen. Bei diefer Art der Bewegung wird entweder der Ort der Artilleriften verändert, und das Geſchütz bleibt auf dem vorigen Platz ſtehen, oder umgekehrt. Das Geſchütz erhält in beiden Fällen neue Richtung oder Wirkungsfläche. Solcher Schwenkungen giebt es drey

1) eine kleine Schwenkung. Da ſchwenket ſich die Maſchine innerhalb 6 Quadraten, ohne in ſolcher Schwenkung das Revier der 6 Quadrate zu überſchreiten, darin vier Fälle möglich ſind. Nämlich wenn wir — die Maſchine bedeuten laſſen wollen, a den Ort der Artilleriſten und b das Geſchütz, ſo ſey der Standpunkt z. B. alſo

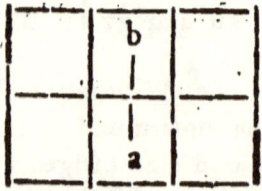

und nun folgende vier Schwenkungen:

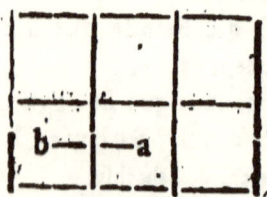

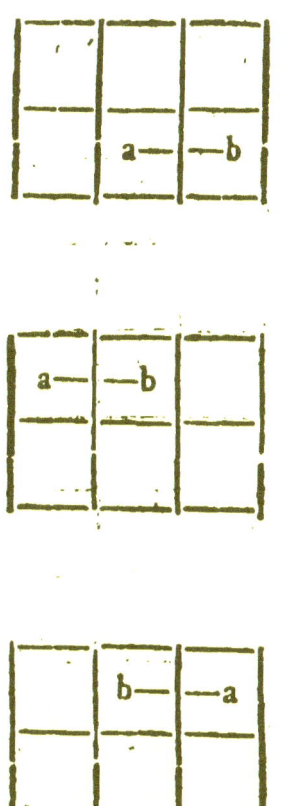

2) **Eine größere Schwenkung.** Da schwenkt sich die Maschine innerhalb 9 Quadraten, nach zween möglichen Fällen. Nämlich der Standpunkt sey z. B. der vorhin angenommene.

so sind die beiden Fälle diese:

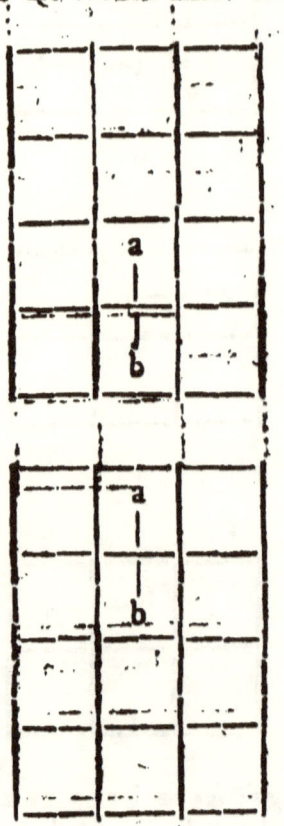

3) Die größte Schwenkung. Da schwenkt sich die Maschine innerhalb 6 Quadraten als bei der kleinen Schwenkung, aber mit dem Unterschied, daß die in Bewegung gesetzten Theile der Maschine vorgefundener Hindernisse

wegen, einen weitern Weg nehmen, das
ist, um in ihre veränderte Stellung zu
kommen, den Bezirk der 6 Quadrate
überschreiten müssen. Es sind hierbei
dieselben vier mögliche Fälle der obigen
kleinen Schwenkungen des Resultat, nur
der Weg dahin ist im Zirkel, so dass die
Quadrate des alten und neuen Stand-
punkts ungerechnet, allemal 5 Quadrate
in der Schwenkung berühret werden.
Der alte Standpunkt sey der oben zum
Grunde gelegte

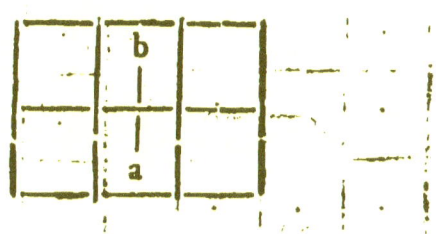

Wenn wir nun die fünf zu durchstreichen-
den Quadrate, die ausserhalb dieses alten Stand-
punkts und des neuern, den man erreichen
will, mit Punkten bezeichnen, so wird man die
vier Fälle deutlich erkennen.

374

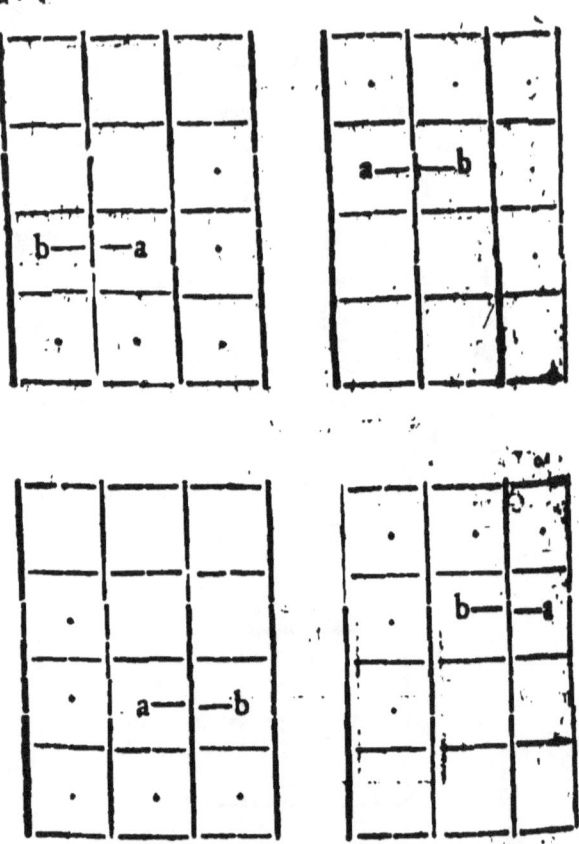

Die Schwenkung der zusammengesetzten Artillerie hat nichts eigenes. Es bleibt ein in dem Winkel des Rektangels befindlicher Theil darselben, wie bei der Schwenkung der einfachen Artillerie, über ihr Quadrat stehen, und man kann mit derselben alle drei erwähnten Arten der Schwenkung vornehmen.

Die Schwenkung der Artillerie, der einfachen und der zusammengesetzten, sie sei von welcher Art sie wolle, gilt nur Einen Zug.

Unter diesen zu Kanonen dienenden Maschinen hat der Erfinder noch eine kleine Verschiedenheit eingeführet. Diese liegt darinnen, ob der Würfel seine Böschung vorwärts oder rechts oder links zur Seite der Maschine hinrichte. Nach dieser verschiednen Richtung des Würfels giebt es also ein und dieselbe Maschine der Artillerie in dreifacher Gestalt. Die Wirkung dieser drei Arten der Maschine, nach verschiedner Richtung ihres Würfels, ist einerlei. Wegen der verschiednen Richtung ihres Geschützes aber nach verschiednen Seiten werden sie nothwendig, um jede bestimmte Aufgabe des Spiels damit aufzulösen.

Noch eine besondre Art des Geschützes hat der Erfinder hinzufügen müssen, um der Natur unsers Kriegs ganz nahe kommen, nämlich das Wurfgeschütz (Mortiers oder Haubitzen). Ihre Maschine ist wenig von der vorigen Maschine der Artillerie, welche die Kanonen vorstellt, verschieden. Ihr ganzer Unterschied liegt in folgenden:

1) In Ansehung des Aeußern hat die Maschine des Wurfgeschützes statt der drei Nadeln der Kanonenmaschine, nur einen einzigen über die Böschung des Würfels krum übergebogen, Drath mit einer

runden Kuppe, welche letztere in einem **rothen Kügelchen** beſtehet, was an dem Ende des Drathes befeſtiget iſt.

2) In Anſehung der Wirkungsfläche iſt das Wurfgeſchütz nur in ſofern unterſchieden, weil es nur auf eines von den drei Quadraten der Wirkungsfläche der Artillerie und nicht auf alle drei zugleich wirkt, und zwar jedesmal auf dasjenige, auf welches von denen dreien es dem Beſitzer beliebt.

3) Man bedient ſich des Wurfgeſchützes um geſchlagne Brücken und Gebäude in Brand zu ſtecken.

4) Ein vom Feinde aufgeworfene Bruſtwehr verhindert die Wirkung des Wurfgeſchützes.

Wenn der Ort der Artilleriſten des einen Geſchützes durch einen Theil der Maſchine eines andern beſetzt iſt, und der Ort der Artilleriſten des letztern Geſchützes iſt mit einem Artilleriſten verſehen, ſo ſind beide Maſchinen wirkſam. Dieſe Verbindung des Geſchützes heiſst **verbundnes Geſchütz**. Macht es in der Verbindung ein rechtwinkeliches Viereck, ſo können auch beide Maſchinen in Einem Zuge bewegt werden.

Es iſt auch erlaubt mehrere Maſchinen der Artillerie, als zwo, mit einander zu verbinden. Stehen ſolche in einem rechtwinkelichten

Viereck, so lassen sich die verbundenen Maschinen in Einem Zuge von einem Orte zum andern bewegen.

Was in die Wirkungsfläche des verbundenen Geschützes kömmt, kann in Einem Zuge zu gleicher Zeit niedergeschossen werden. Wenn bei den Verbindungen der Maschinen, einer derer zur Maschine gehörigen Stifte hinderlich ist, so kann man ihn weglegen; deswegen sind solche Stifte, wie oben gesagt worden, blos eingesteckt und beweglich.

Wenn wir den Ort der Artilleristen des feindlichen Geschützes besetzen, so ist solches Geschütz unser. Dieses kann geschehen

1) Wenn man den Ort der Artilleristen eines feindlichen Geschützes leer findet; da man denn diesen Ort entweder mit Figuren oder mit Geschütz besetzen kann.

2) Wenn man die auf dem Orte befindlichen Artilleristen durch eine Figur schlagen kann, ohne wiederum geschlagen zu werden.

Bewirkt man, dafs der Feind den Ort der Artilleristen einer seiner Maschine zur Artillerie verlassen muss, so ist die Maschine natürlich so lange unbeweglich und unwirksam, bis sie wieder besetzt werden kann.

Die Furcht, dafs eine Maschine zur Artillerie dem Feinde in die Hände kommen könne, kann den Spieler bewegen, diefe feine eigne Mafchine zu ruiniren. Solches aber gefchiehet:

1) Wenn er folches Gefchütz durch ander Gefchütz darnieder fchiefset.
2) Wenn er, während der Ort der Artilleriften der Mafchine von den feinigen befetzt ift, die Mafchine unter ihnen wegnimmt und blos die Figuren ftehen läfset oder weiter rücket. Auf diefe zweite Weife kann auch verbundenes Gefchütz entweder ganz oder zum Theil ruinirt werden. Wie viel man davon ruiniren will, hängt von der Willkühr ab.

Das Ruiniren des Gefchützes gilt für Einen Zug.

Kömmt ein Gebäude in die Wirkungsfläche des Wurfsgefchützes, fo kann folches in Brand geftsckt werden, wie weiter oben bereits erwähnt worden, es mögen nun auf dem Orte, welches ein Gebäude vorftellt, Figuren, Gefchütz oder andere Geräthfchaften befindlich feyn oder nicht. Diefes in Brand ftecken gilt Einen Zug, und wird folgendergeftalt angezeiget:

1) Belegt man das anzuftsckende Gebäude mit einem Zeichen von rothgefärbter Pappe, welches fo grofs als ein Quadrat des Terrains ift.

2) Zieht der Feind seine Figur, Geschütz oder andere Geräthschaften aus einem in in Brand gesteckten Gebäude nicht so gleich, nachdem solches angesteckt ist zurück, sondern verrichtet erst einem andern Zug, so ist die in diesem brennenden Gebäude befindliche Figur etc. verloren. Man nimmt solche beim nächsten Zuge weg und verrichtet doch dabei noch einen wirklichen Zug.

3) Liegen noch an dem in Brand gesteckten Gebäude unmittelbar andere Gebäude, so werden diese durch jenes angesteckt. Man belegt, um dieses anzuzeigen, die anliegenden Gebäude beim nächsten Zuge, mit dem schon erwähnten rothen Zeichen. Aber auch das gilt für keinen Zug, sondern man kann dabei noch einen besondern Zug thun. Es können aber durch dieses Mittel bei jedem Zug nicht mehr als 2 Gebäude in Brand kommen.

4) Niedergebrannte Gebäude machen den Ort, worauf sie gestanden, 6 Züge über unpraktikabel, als wenn er vom Anfang des Spiels grün illuminirt gewesen wäre.

Nach 6 Zügen nimmt man die rothen Zeichen weg und verwechselt solche mit schwarzen oder weissen. Dadurch wird aus dem vorher bebauten Orte ebenes mit den Hauptfarben des Plans illuminirtes Terrain.

Bewegung mehrerer Figuren zu gleicher Zeit, um die Bewegung ganzer Korps nachzuahmen.

Hierin unterscheidet sich das Kriegsspiel von neuem von dem Schachspiel. Um aber die Bewegung mehrerer Figuren zu gleicher Zeit, in diesem taktischen Spiele möglich zu machen, befinden sich dabei eine Anzahl dünner rechtwinklichter Bretchen, so breit und doppelt so lang, als die Seite eines Quadrats des Plans, kurz eben solche Bretchen, als diejenigen sind, worauf die Maschinen des Geschützes gegründet sind (s. oben), auch eben so in zwo Hälften abgetheilt, und beide Hälften, jede wie die leere Hälfte jener Maschine, mit 6 Punkten betüpfelt. An einer der langen Seiten dieses Bretchens, in der Mitte zwischen der Abtheilung in zwo Hälften regt sich auch ebenfalls ein etwa 3 Zoll langer Stift in die Höhe, welcher mit einem Püschel oder Knopf versehen ist, dessen Farbe es entscheiden muss, wem von beiden Spielern das Bretchen zugehöre. Der Zweck dieses Stifts ist wie oben bei den Maschinen der Artillerie.

Diese Bretchen heißen nun Transporteurs, und dienen dazu, um durch Bewegung derselben alle diejenigen Figuren zu gleicher Zeit zu bewegen, die darauf befindlich sind.

Der Transporteur ist unbeweglich, wenn sich keine Figur auf demselben befindet, hingegen ist er beweglich, wenn beide Theile oder auch wol nur ein Theil desselben besetzt seyn sollte.

Die Bewegung des Transporteurs ist, wie die Bewegung der Maschine der Artillerie, vorwärts, rückwärts und zur Seite. Die Gröfse dieser Bewegung hängt von der Natur der darauf befindlichen Figuren ab.

Wohin keine Truppen kommen können, dahin kann man auch den Transporteur nicht setzen, folglich nicht auf roth, blau und grün illuminirte Felder.

Auf den ganz oder nur zum Theil leeren Transporteur kann man dasjenige setzen, was man auf praktikables Terrain setzen kann, folglich Geschütz, andere Transporteurs u. s. f. Ueberhaupt kann man auf denselben alles verrichten, was auf praktikablen Terrain zu verrichten erlaubt ist.

Was ganz auf dem Transporteur befindlich ist, kann mit demselben zugleich bewegt werden. Was aber nur zum Theil auf dem Transporteur steht, läfst sich mit demselben nur bewegen, in fofern folches mit demfelben eine vierfeitige rechtwinklichte Figur bildet.

Ein mit Gefchütz befetzter Transporteur kann unter demfelben weggenommen werden, und das Gefchütz kann auf der Stelle bleiben. Wenn ein Theil der Mafchine, z. B. des Gefchützes, eines Transporteurs etc. mit einer Figur befetzt ift, und fie fich zu gleicher Zeit über einem Transporteur befindet, fo kann man auch diefe mit dem Transporteur unter der Mafchine wegbewegen.

Wenn beide Flächen des Transporteurs mit Figuren befetzt find, fo kann man eine derfelben auf ihrem Platze nicht ftehen laffen, und die andern mit dem Transporteur fortbewegen. Diefe Einfchränkung dient zur Simplifikation des Spiels.

Eine auf dem Transporteur befindliche Figur kann fich von demfelben auch einzeln herunter bewegen, wenn es nur fo gefchieht, wie es die Natur ihrer Bewegung mit fich bringt.

Mit dem Transporteur kann man eben folche Schwenkungen machen als mit der Mafchine der Artillerie, f. oben. Zwei oder mehrere Transporteurs können auch, wie die zufammen gefetzte Artillerie, zu gleicher Zeit gerückt oder gefchwenket werden, wenn fie fo ftehn dafs ihre Oberfläche zufammen genommen, eine vierfeitige rechtwincklichte

Figur machen. Der ganze Unterschied in der Bewegung zusammengesetzter Transporteurs von zusammengesetzter Artillerie bestehet darinnen, dafs sich die Transporteurs weiter, als das Geschütz, und bald bis ins siebente, bald bis aufs neunte Feld bewegen können. Man darf daher nur dasjenige, was oben von der Bewegung der zusammengesetzten Artillerie gesagt worden ist, dieser Ausnahme gemäfs auf zusammengesetzte Transporteurs anwenden, so werden weitere Regeln hierüber überflüssig.

Einen oder mehrere Transporteurs kann man mit einer oder mehreren Maschinen zur Artillerie in Einem Zuge fortrücken oder schwenken, wenn sie so zusammen stehen, dafs sie eine vierseitige rechtwinklichte Figur ausmachen. Weil aber die Geschwindigkeit der Truppen, wenn sie Geschütz bei sich haben, vermindert wird, so bewegt sich ein auf Transporteurs befindliches Korps, im Fall es Geschütz mit sich führet, nur bis aufs fünfte Feld.

Man ist nicht gezwungen ein aus verschiednen Theilen bestehendes Rektangel in Einem Zuge ganz zu bewegen; es ist genug, wenn der bewegte Theil im Rektangel ist.

Wenn der eine Spieler den einen Theil des Transporteurs, der andre aber den andern besetzt hält, so ist der Transporteur in diesem Zustande unbewegbar.

Jede Bewegung mit den Transporteurs, es sei mit einem oder mit mehrern zu gleicher Zeit allein, oder in Verbindung mit Artillerie u. s. w. gilt als Ein Zug.

Wer einen Transporteur verläfst, seinen eignen oder einen feindlichen, der kann ihn aus dem Spiel nehmen, wenn ihn der Feind nicht auch zu gleicher Zeit besetzt hält. Den Transporteur verlassen und ihn aus dem Spiele nehmen, geschiehet in Einem Zuge. Da jeder Spieler Transporteurs genug, und wenn das Spiel einige Zeit gedauert, gar überflüssig hat: so ist es ohne allen Nutzen, auf die Wegnahme eines Transporteurs ein Dessein zu machen.

Eine auf dem Transporteur stehende Figur kann in Einem Zuge dahin kommen, wohin sie durch ihren natürlichen Gang in vielen Zügen, und vielleicht ihrer Natur nach, gar nicht gekommen wäre. Dieses ist zwar eine Abweichung von der Natur, sie hat aber in die Vollkommenheit des Spiels nicht den geringsten nachtheiligen Einflufs, sondern trägt vielmehr dazu bei, den Vortheil sinnlich zu machen, den man davon hat, seine Truppen so viel möglich, in Korps zusammen zu halten.

Es

Es wirkt keinen Unterschied, ob man seine Figuren durch eigne oder durch feindliche Transporteurs bewege. Durch Hülfe eines Transporteurs kann man auch **verbundenes Geschütz** das sich in Einem Zuge deshalb nicht bewegen läſſet, weil es kein Rektangel bildet, in einen Rektangel verwandeln.

Verschanzungen.

Da die Hauptabsicht bei Verschanzungen ist, durch leblose Gegenstände theils das Vordringen des Feindes zu verhindern, wenigstens uns schwerer zu machen, theils die schädlichen Wirkungen des feindlichen Geschützes zu mindern: so ist in diesem taktischen Spiele das **Verschanzen** in einer so ausgebreiteten Bedeutung genommen, daſs man darunter, eine **Brustwehr** erbauen, einen **Verhack** machen u. ſ. w. verstehet. Freilich kann man sich von allen diesen Mitteln nicht einerlei Wirkung versprechen, und es scheint daher beim erſten Anblick, daſs es nothwendig gewesen sei, eine Menge verschiedner Zeichen einzuführen, allein folgende richtige Bemerkungen haben dieses aufgehoben.

1) Ist eine durch leblose Gegenstände getroffene Vorkehrung ein Mittel, das Vordringen des Feindes und die gröſsere

Wirkung seines Geschützes in einem vorkommenden Fall, wenigstens auf eine gewisse Zeit, zu verhindern: so entspricht sie ihre Absicht, und dafür ist im taktischen Spiel Ein Zeichen hinreichend, man denke sich nun die Erreichung seiner Absicht als durch einen Verhau, durch eine ordentliche verfertigte Brustwehr u. s. w.

2) Ist aber eine solche Vorkehrung kein solches Mittel, so ist sie unnütz und eben so gut als ob sie nicht geschehen sey. Dafür wäre also ein Zeichen ganz überflüssig.

Es ist dahero in dem taktischen Spiele nur Ein Zeichen üblich, alles dasjenige zu bezeichnen, was durchs Verschanzen im allgemeinsten Sinne verstanden wird.

Dieses Zeichen ist ein **Stückchen Pappe** von der Größe eines solchen Quadrats, darin der zum Spiel gehörige Plan eingetheilt ist. Solche Zeichen nun sind **grün** illuminirt und zum Gebrauch des einen Spielers mit einem **gelben**, und für den andern Spieler mit einem **rothen** Kreuz bemerkt.

Ein Quadrat des Plans mit einem solchen Zeichen, deren jeder Spieler eine große Anzahl in Vorrath erhält, belegen, heißt in diesem Spiele **sich verschanzen**, und das Zeichen heißt eine **Brustwehr**.

Eine Bruftwehr anlegen gilt für Einen Zug. Man legt zu dem Ende an den Ort, den man verfchanzen will, drei von denen dazu dienenden Zeichen über einander. Es ift aber erlaubt diefe drei Zeichen, fo oft der Zug an einem ift, mit einem Zeichen zu vermehren. Dadurch wird die Bruftwehr ftärker. Jede Verftärkung der Bruftwehr gilt Einen Zug.

Ein Ort auf dem eine Bruftwehr aufgeworfen werden foll, mufs durch eine Figur desjenigen, der fich dadurch verfchanzen will, zwar nicht wirklich befetzt werden, aber doch befetzt werden können. Eine folche Figur heifst die fich verfchanzende Figur.

Da es wider die Natur feyn würde, zu erlauben, dafs eine Figur einen Ort ohne Rückficht auf die Entfernung von demfelben verfchanzen könne, fo ift diefe Entfernung auf die Weite eines Kanonenfchuffes eingefchränkt. Es dürfen daher zwifchen dem Ort der verfchanzt werden foll, und denjenigen wo fich die verfchanzende Figur befindet, nur höchftens zwei Felder befindlich feyn.

Jede Figur hat die Befugnifs einen Ort zu verfchanzen, wenn fie nicht durch Umftände daran verhindert wird. Es ift auch bei keiner derfelben etwas befonders zu bemerken, aufser bei dem Bauer. Diefer darf nur die drei vor ihm in feiner Fronte liegende Quadrate verschanzen, auf welche er durchs Schlagen und durch einen Zug kommen kann.

Der Ort, auf welchen eine Brustwehr aufgeworfen werden soll, kann mit keiner Figur, Geschütz, Transporteur etc. weder von dem einen noch dem andern Theil der Spielenden besetzet werden, noch viel weniger kann man darüber wegpassiren.

Eine Brustwehr verhindert zwar die Wirkung des feindlichen Wurfgeschützes auf das, was in der Wirkungsfläche desselben hinter der Brustwehr stehet, nicht, aber doch die Wirkung des übrigen Geschützes.

Derjenige welcher ein Brustwehr aufwirft, wird solche so einrichten, daſs er sich seines Geschützes wider den auf die Brustwehr anrückenden Feind bedienen könne. Und dieses also thut man auch in diesem Spiele.

Eine Brustwehr macht dem Feinde nur in soferne beträchtliche Hindernisse, als sie gehörig vertheidiget ist. Hört die Vertheidigung auf, so ist sie von dem Feinde leicht in die Umstände zu setzen, daſs sie den Namen eines Hindernisses von Wichtigkeit nicht mehr verdient. Daher fällt die Absicht, welche der Spieler auf eine Brustwehr erreichen will, weg.

1) Wenn die Brustwehr ihre Wirklichkeit verliert.
2) Wenn sie keine Vertheidigung mehr hat, oder wenn ihre Vertheidigung durch

einen überlegenen Angriff unwirkſam gemacht wird.

Eine Bruſtwehr kann nun im taktiſchen Spiele vertheidiget ſeyn
1) nur durch Geſchütz,
2) nur durch Figuren,
3) durch Geſchütz und Figur zugleich.

Eine Bruſtwehr iſt durch das Ge‍ſchütz vertheidiget, in deſſen Wir‍kungsfläche ſie lieget. Eine Bruſtwehr iſt durch diejenigen Figuren vertheidiget, welche von ihr nicht über einen Kanonenſchuſs entfernet ſind, und welche von dem Orte, wo ſie ſtehn, auf den Ort kommen können, auf dem die Bruſtwehr befindlich iſt. Und ſo iſt es endlich aus der Verbindung deſſen was ſo eben geſagt iſt, leicht zu erſehen, wenn ein Bruſtwehr durch Geſchütz und durch Figuren zugleich vertheidigt iſt.

Eine Bruſtwehr kann im taktiſchen Spiele angegriffen ſeyn
1) nur durch Geſchütz,
2) nur durch Figuren,
3) durch Geſchütz und Figuren zugleich.

Eine Bruſtwehr iſt durch Geſchütz angegriffen und kann von demſelben be‍ſchoſſen werden, in deſſen Wirkungsfläche ſie lieget. Eine Bruſtwehr wird durch feind‍liche Figuren angegriffen, wenn dieſe nicht über einen Kanonenschuſs von derſelben entfernt ſtehen, und wenn ſie von ihrem Orte auf den Platz der Bruſtwehr kommen können.

Man hat eine Bruſtwehr verlaſſen, ſo bald man ſie durch keine ſeiner Figuren mehr vertheidiget, oder, wenn ſie nicht mehr in der Wirkungsfläche des eignen Geſchützes befindlich iſt. Es kann dieſes freiwillig geſchehen, oder man iſt dazu durch die Bewegung des Feindes gezwungen worden.

Man beſetzet eine verlaſſene Bruſtwehr, wenn man entweder machet, daſs ſie in die Wirkungsfläche der eignen Artillerie komme, oder daſs ſie durch eigne Figuren vertheidigt wird. In dieſem Fall verwechſelt man die von dem Feinde zum Retranchiren hingelegte Zeichen mit den ſeinigen. Dieſes Verwechſeln der Zeichen gilt Einen Zug. Und nunmehro wirkt die im Beſitz genommene Bruſtwehr das, was eine eigne ſelbſt verfertigte Bruſtwehr gethan haben würde.

Die durch ein Bruſtwehr vorkommenden Hinderniſſe kann man aus dem Wege räumen:

1) Wenn man eine beſetzte Bruſtwehr ruiniret.
2) Wenn man ſie durch die Artillerie niederſchieſset.
3) Wenn man ſie erſteiget.

Wer im Beſitz einer Bruſtwehr gekommen iſt, kann ſolche, wenn an ihm der Zug iſt, ruiniren, d. h. er nimmt die Zeichen derſelben weg. Dieſes gilt Einen Zug. Eine von beiden Spielern verlaſſene Bruſtwehr kann daher, ſo lange ſie nicht wiederum von einem beſetzt worden, nicht ruinirt werden.

Man kann auch die durch eine Bruſtwehr gelegte Hinderniſſe durch Hülfe des Geſchützes aus dem Wege räumen. In dieſem Fall macht man, daſs die Bruſtwehr in die Wirkungsfläche des eignen Geſchützes komme, und nimmt, ſo oft man den Zug hat, ein Zeichen derſelben weg, bis der Ort von ſolchen Zeichen ganz entblöſst iſt.

Eine in Einem Zuge erbaute Bruſtwehr wird durch drei über einander liegende Zeichen angedeutet. Dahero folgt, daſs dieſe erſt in drei Zügen durch das feindliche Geſchütz ruinirt werden kann.

Wird ein Bruſtwehr durch doppeltes, dreifaches etc. Geſchütz beſchoſſen, ſo nimmt man bei jedem Zuge zwei, drei etc. Zeichen von derſelben weg. Durch doppelt Geſchütz wird dahero eine in Einem Zuge erbaute Bruſtwehr in zween Zügen ruinirt.

Die Gröſse der Vertheidigung einer Bruſtwehr durch Figuren wird theils durch die Anzahl der ſie vertheidigenden Figuren, theils durch die Beſchaffenheit derſelben beſtimmt.

Nach eben dem Gesetz bestimmt man die Größe oder Stärke des Angriffes auf eine Brustwehr, durch Figuren.

Wenn die Vertheidigung einer Brustwehr geringer ist als der Angriff auf dieselbe, so ist die Vertheidigung unwirksam. Der angreifende Theil nöthiget alsdann den vertheidigenden mit Gewalt, fernern Vortheil aus der Brustwehr zu ziehen. Und in Ansehung der Folge wird solche Brustwehr als nicht mehr vorhanden angesehen, wenn sie auch noch wirklich seyn sollte. Das ist der Fall wenn man eine Brustwehr ersteiget. Die Zeichen der Brustwehr werden von dem Ersteigenden zuletzt weggenommen.

Die weggenommenen Zeichen einer erbeuteten Brustwehr, werden dem Spieler, dem sie gehören, wieder gegeben, denn sie bedeuten Erde, als welche allenthalben zu haben ist.

Eine durch Geschütz vertheidigte Brustwehr kann nicht ersteigen, wohl aber von dem Geschütz des Feindes beschossen werden.

Wenn ein Ort durch Figuren des Feindes so stark und noch stärker angegriffen wird, als er durch die Figuren des andern vertheidiget ist, so kann er im Kriegsspiel nicht verschanzet werden. Ein in der Wirkungsfläche des feindlichen Geschützes liegender Ort kann von dem Spieler des Gegentheils nicht verschanzet, noch die etwa darauf schon befindliche Verfchanzung verftärket werden. Hingegen kann man einen Ort verfchanzen, oder den fchon verfchanzten verftärken, welcher in der Wirkungsfläche des eignen Gefchützes lieget, wenn auch die Anzahl der ihn angreifenden feindlichen Figuren gröfser ift, als die der vertheidigenden.

Eine Bruftwehr verhindert, fo wie jeder andrer unpraktikabler Ort, die Schwenkung über einen Platz auf welchem fie aufgeworfen werden.

Die Oberfläche der Transporteurs, der Ort der Artilleriften, Oerter wo fich Gebäude befinden, find nichts anders' als praktikables Terrain, daher man auch Bruftwehren auf diefe aufwerfen kann.

Wenn man den einen Theil der Oberfläche des Transporteurs verfchanzet, und den andern Theil derfelben mit einer Figur befetzt hat, fo kann man den Transporteur mit diefer Figur unter denen zu verfchanzen dienenden Zeichen wegnehmen und diefe Zeichen auf ihrem Platze laffen. Hat aber der Feind einen Theil der Oberfläche unfers Transporteurs verfchanzet, fo bleibt diefer Transporteur unbewegbar.

Endlich ift zu merken, dafs man die zum Verfchanzen dienenden Zeichen nicht von einem Orte zum andern fchieben kann.

Brücken.

Da man sich auf dem Plan des taktischen Spiels auch tiefe Flüsse denket, so gehören auch die Brücken unter die Geräthschaften dieses Spiels. Diejenigen Maschinen, auf welche solche Brücken von einem Ort zum andern gebracht werden, heissen Brückentransporteurs.

Die Figur und Größe solcher Brückentransporteurs ist vollkommen dieselbe der übrigen Transporteurs, nur dass der lange Stift an der einem schmalen Seite des Bretchens in der Mitte senkrecht aufgesteckt ist. Der Theil der Oberfläche des Brückentransporteurs, an welchem der Stift befestiget ist, heißt die Hauptfläche, der andre die Nebenfläche.

Zu jeden Brückentransporteur gehören vier Brücken, da denn im Anfange des Spiels jede Hälfte des Transporteurs zwo Brücken aufgelegt bekömmt.

Ein Brücke ist ein aus Pappe gemachtes Quadratblatt, darauf die Brücke in Kupfer gestochen ist. Auf der umgekehrten Seite ist sie mit roth Papier belegt, dass man solche nur umkehren darf, um sie als in Brand gesteckt zu bemerken.

Man kann jede Fläche des Brückentransporteurs, sie sei mit Brücken belegt oder nicht, mit Figuren befetzen und mit diefen den Brückentransporteur eben fo bewegen, wie die Mafchine des Gefchützes. Es finden daher auch die Zufammenfetzungen mehrerer Brückentransporteurs, imgleichen die Schwenkungen derfelben ftatt.

Befindet fich auf dem Brückentransporteur gar keine Brücken mehr, fo kann man fich derfelben wie eines gemeinen Transporteurs bedienen.

Wenn keine der Oberflächen des Brückentransporteurs mit einer Figur befetzt ift, fo ift der Brückentransporteur famt feinen Brücken unbeweglich. Ift aber nur ein Theil deffelben mit einer Figur befetzt, fo finden wenigftens die Bewegungen mit derfelben ftatt, welche vorhin im Allgemeinen angegeben worden find, nämlich diejenigen, die auch mit einer beweglichen Gefchützmafchine ftatt finden.

Jede mit den Brückentransporteur vorgenommene Bewegung gilt für Einen Zug, es mögen Brücken auf derfelben befindlich feyn oder nicht.

Eine Brücke von einem Brückentransporteur herunternehmen und mit derfelben einen blau illuminirten Ort, der in diefem Spiele Waffer anzeiget, belegen, heifst eine Brücke fchlagen.

Man kann von keinem Brückentransporteur eine Brücke herunter nehmen, um folche über einen Fluſs zu ſchlagen, woferne die Hauptfläche des Brückentransporteurs nicht mit einer eignen Figur beſetzt iſt.

Der Brückentransporteur, von dem man eine Brücke abnehmen will, um ſie über den Fluſs zu ſchlagen, muſs dem Fluſſe ſo nahe gebracht ſeyn, daſs er denſelben berührt.

Die erſte Brücke welche von dem Brückentransporteur herabgenommen wird, um ſie über einen Fluſs zu ſchlagen, muſs dergeſtalt gelegt werden, daſs ſie den Brückentransporteur berühre. Die übrigen legt man entweder eben ſo, oder dergeſtalt, daſs ſie die bereits geſchlagne Brücke berühren.

Durch eine geſchlagne Brücke kann ein Ort, welcher ſonſt wegen des darüber befindlichen Gewäſſers nicht zu beſetzen noch zu paſſiren war, beſetzt und paſſirt werden.

Auf den Brückentransporteur kann man dasjenige ſetzen, was man auf andres praktikables Terrain ſetzen kann. Und überhaupt iſt ein ſolcher zu allen Verrichtungen auf praktikablen Terrain fähig, die dazu gehörigen Brücken mögen ſich noch auf denſelben befinden oder nicht. Es laſſen ſich ſogar Bruſtwehren auf demſelben aufwerfen.

Ein Brückentransporteur läſst ſich, wenn auf deſſen Oberfläche eine Bruſtwehr befindlich iſt, mit derſelben nicht von einem Orte zum andern bewegen, aber es iſt erlaubt, den

Brückentransporteur, unter diefer Bruftwehr wegzunehmen und weiter zu bewegen.

Man kann auf dem von Figuren leeren Brückentransporteur er fei mit Brücken belegt oder nicht, auch einen andern mit Brücken belegten oder leeren Brückentransporteur fetzen. Bei der Bewegung übereinander ftehender Brückentransporteurs aber finden folgende Fälle ftatt:

1) Wenn die Oberfläche des einen Transporteurs ganz über der Oberfläche des andern ftehet und

 a) beide mit Brücken belegt find, fo kann in Einem Zuge nur Ein Transporteur beweget werden.

 b) Wenn nur einer mit Brücken belegt ift, fo können beide Transporteurs in Einem Zuge beweget werden.

 c) Wenn beide leer find, fo kann man beide in Einem Zuge bewegen wenn nämlich in allen diefen Fällen überhaupt eine Bewegung ftatt findet.

2) Wenn die Oberfläche des einen Transporteurs nicht ganz über der Oberfläche des andern lieget, und beide in diefer Verbindung ein Rektangel machen, und find

 a) diejenigen Theile der Oberfläche beider mit einer Figur befetzt, fo kann man beide in Einem Zuge bewegen, wenn entweder beide, oder doch nur eine von Brücken leer ist; falls aber noch beide mit Brücken belegt sind, so läfst sich nur eine davon bewegen.

b) Oder ist nur derjenige Theil der Oberfläche des Transporteurs mit einer Figur besetzt, der nicht über dem andern liegt, so bewegt man nur denjenigen, auf den sich die Figur befindet.

3) Wenn die Oberfläche des Brückentransporteurs nicht ganz über der Oberfläche des andern liegt, und beide in dieser Verbindung auch kein Rektangel machen, so sind beide unbewegbar.

Man kann von einem Brückentransporteur die Brücken abnehmen, um solche zu schlagen; wenn er auch mit andern Transporteurs, Geschütz oder Figuren besetzt wäre, ja selbst wenn sogar ein Brustwehr auf ihn befindlich. Man nimmt in diesem Fall die Brücken unter diesen Maschinen oder Figuren weg und legt sie an den Ort, wo man eine Brücke schlagen will.

Ein Brückentransporteur, auf dem sich eine Figur befindet, ist beweglich, und ist die Hauptfläche desselben mit einer Figur besetzt, so können von demselben Brücken herunter genommen werden, um fie über einen Flufs zu fchlagen. Diefe Figuren aber können entweder auf dem Brückentransporteur unmittelbar, oder fie können über folchem mittelft andrer Mafchinen ftehen. Diefes verurfacht verfchiedene, aus dem was bisher gefagt worden ift, entfpringende einzelne Fälle des Spiels. —

Abbrechen der Brücken.

Eine Brücke abbrechen heifst im Kriegsfpiel, eine Brücke von dem Ort wo fie gefchlagen worden, abnehmen und fie auf den Brückentransporteur zurücklegen, damit man von ihr wiederum bei fich ereignenden Gelegenheiten Gebrauch machen kann, oder auch Brücken zu diefem Behuf gebrauchen.

Wer die Hauptfläche eines Brückentransporteurs mit einer Figur befetzt hält, der kann eine Brücke deffelben abbrechen fo bald er am Zuge ift. Das Abbrechen einer Brücke gilt für Einen Zug.

Wenn ein Brückentransporteur mit eignen Mafchinen oder Figuren befetzt ift, fo hindert diefes das zurücklegen der abgebrochnen Brücken auf den Brückentransporteur, oder auch das auflegen neuer Brücken auf denfelben nicht. Feindliche Figuren hingegen, die fich etwan auf der Nebenfläche des Brückentransporteurs befinden, verhindern solches allerdings.

Soll eine Brücke abgebrochen werden können, so muſs solche entweder ihren Brückentransporteur berühren, oder doch mittelst anderer zu diesem Brückentransporteur gehörigen Brücken mit demselben zusammen hängen.

So lange sich auf den Brücken etwas von freundlichen oder feindlichen Figuren befindet, so lange können sie nicht abgebrochen werden. Aber von Figuren leere Maschinen verhindern dieses nicht. Die Brücken werden abgebrochen und die darauf befindlichen Maschinen aus dem Spiel gelegt, ohne daſs man in demselben Spiele wieder Gebrauch von ihnen machen darf.

Durchs Abbrechen der Brücken können auf einen Brückentransporteur Brücken kommen, welche im Anfang des Spiels nicht darauf waren.

Man kann auch die vom Feinde geschlagne Brücke abbrechen, wegnehmen und davon anderswo Gebrauch machen.

Ruinirung der Brücken.

Eine **Brücke ruiniren** heiſst im Kriegsspiel eine Brücke aus dem Spiele gänzlich wegnehmen, und fürs ganze Spiel unbrauchbar machen. Dieses **Brückenruiniren** ten unterscheidet sich von dem Brückenabbrechen in folgenden:

1) Das Brückenabbrechen betrift nur geschlagene, das Ruiniren derselben aber geschlagene und nicht geschlagene Brücken.

2) Von abgebrochenen Brücken kann man in eben dem Spiel wieder gelegentlich Gebrauch machen, von ruinirten Brücken aber nicht.

Das Stehen einer Figur auf der Hauptfläche eines Brückentransporteurs giebt ihr das Recht, in Einem Zuge nur Eine geschlagne von feindlichen Figuren und besetzten Maschinen leere Brücke zu ruiniren.

Unbesetzte feindliche Maschinen, unsre Truppen und Maschinen aber verhindern nicht, dafs eine mit denselben besetzte Brücke durch das eben gesagte Mittel ruinirt werden kann.

Das Stehen einer Figur auf der Hauptfläche eines Brückentransporteurs giebt ihr auch die Befugnifs, so viele derer auf diesem Brückentransporteur auf der Haupt- und Nebenfläche desselben noch liegenden Brücken zu ruiniren als sie will, den Brückentransporteur stehn zu lassen, oder ihn aus den Spiel zu legen, wenn die Nebenfläche dieses Brückentransporteurs mit keiner feindlichen Figur besetzt ist. Befindet sich aber eine feindliche Figur, oder ein

Theil eines wirksamen feindlichen Geschützes auf der Nebenfläche, so kann sie nur die unter ihr auf der Hauptfläche befindliche Brücken ruiniren, den Brückentransporteur aber muſs sie in diesen Falle im Spiele laſſen.

Wenn eine Figur durch das Stehen auf der Hauptfläche eines Brückentransporteurs die noch darauf befindliche Brücke ruiniret, so kann sie nicht in eben dem Zuge auch eine geschlagene Brücke ruiniren.

Wer die Nebenfläche eines Brückentransporteurs mit einer Figur besetzt hält, der kann den Brückentransporteur mit allen darauf befindlichen Brücken ruiniren und aus dem Spiele legen, wenn die Hauptfläche desselben nicht mit einer feindlichen Figur besetzt ist. Wenn aber dieses der Fall wäre, so kann er nur die Brücken, welche sich unter ihm auf der Nebenfläche befinden, ruiniren, den Transporteur aber muſs er im Spiele laſſen.

Das dritte Mittel, eine Brücke zu ruiniren ist, daſs einer Figur die auf einer Brücke stehet, von solcher abgehet. Die Brücke verlassen und solche zugleich ruiniren kann, in Einem Zuge geschehen.

Das Schlagen, Abbrechen und ruiniren der Brücken ist bis aufs dritte Quadrat von dem Brückentransporteur eingeschränkt.

Eine Figur zwischen welcher um eine Brücke nicht mehr als zwei Quadrate liegen und die an Befetzung dieser Brücke von ihrer Stelle aus nicht durch natürliche Chikane des Terrains oder durch dazwischen kommende feindliche Figuren gehindert wird, darf diese Brücken ruiniren. Die Brücke wird aus dem Spiel genommen und in diesem Zuge weiter nichts verrichtet. Dies ist das **vierte** Mittel, eine Brücke zu ruiniren.

Alle Brücken, welche in der Wirkungsfläche der feindlichen Kanonen liegen kann man in Einem Zuge ruiniren. Dies Ruiniren gilt gleichfalls Einen Zug und ist dieses das **fünfte** Mittel, eine Brücke zu ruiniren.

Durch das eigne Wurfgeschütz kann man von denen in der Wirkungsfläche desselben liegenden geschlagnen Brücken nur Eine und von denen noch auf Brückentransporteurs befindlichen Brücken so viele in Einem Zuge ruiniren, als sich derselben auf Einem Quadrate befinden. Das ist das **sechste** Mittel, Brücken zu ruiniren.

Durch das eigene Wurfgeschütz kann man auch eine geschlagne Brücke in Brand stecken, welches das **siebente** Mittel ist, Brücken zu ruiniren.

Wenn eine Figur eine geschlagne Brücke verläfst, so kann sie solche in Brand stecken. Hierdurch können die anliegenden Brücken mit angesteckt und ruiniret werden. Und dies ist das achte Mittel Brücken zu ruiniren.

Einfchränkung des Brückenfchlagens, Abbrechens und Ruinirens derfelben.

Was oben von Angriff und Vertheidigung einer Bruftwehr gefagt ift, das gilt auch von Angriff und Vertheidigung einer gefchlagnen Brücke. Und dadurch werden folgende die Brücken betreffende Sätze, vollkommen deutlich.

1) Man kann keine Brücke über einen Ort fchlagen, der von feindlichen Figuren fo ftark angegriffen, als er vertheidiget ift, es fei denn, dafs diefer Ort in der Wirkungsfläche des eignen Gefchützes befindlich fei.

2) Man kann eine Brücke über einen Ort fchlagen, der in der Wirkungsfläche des feindlichen Gefchützes liegt, wenn man fich der Gefahr ausfetzen will, fie in folgenden Zuge vom Feinde ruinirt zu fehn.

3) Man kann eine Brücke über einen Ort fchlagen, der ftärker angegriffen als vertheidigt ift, man mufs aber befürchten, dafs fie von dem Feinde im gleich folgenden Zuge ruinirt werde.

4) Liegt aber der Ort, auf dem man eine Brücke gefchlagen hat, in der Wirkungs-

fläche des eignen Geſchützes, ſo kann der Feind ſolche zwar durch ſein Geſchütz, aber nicht durch ſeine Figuren ruiniren.

5) In der Wirkungsfläche des feindlichen Geſchützes kann man keine Brücke abbrechen, die ſich länger als Einen Zug über in dieſer Wirkungsfläche befand.

6) Wenn der Feind eine geſchlagne Brücke durch Figuren ſo ſtark und noch ſtärker angegriffen, als man ſie vertheidigt hat, ſo kann man ſolche nicht abbrechen, es ſei denn, daſs dieſe Brücke ſich in der Wirkungsfläche unſersGeſchützes befinde.

7) Durch das **vierte** Mittel darf eine Brücke, welche eben ſo ſtark bedeckt als angegriffen iſt, nicht ruinirt werden. Auch darf man keine Brücke durch dieſes Mittel ruiniren, welche mit freundlichen oder feindlichen Figuren beſetzt iſt.

8) Durch das **ſechſte** Mittel kann man keine Brücke ruiniren, auf welcher eine **Bruſtwehr** befindlich iſt, bevor dieſe nicht erſt ruinirt worden.

9) Durch das **ſiebente** Mittel kann man keine Brücke in Brand ſtecken auf der eine **Bruſtwehr** befindlich iſt. Iſt aber eine andre Brücke in Brand, und das Feuer ergreift eine Brücke, auf der

sich eine Bruſtwehr befindet, ſo wird dieſe dadurch auch ruinirt.

Gegenſtände welche der freien Bewegung der Figuren Hinderniſſe ſetzen.

Das meiſte hierüber erſiehet man ſchon aus den vorhergehenden Abhandlungen, und eine Ueberſicht dieſes Gegenſtandes im Zuſammenhange würde der Plan dieſes Auszugs nicht erlauben. Man findet inzwiſchen eine ſolche im erſten Theil des über das Kriegsſpiel abgefaſsten Werks p. 107—114.

Von den Zügen.

Die Spieler ziehen, wie bereits geſagt iſt, wechſelsweiſe und es gilt jede von denſelben unternommene Bewegung oder Verrichtung Einen Zug, es ſei die Bewegung

1) eine Figur
2) mehrere Figuren zu gleicher Zeit.
3) Eine Maſchine.
4) Mehrere Maſchinen von einerlei oder von verſchiedner Art zu gleicher Zeit.
5) Durch Schlagen einer Brücke.
6) Durch Abbrechen einer Brücke.
7) Durch Aufwerfung einer Bruſtwehr.
8) Durch Wirkung des Geſchützes.
9) Durch Ruinirung feindlicher Maſchinen und Werke; wobei man jedoch die Fälle

zu bemerken hat, bei welchen es erlaubt ist, auch noch diejenige Figur in eben dem Zuge zu ziehen welche die Maschine ruinirte.

Abſchneidung eines feindlichen Korps und die darauf erfolgende Gefangen-ſchaft deſſelben.

So lange Truppen von einem Korps zu einem andern kommen können, ſo lange haben beide Korps Kommunikation. Sobald aber ſolches entweder durch die Natur einer Gegend, oder durch die vom Feinde getroffene Anſtalten verhindert wird, ſo bald iſt die Kommunikation unterbrochen.

Iſt es nicht möglich durch ſechs von dem Spieler des abgeſchnittenen Korps zu verrichtende Züge ſolche Kommunikation wieder herzuſtellen, ſo ſtreckt das abgeſchnittene Korps, aus Mangel der Lebensmittel, ohne Rückſicht auf die Stärke des gegenſeitigen Korps das Gewehr. Die Truppen dieſes gefangnen Korps kommen aus dem Spiele, das Geſchütz aber, Brücken u. ſ. w. was der Feind nicht zuvor ruinirte, behält der Sieger.

Von der Veſtung, deren Eroberung und dem dadurch geendigten Spiel.

Es iſt auf dem Plan, worauf das taktiſche Spiel geſpielt wird, für jeden Spieler wenigſtens Eine Veſtung angelegt, durch deren Eroberung das Kriegsſpiel zum Vortheil des Eroberers geendiget iſt, wenn auch der Ueberwundene noch eine gröſsere Anzahl von Truppen als der Ueberwinder haben ſollte.

Hat aber jeder Spieler mehrere Veſtungen als eine, ſo iſt das Spiel nicht ganz geendiget, ſo lange der Feind noch im Beſitz Einer Veſtung iſt.

Wenn der Feind die Mitte eines befeſtigten Platzes beſetzt, ſo kann in den meiſten Fällen dieſer Platz erobert heiſsen. Dieſe Mitte iſt daher mit einer Fahne bedeckt.

Es iſt aber zur Eroberung einer Veſtung nicht genug, daſs der Feind dieſen Platz mit einer Figur oder mit ſeinem Geſchütz beſetze; ſondern er muſs auch dieſen Platz behaupten, d. i. er muſs durch den Zug, den die Beſatzung unmittelbar nach der Beſetzung dieſes Quadrats vornimmt, nicht wiederum von demſelben vertrieben werden. Bleibt er aber einen Zug über auf dieſem Platze ruhig ſtehen, ſo iſt die Veſtung erobert, und wenn es nur Eine im Spiele giebt, das ganze Spiel zum Vortheil des Eroberers dieſer

Veſtung geendiget. Es kann ſolches
theils durch Gewalt, theils durch eine Ueber-
rumpelung bewerkſtelliget werden.

Man kann aber auch eine ſolche Veſtung
durch Mangel an Lebensmitteln zur Uebergabe
nöthigen. Nämlich:

Wenn die Veſtung mit keinem der anliegenden Terrains Kommunikation hat, ſo
können in die Veſtung keine Lebensmittel
mehr gebracht werden. Hieraus entſtehn
folgende Regeln.

1.) So bald über den äuſſerſten Graben der
Veſtung keine Brücke befindlich iſt, ſo
bald iſt dieſe Veſtung geſperrt.

2) Wenn, nachdem die Veſtung geſperrt
iſt, von jedem Spieler 50 und alſo überhaupt 100 Züge geſchehen ſind, ohne
daſs neue Lebensmittel in die Veſtung
gekommen ſeyn können, ſo ergiebt
ſich die Veſtung und endiget das Spiel,
wenn ſie die letzte oder die einzige ihres
Spielers iſt.

3) Iſt die Veſtung geſperrt, ſo muſs derjenige, der die Belagerung unternimmt,
dieſes dem Spieler anzeigen, damit ſie
gemeinſchaftlich die Züge zählen können.

4) Wenn, nachdem die Veſtung hierdurch
für geſperrt erklärt iſt, die Beſatzung
mittelſt einer Brücke über dem äuſſerſten
Graben der Veſtung eine Figur in einen

2) der anliegenden Terrains schickt, die wiederum in die Vestung zurück kömmt, so verzögert sich dadurch die Uebergabe der Vestung auf 20 Züge.

5) Wenn ein Korps, das zum Entsatz der Vestung anrückt, eine Brücke über den äussersten Graben der Vestung dergestalt schlägt, dass von diesem Korps dadurch eine Figur in die Vestung kömmt, so wird dafür gehalten, dass diese Figur die Vestung mit Proviant versorget habe, und solche sich noch 20 Züge länger halten könne.

Anzahl der zu einem Kriegsspiel gehörigen Figuren und Maschinen etc. und von dem Plan, worauf das Kriegsspiel gespielt wird.

Beide Spieler haben einerlei Anzahl Truppen und Kriegsgeräthe. Auch ihr Land ist auf gleiche Weise eingerichtet, damit im Anfange des Spiels keiner Vortheile vor dem andern habe.

Jeder Spieler hat an Figuren 5 springende sogenannte Königinnen, 6 Königinnen, 7 Elefanten, 8 springende Läufer, 4 Thürme, 6 Läufer, 30 Springer, 40 Bauern, — an Maschinen und Zeichen 26 Transporteurs, 40 Brückentransporteurs, 160 Brücken, 6 Maschinen zu Kanonen von der erften Richtung, 6 andre von der zweiten, und 6 andre von der dritten Richtung des Würfels, 6 Mafchinen des Wurfgefchützes, 120 Zeichen zu Bruftwehren, und eine Fahne.

Der Plan auf welchem das Kriegsfpiel gefpielt wird, ift ein Rektangel, deffen lange Seite in 49 gleiche, und die kurze in 33 eben fo unter fich gleiche Theile getheilt ift. Durch eine durch diefe Theilungspunkte mit den Seiten des Rektangels gezogene Paralellinie ift der Plan fo ferner in 1617 gleiche Quadrate oder Felder des Spiels vertheilt, deren Farbe und Unterfcheidung nach ihrer Bedeutung aus der bisher gegebenen Befchreibung des Spiels hinlänglich erhellet.

Das Land beider Spieler ift auf diefem Plan durch eine wohlbemerkliche Grän z e von einander gefchieden, und in beiden Ländern liegen die entfcheidenden Veftungen abgeftochen.

Das Bret, worauf der Plan geklebt ift, ift auf einem ftarken Tifchfufs befeftiget, und ift diefes der Tifch der Spieltafel genannt.

Der Tifch hat eine Schublade mit verfchiedenen Abtheilungen, die an jeder der fchmalen Seite des Tifches herausgezogen werden können. Hierin liegen die jedem Spieler gehörigen Figuren, Mafchinen etc. aufbewahrt, und nach einer folchen Abtheilung in

die verschiednen Fächer gethan, daſs ſie ohne
Mühe ergriffen werden können, ohne ſie unter
einander zu verwechſeln.

Aufſetzen der Figuren.

Ehe man das Spiel anfangen kann, muſs
man den Figuren und Maſchinen auf dem
Plan ihren Ort anweiſen. Und auch hier
müſſen, wie im Schachſpiel, beide Spieler in
Anfang ihren Armeen e i n e r l e i Stellung
geben.

Der Erfinder hat zur Erleichterung der
Lernenden das Spiel in z w ei S c h u l e n getheilt.

In der erſten Schule ſpielt man das
Spiel nach der gegebnen Beſchreibung.

In der andern Schule ſiehet man auf
den Vortheil, welchen die Anhöhen geben,
und verpflegt die Armee ordentlich durch Anlegung der Magazine.

Man macht daher bei Anfang des Spiels,
ehe mans aufſetzt, aus, ob man das Spiel nach
der e r ſt e n oder der z w e i t e n Schule
ſpielen wolle.

Man kann die Stellung der Figuren und
Maſchinen im Anfang des Spiels auf vielfach
veränderte Weiſe einrichten, ohne daſs der
Weſentliche des Spiels dadurch verändert
werde.

Hierüber, ſo wie über die nähre Entwickelung der beiden vorgedachten Schulen, als auch über die Methode, wie das Kriegsſpiel von v i e r Perſonen geſpielt werden könne, läſst ſich in dieſem Auszuge und ohne den Augenſchein zu Hülfe zu nehmen, nicht umſtändlich abhandeln, und werden ſich meine Leſer mit dem gegebnen Unterrichte in ſoweit begnügen. Einiges wenige mag indeſſen, ein helleres Licht aufzuſtecken, noch hinzukommen, um den Beſchluſs zu machen.

In der zweiten Schule wird das taktiſche Spiel eben ſo, als wie in der erſten geſpielt, nur mit dem Unterſchied, daſs in der zweiten Schule noch auf einige Gegenſtände mehr Rückſicht genommen wird.

Dieſe Gegenſtände ſind
1) die Anhöhen,
2) die Verpflegung der Truppen.

Anhöhen ſind in einem Plan auf dem das taktiſche Spiel nach dieſer zweiten Schule geſpielt werden ſoll, durch gewiſſe vier Zoll lange Stifte mit einem Fähnchen angedeutet. Es ſind dabei folgende Punkte zu bemerken:

1) Keine Anhöhe nimmt weniger als vier Quadrate des Plans ein.
2) Dieſe 4 Quadrate müſſen durch ihre Lage Ein Quadrat machen.

3) Der Stift mit dem Fähnchen wird, zum Zeichen: daſs ſie eine Anhöhe machen, in den Punkt geſteckt, worin dieſe vier Quadrate zuſammen ſtoſsen.

4) Mehrere ſolcher Anhöhen können auch wol neben einander aufgerichtet oder dargeſtellt werden.

Anhöhen der geringern Art, ſolche, die nur etwas weniges höher als eine Ebene ſind, werden mit einem Fähnchen bezeichnet, darin ſich ein Zirkel abgebildet findet. Andre Anhöhen, die höher ſind, haben nur Fähnchen mit zween Zirkeln. Letztere dominiren diejenigen der erſten Art, wenn ſie nicht über ein Schuſsweite von einander entfernt ſind. Die Regeln ſind nun folgende:

1) In der Ebne ſtehende Artillerie kann nicht jenſeits der Anhöhen wirken.

2) Eine ſolche Artillerie, wenn ſie auch um Eins ſtärker iſt, kann die, obwol ſchwächere, ſo ſich auf der Anhöhe befindet, nicht vertreiben. Iſt ſie aber um zwei ſtärker, ſo kann ſie es. Einfaches Geſchütz wird daher von der Anhöhe nicht durch doppeltes, wohl aber durch dreifaches vertrieben.

3) Unſer Geſchütz und feindliches, welches auf Anhöhen von einerlei Höhe befindlich iſt, verhält ſich gegen einander, als ob es auf einer Ebene befindlich wäre

Das doppelte vertreibt daher in diesem Falle das einfache, das dreifache das zweifache etc.

4) Auf einer Anhöhe ftehende feindliche Artillerie wirkt nicht auf die Ebne jenfeits einer anderen in ihrer Wirkungsfläche liegenden Anhöhe, wenn beide von einerlei Höhe find; fondern nur dann, wenn die erfte Anhöhe gröfser ift.

5) Gefchütz auf einer Anhöhe vertreibt das feindliche Gefchütz aus einer Ebene, wenn auch beides gleich ftark ift.

6) Das Gefchütz der gröfsern Anhöhe vertreibt das der geringern, wenn auch beide gleich ftark find.

Soll eine Armee in Anfehung ihrer Verpflegung ganz ficher geftellt fein, fo mufs

1) das Hauptmagazin feine gewiffe Quellen haben.

2) Der Depot mufs vom Feinde nicht ruinirt, und

3) die Kommunikation des Depot mit dem Hauptmagazin nicht unterbrochen werden können.

Hierauf gründet fich die Theorie des Kriegsfpiels in Abficht der Verpflegung der Truppen, wenn das Spiel nach der zweiten Schule gefpielt wird.

Das Hauptmagazin eines jeden Spielers denkt man sich in deſſen Veſtung, welches dann ſo lange ſeine gewiſſe Quellen hat, bis die Veſtung geſperrt iſt.

Das Zeichen wodurch die Anlegung eines Depots im Kriegsſpiel angezeigt wird, iſt ein Stückchen Pappe von der Gröſse eines Quadrats, worinn der zum taktiſchen Spiel gehörige Plan eingetheilt worden iſt. Es iſt wegen der Verſchiedenheit der Spieler auch verſchieden mit Farben bemerkt. Den Ort, worauf man einen Depot anlegt, beſteckt man noch überdem mit einer etwa vier Zoll langen, ebenfalls nach den Farben unterſchiednen Fahne. Dieſe Fahne aber wird in einem Winkel des Quadrats, darauf der Depot liegt, befeſtiget. Ein ſolches Depot anlegen gilt Einen Zug.

Man kann die Depot nur auf praktikables Terrain anlegen, welches Transporteur, Brückentransporteurs und Figuren nicht verhindern. Auf einem durch eine Brücke praktikabel gemachten Orte aber kann man keinen Depot anlegen.

Ein angelegter Depot macht einen Ort, in dem er befindlich iſt, nicht unpraktikabel. Wer in einem Ort einen Depot anlegen will, muſs ihn mit einer ſeiner Figuren, welche nicht

nicht über die Weite eines Kanonenschusses davon entfernt ist, besetzen können.

Aus einem Depot können die auf denen demselben zunächst anliegenden 80 Quadraten befindliche Truppen verpflegt werden. Solche 80 Quadrate heifsen daher die **Wirkungsfläche eines Depots**.

Rücken ganze Truppen auf Transporteurs vor, so müssen sie in der Wirkungsfläche eines ihrer Depots seyn, wo nicht, so müssen sie sich zurück ziehen oder doch in drei Zügen nach ihrem ersten Vorrücken im Stande seyn einen Depot anzulegen, in dessen Wirkungsfläche sie sich alsdann befinden.

Da der Spieler dem Genufs des Spiels gemäfs Mittel in Händen hat, ein Depot zu ruiniren, so strecken, wenn ein Depot ruinirt worden, alle diejenigen Truppen die sich in dreien Zügen nicht in die Wirkungsfläche eines andern Depots gezogen haben, das Gewehr.

Da es aber auch möglich ist, dafs man einen Depot wegnimmt, und ihn als den seinigen betrachtet, so wird in diesem Falle blos das Zeichen desselben verwechselt, welche Verwechselung für Einen Zug gilt.

Wer auf die eine oder die andre Art einen Depot verloren hat, kann erst nach 6 Zügen einen neuen anlegen.

Was die Kommunikation der Depots mit dem Hauptmagazin belangt, so beruhet alles auf folgenden Sätzen:

1) Eine über den Fluss geschlagene und in der Gewalt des Feindes befindliche Brücke unterbricht die Passage über den Fluss.
2) Ein in der Wirkungsfläche des feindlichen Geschützes liegender Theil eines Flusses unterbricht die Passage gleichfals.
3) Wenn die Kommunikation des Hauptmagazins mit dem Depot, weder zu Lande, noch zu Wasser offen ist, so strecken alle diejenigen Truppen deren Depots dadurch von dem Hauptmagazin abgeschnitten worden, das Gewehr, wenn sie in drei Zügen die Kommunikation nicht wieder herstellen. Ist es unmöglich die Kommunikation in drei Zügen wieder zu eröffnen, so muss man suchen, so viele Truppen in die Wirkungsfläche derjenigen Depots zurück zu ziehen, als deren mit dem Hauptmagazin noch Kommunikation haben.

Man kann das taktische Spiel der zweiten Schule zwar auch auf demselben Plane spielen, auf welchem man das erste spielet. Man thut aber besser, sich dazu eines grösseren zu bedienen. Der Plan des Erfinders, auf welchem er das Spiel der zweiten Schule zu üben an empfiehlt, hat 66 Quadrate in die Länge, und 40 in die Breite. Er enthält daher 2640 Felder oder Quadrate.

Will man das Terrain eines Kriegsfpiels nach verfchiedentlichen Abänderungen haben, fo mufs man fich entweder verfchiedne Plane halten, welches jedoch fehr viel Umftände machen würde und viel Raum wegnehmen dürfte, oder man bewirkt diefes durch Marken, oder auch ähnliche Erfindungen, wovon die Befchreibung nachzufehn ift, welche der Erfinder felbft von feinem Spiel gegeben hat, und woraus ich dem Lefer diefen Auszug geliefert habe, erfter Theil §. 262. und zweiter Theil §. 176.

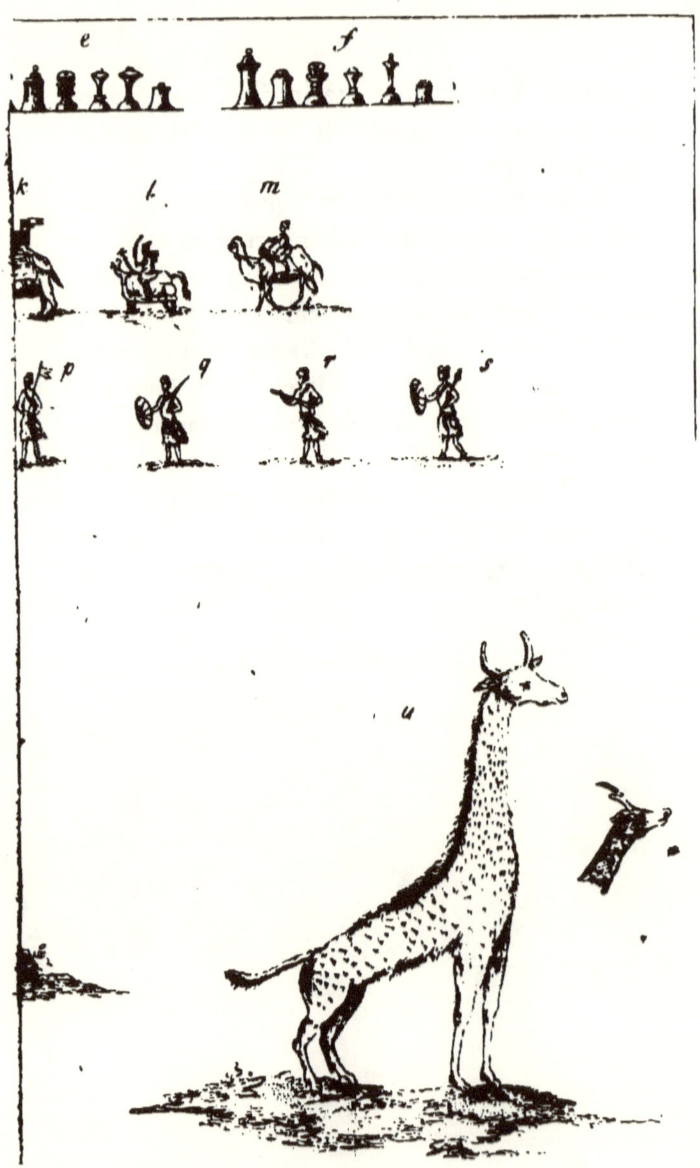
e
f
k
l
m
p
q
r
s
u

www.ingramcontent.com/pod-product-compliance
Lightning Source LLC
Chambersburg PA
CBHW020538300426
44111CB00008B/714